M000308237

두물머리

박숙자 소설집

딸의 책 출판을 기다리시던
아버지와 어머니의 영전에 올립니다

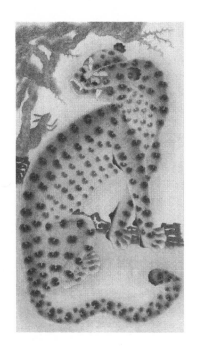

Copyright ©2016 by Sukza Park

All rights reserved under International and

Pan-American Copyright Conventions

Printed in the United States of America

This is a work of Fiction. All names, characters,

Places and incidents are products of the author's imagination

or are used fictitiously.

ISBN-13:   978-0692797129

ISBN-10:   0692797122

Published by InsightBooks, Maryland

For information, contact

InsightBooks

14016 Loblolly Terrace

Rockville, MD 20850

1

작가의 말

두물머리 즉 미국이란 강과 한국이란 강이 만나 하나가 되어 흐르는 합류점에서 일어나는 이야기, 즉 인간이 건너야 하는 고해를 이 단편소설집에 담았다.

영문판 소설집 <River Junction>이 먼저 출간되었다. 세계가 하나가 되어가고 있는 지금, 한국의 소설이 서방에 별로 소개되지 않았다. 우리의 문화와 정서, 아픔과 상처, 희로애락을 소설로 읽으면 영어권 독자들이 우리를 더 잘 이해할 수 있을 것이다. 그들이 우리를 이해하는 것이 바로 우리의 힘이다.

영어권은 우리의 문화와 역사를 너무 모른다. 한국에서 왔다고 하면 미국인은 먼저 북한에서 왔느냐 또는 남한에서 왔느냐 하고 묻는다. 그리곤 충격적인 뉴스거리를 자주 제공하는 북한을 화제에 올리곤 한다.

이제 한글판 <두물머리>를 출판하게 되어 기쁘다. 영어판과 한글판은 대부분 같은 단편소설들이며 두어 개만 다르다. 문화적인 차이와 기호를 감안하여 취한 선택이다.

미국에서 일어난 이야기는 영어로 쓰는 것이 더 자연스럽고, 한국에서 일어난 이야기는 물론 한글로 쓰는 것이 더 쉽다.

가령 주인공이 막걸리를 마신다고 하면 한국독자에겐 막걸리가 무엇인지 설명할 필요가 없지만, 영어독자에겐 쌀을 불려 시루에 찐 고두밥에 누룩을 첨가하여 만드는 한국의 농주이며 그 맛과 냄새를 설명해야 뜻이 통한다.

나의 역할은 두 문화권 사이에 다리를 놓는 것이라 생각한다. 세계가 하나가 되어가고 한국인은 세계인으로 살아가는 지금, 다른 문화권을 이해하는 데 이 소설집이 조금이라도 도움이 된다면 더 이상 바랄 것이 없겠다.

2017년 1월

박숙자

작품집 I 미국에서

5월의 아스틸베 (Astilbe)

밀물 들어오는 소리

한창 작업 중인데 전화가 울린다. 뉴욕 주에 있는 우리 집 번호인 걸 보니 엄마인가 보다. 손에 유화 물감이 잔뜩 묻어있고 몇 시간 계속 일했더니 고단하고 배도 고프다. 이럴 때 전화 받으면 퉁명스러운 말로 엄마 마음을 상하게 하니 울리게 내버려둔다.

내가 작업하고 있는 이 대형 캔버스엔 회색 구름이 뭉게뭉게 일고 풀 한 포기 보이지 않는 시커먼 황무지가 끝없이 펼쳐진다. 그걸 보고 있노라니 문득 인천 앞 바다의 개펄이 생각난다. 할머니가 살아있었을 땐 엄마와 자주 한국을 방문했다.

내가 열다섯 살 때였던가? 우리는 인천 앞바다에 갔다. 초여름 오후, 썰물이 빠진 후에 끝없이 펼쳐진 개펄에 들어가 엄마와 나는 맨발로 뛰어다니고 깔깔거리며 웃었다. 자기 어머니에게 오자 엄마는 마치 소녀로 되돌아가는 듯 했다. 할머니는 그때 바위 위에 올라서서 큰 소리로 빨리 나와서 발을 씻으라고 재촉하고 있었다.

이 그림에 그때의 회열과 생기를 불어넣고 싶다. 회색 구름에 보랏빛을 보태고 뉴욕 주 우리 집 뒷마당에 있는 플라타너스 나무를 생각하며 캔버스에 초록색도 보탠다.

우리 집은 나이아가라 폭포 근처에 있다. 이 플라타너스 나무는 차고 옆에 씨가 떨어져 담벼락에 붙어 자라던 것을 아버지가 넓은 뒷마당 한가운데로 멀찍이 옮겨 심었다. 한국에서는 플라타너스라는 라틴어로 불리며 흔히 가로수로 자라는 것을 보았다. 이곳에서는 시카모어 (Sycamore)로 알려져 있으며 크게 자라는 나무다. 내가 열 살 때는 내 키만 했고 회초리처럼 가늘었으나 그때로부터 35년이 지난 지금은 높이가 우리 이층집만큼 자랐으며 아름드리 나무가 되었다. 내 집 또는 '내 고향'이란 말을 들으면 나는 문득 내 방 창문을 통해 내다보곤 하던 이 나무를 생각한다.

겨울엔 앙상한 플라타너스 나무 가지에 회색과 연 초록 무늬 나무껍질이 흰 눈에 반사되어 은은히 빛나곤 했다. 지금이 7월이니, 큰 가지가 사방으로 뻗어 어른 손보다 더 큰 잎으로 뒷마당에 깊은 그늘을 드리우고 있겠지.

캔버스에 초록을 칠한다. 그러나 아주 희미하게 배경처럼 그릴 뿐, 정말 나무같이 그리지는 못한다. 왜냐하면 이건 내 작품이 아니니까. 미술과 교수 다프네가 초벌 그림 여러 점을 주면서 나더러 완성해 달라고 했다. 4월에 있을 그녀의 전시회 준비로 나는 잠시도 쉬지 못하고 작업하지만, 내 이름 실비아 리(李)로 발표되지 않을 것이다. 내 그림이 아니기 망정이지 세상에 이런 걸 작품이라고 내놓다니.

내가 이곳 켄터키 주에 와서 남의 화실조수로 일하게 된 것은 최근의 일이다. 지난 학기까지 나는 코네티컷 주의 한 대학에서 회화를 가르쳤는데 새로 들어온 학과장과 마찰이 자주 있었다. 동양인을 깔보고 특히 여자들을 무시하여 내게 항상 무례하고 성급하게 굴었다. 그의 행정처리 능력을 보아 미술과 과장으로 임명되었다고 들었다. 그는 아래 사람을 우격다짐으로 몰아치며 일을 빨리 처리하려는 사람이었다.

그는 펜실베이니아 주 광산촌에서 자랐으며, 남색 GM 트럭을 타고 출근했다. 소위 레드넥(red neck)으로 전형적인 백인 노동자 집안 출신이었다. 자기 딸이 한국 청년과 데이트하는 것을 보고 "바나나"라고 부르며 빈정거리는 것을 보았다. 동양인이라 피부는 노랗지만 속은 하얘서 백인과 같이 생각하고 행동한다는 뜻이었다. 어느 주말에 그 한국 청년이 자기 딸을 찾아 왔기에 혼을 내줬더니 다시는 오지 않는다고 자랑했다. 저희끼리 하는 말을 우연히 들은 것이긴 해도 요즘 세상에 그런 말을 함부로 하다니.

그 즈음 학교에선 나의 종신교수직을 심사하고 있었다. 전임 학과장 메리와는 사이가 좋아 오랫동안 같이 일했다. 메리가 떠나기 전엔 교수직 심사를 위해 좋은 추천서를 남기고 가긴 했지만, 자기 고향 근처로 전직하는 바람에 시기적으로 나한테 아주 불리하게 되었다.

학과장의 영향이 중요한 만큼 새 학과장의 비위를 맞추려고 무진한 노력을 했다. 언변이 좋아 모르는 사람이 들으면 아주 그럴듯하게 들렸지만, 그가 하는 말엔 오류가 많았다. 어느 날 회의 중에 하도 엉터리 같은 소리를 하기에 나도 모르게 그의 잘못을 지적한 적이 있었다. 그 때 이후로 그는 나의 일에 항상 꼬투리를 잡았다. 나 자신을 위해서 그때 아무 말 않고 가만히 있어야 했다.

그 종신 교수직이 부결되었을 땐 나의 나이가 이미 사십이 훌쩍 넘어 있었다. 5년이란 귀한 세월을 그 대학에서 진을 빼며 일했는데, 어중간한 나이에 그 학교를 떠나야 했으니 치

명적인 타격이었다. 마땅한 자리가 나올 때까지 참고 기다릴 걸 하다가도 학과장과 나날이 겪어야 했던 그 마찰을 생각하면 떠나게 되어 속이 시원하기도 했다.

　나는 지금 화실 조수로서 시간당 17불 받고 일한다. 엄마는 정원 일을 해주는 훌리오에게 그보다 더 많이 준다. 산부인과 의사로 30년 이상 뉴욕 주의 병원에서 일하다가 은퇴했으며 이젠 씩씩하고 일 잘하는 훌리오의 도움을 받으며 정원 가꾸는 데 정성을 쏟는다.

　엄마는 뒷마당에 연못을 파서 연꽃과 붓꽃을 심었다. 판석을 깔아 오솔길을 만들고 회양목을 오솔길 양쪽에 가지런히 심고 동그랗게 전지해 놓았다. 봄에는 진달래가 만발하고 배꽃, 사과 꽃, 복숭아꽃이 피며, 가을에는 감, 사과, 배가 열려 엄마의 정원에는 사철 색깔의 향연이 벌어진다. 식물은 몇 달 안에 노력한 결과를 볼 수 있지만 사람은 30년에서 40년을 기다려야 한다고 엄마가 가끔 얘기했다.

　엄마가 왜 내 이름을 실비아라고 지었을까? 이곳에서 자란 내 또래 한국 아이 중에는 그레이스란 이름이 흔하다. 엄마 세대는 한국에서 그레이스 켈리 영화를 보며 자랐으므로 딸이 그처럼 아름답고 우아하게 되기를 바랐을 것이다. 엄마는 내가 사교계의 우아한 꽃이 되기보다는 좀 더 큰 이상을 가진 인재(人材)가 되기를 원했던 것 같다.

　하고많은 이름 중에 하필이면 왜 실비아인가? "실반(Sylvan)"은 "나무가 우거졌다"는 뜻이고 엄마는 젊을 때부터 나무와 숲을 좋아했으니 딸의 이름도 그렇게 지은 것 같다. 병충해에 잘 견디며 튼튼하게 자라 딸이 큰 재목으로 성장하기를 바랐을 것이다.

나에 대해 꿈이 그토록 컸던 만큼 요즘 실망도 크다. 어떤 때는 내 사정을 전연 모르는 사람처럼 엄마는 눈치 없는 질문을 한다. "왜 너의 그림을 그리지 않고 남의 그림을 그리고 있니?"

노력하면 안 되는 것이 없고 노력한 만큼 반드시 결과가 따른다고 믿었던 엄마다. 서울서 의과대학을 나와 미국 의사 시험에 합격했고 착한 남편 만나서 공부 잘하고 예쁜 딸까지 낳았다. 물론 저절로 된 것은 아니었고 엄마의 치밀한 계획과 각고의 노력으로 되었다는 것을 안다.

내가 예일대학에 합격했을 때 엄마는 명문대학이라고 좋아했다. 한국 사람들은 유명상표에는 껌벅 넘어가니까. 졸업 후 미술석사과정에 들어갔을 때 그걸 해서 어떻게 밥벌이를 하느냐고 물었다. 그때까지 만해도 엄마는 낙관적이었다. 많은 돈을 들여 공부시켰으니 좋은 결과가 있으려니 하는 기대가 있었다. 그러나 요즈음 내게 이야기할 때 엄마의 목소리에 근심이 차 있는 것을 보면 자기 방식이 딸에게는 그대로 적용되지 않는 다는 것을 차차 깨닫는 것 같다.

나는 두 시가 지나서야 겨우 창가에 앉아 점심을 먹는다. 땅콩버터에 딸기 잼 샌드위치, 그리고 길게 썬 당근 조각이다. 엄마가 몇 주 전에 보내준 돈은 이미 다 썼고 내 은행계좌는 바닥이 났다.

고기 먹은 지가 한참 된다. 요새는 주로 밥에 콩을 넣어 콩밥으로 단백질을 섭취한다. 쌀 한 포대를 사면 오래갈뿐더러 밥에 김치를 곁들이면 먹을 만하다. 엄마가 김치 만드는 법을 전화로 가르쳐 줬다. 가장 만들기 쉬운 김치는 깍두기라고 했다. 시키는 대로 무를 썰어 김치 양념으로 버무렸더니 맛이 그럴듯하다. 김치가 없으면 밥이 제 맛이 안 날뿐더러 끼니때마다 샐러드를 따로 만들 필요가 없다.

네 시쯤, 그림을 끝냈다. 이만하면 전시해도 손색이 없을 것 같다. 붓을 씻고 있는데 복도에서 급한 발걸음 소리가 나더니 다프네가 들어온다. 키가 크고 얼굴이 깡마르며 항상 긴장한 표정이다. 야심이 대단한 여자다. 나보다 두 살 위인데, 벌써 정 교수직을 받았을 뿐 아니라 그녀의 그림은 바클리 은행과 몇몇 제약회사 소장품이 되었다. 높은 사람을 다룰 줄 알아서 자기가 원하는 대로 일을 성사시킬 줄 안다. 나도 그런 능력이 있었으면 좋으련만……. 재능과 실력만으로는 성공이 보장되지 않는 줄은 나도 안다. 외딸로 자라 부모가 해 주는 것만 받고 자라서 높은 사람의 비위를 맞출 줄 모른다고 엄마가 내 걱정을 한다.

다프네는 즉시 캔버스로 가서 자세히 들여다본다. "실비아, 구름이 왜 이렇게 밝아? 이 초록색은 또 뭐야?"

"생명과 활기를 좀 불어넣으려고."

"어둡게 해요!"

자기 작품이 심각하게 보이기를 원하겠지만, 이처럼 음산하게 만드는 것은 억지다. 그러나 나는 "오케이, 당신 작품이니까."하고 만다.

"전시회까지 이 주일 남았어요. 이 일이 끝나면 전시회 책자를 만들어야 해. 오늘 아침에 중요 항목을 이메일로 보냈으니 그걸 골자로 문장을 한번 만들어 봐. 글을 잘 쓰잖아. 인쇄소에 빨리 보내야 해요. 또 사무용품을 주문할 때가 되었어. 필요한 물품 리스트 여기 있어요."

마지막 강의 때문에 자기 할 말만 하고 쫓아나간다. 이 나

12

이에 남이 시키는 대로 해야 하다니. 피를 짜듯이 늦게까지 부려 먹네. 어서 끝내고 직장을 찾아야 한다. 시간을 허비할 수 없어 급히 짙은 보라색 물감을 개어서 화폭 위에 문지른다. 남의 그림이지만 일단 관여한 이상 조금이라도 개선해줘야 할 것 아닌가? 배경을 그냥 황량하게 그리는 대신 음산한 중에도 무언가 은은하게 빛나도록 해주었다. 다프네가 이것만큼은 반대하지 않을 것이다.

다섯 시 반에 그림을 끝내고 컴퓨터 앞에 앉아 구직 광고를 읽는다. 경제상태가 나쁘니 대학 예산이 삭감되어 구인 광고가 확 줄었다. 요즘 TV에서 실직자 문제가 매일 거론된다. 가을 학기 강의를 목표로 이미 50군데에 원서를 내놓았지만, 아직도 인터뷰하자는 대학이 없다. 미술대학을 졸업해봤자 취직이 안 되니 미대 예산을 줄이고 교수진도 줄이고 있다.

실비아란 별난 이름 때문에 일이 잘 안 되는가? 내 이름이 싫다. 비극적인 인생을 살다 간 미국 시인 실비아 플랏이 생각난다. 우울증에 빠져서 또 바람둥이 남편 때문에 속을 썩이며 우울한 시를 쓰다가 31살에 자기 목숨을 끊었다. 그 해는 바로 내가 태어난 해였다. 내가 그런 끔직한 생각을 한 번도 안 했다고 할 수는 없지만, 자기 아이들이 이 층에서 놀고 있는데 부엌 창문을 봉하고 가스관을 열었다니! 도저히 용납할 수 없는 일이었다. 만약에 우리 엄마가 그런 사실을 알았더라면 내 이름을 달리 지었을 것이다.

핸드백 속에서 휴대전화가 울린다. 온종일 그림에 열중하다가 전화 소리를 듣지 못했는데 메시지가 네 개나 와 있다. 물론 엄마이겠지. 무슨 얘기를 하고 싶은지 나는 안다. 나의 건강이 어떠하며, 정신은 온전한지 궁금하겠지. 구직상황에 대해서도 알고 싶겠지만, 내가 자진해서 말할 때까지 참을성 있게 기다릴 것이다. 하는 수 없이 "헬로"하고 성의 없이 전화를 받는다.

뜻밖에 아버지 음성이며 위급하게 들린다. "이제야 전화 받는구나. 오늘 여러 번 전화했는데 받지 않더구나. 나 성 요셉 병원에서 와있어."

엄마가 은퇴하기 직전까지 일한 곳이며 집에서 가까운 종합 병원이다.

"성 요셉 병원에는 왜요?"

"네 엄마가, 네 엄마가……"하고 같은 말을 반복한다.

몇 번 다그쳐 물은 결과 엄마가 오늘 아침에 뇌졸중으로 쓰러진 것을 알았다. 내 몸이 앞으로 고꾸라지듯 하며 안에서 무언가 와르르 무너지는 소리를 듣는다.

인터넷으로 비행기 표를 사서 이튿날 아침 버펄로 나이아가라 행 비행기에 올라 창 밖을 내다본다. 이 조그만 비행장에선 트럭이 승객의 짐을 실어와 비행기에 실은 후 인부들이 빈 트럭을 몰고 가고, 비행기는 요란한 굉음을 내며 이륙을 준비한다. 분주한 바깥 광경을 물끄러미 내려다보며 나는 심정이 착잡하다.

어제 아침에 아버지가 혼자서 그 일을 당하고 나한테 황급히 전화하고 있을 때 난 전화 소리를 듣고도 받지 않았다. 손에 유화물감이 잔뜩 묻었으면 그걸 어서 씻고 집에 전화했어야 했다.

엄마가 늘 하던 그저 일상적인 전화려니 어림짐작하고 잊어버린 것이다. 삼 일 전 내가 전화했을 때는 꿈 이야기를 했다.

"얘야, 잘 있었니? 간밤 꿈에 네가 좋아하는 육개장을 끓였어. 고기 삶고 고사리나물 준비하며 한참 야단법석을 떨다가 잠이 깼지. 넌 요새 뭘 먹고 지내니?"

"며칠 전에 담근 깍두기가 익었어요."

"내가 도와줄 건 없니?"

나는 한숨을 쉬었다. "엄마가 뭘 해주겠다고?"

"인터뷰 갈 때 돈이 필요하면……."

인터뷰 오라는 학교도 없는데 그 말을 들으니 화가 벌컥 났다. 당장 필요한 것이 생활비라고 말하고 싶었으나 참았다.

"그런 건 엄마가 관여할 일이 아니어요."

"너의 일인데 내가 관여할 일이 아니라고? 어떻게 그런 말을 다 하니?"

"엄만 또 내 기분을 잡치려고 해."

그 말에 엄마는 아무런 응답이 없었다. 그날 전화를 끊고 나서야 또 철부지 짓을 했구나 하고 나는 후회했다. 만만한 사람이 엄마라 본의 아니게 화풀이한 것이다. 내가 괴로울 때 엄마도 같이 괴로워한다는 것을 왜 모르는가?

우리 집 보물 상자에는 내가 7학년 때 쓴 얄팍한 책자 하나가 있다. "정글 속의 생활"이란 제목대로 정글에 관한 여름 방학숙제였다. 엄마가 제일 좋아하는 그림이었다. 담임 선생님도 칭찬했으며 교실 벽에 붙여 두고, 앞으로 화가가 되라고 격려했다.

표지는 호랑이 모녀가 커다란 나뭇가지 위에서 이쪽으로 얼굴을 보이며 낮잠 자는 장면이다. 새끼는 어미의 등에 업혀 있으며 모녀의 사지(四肢)는 가지 밑으로 편안하게 늘어져 있다. 어미가 사슴 한 마리를 잡아 둘이서 배불리 뜯어먹고 난 후 잠이 든 것이다. 빛나는 황금빛 털에 진한 갈색 줄무늬, 어미 호랑이의 앞발은 손가락이 짧고 마디가 굵은 우리 엄마 손과 같다.

엄마는 나와 한가롭게 낮잠을 자준 적이 없었다. 그 대신 에 밖에 나가 치열한 경쟁에서 이겨 든든한 직장을 가졌고, 콘크리트 정글 속에서 병동을 오가며 밤낮으로 일했다. 마치 민첩하고 부지런하게 사냥하여 새끼를 배불리 먹이는 어미 호랑이같이. 자기 일에 전심전력했던 엄마는 화학 박사인 아 버지보다 수입이 높았다.

엄마가 평화롭게 나와 같이 낮잠을 잤으면 하고 몹시 바 랐기 때문에 그런 그림을 그렸을까? 내가 그런 말을 하면 자 신이 하지 못했던 점을 곧장 시인했다.

"그래, 어린 너를 가정부 아줌마에게 맡겨 놓고 밤낮 쫓아 다녔지. 집을 떠날 때 네가 창문 틀을 붙잡고 울던 모습을 잊 을 수 없어. 그땐 일을 열심히 하는 것만이 살길이라 믿었단 다."

나는 주위에서 그림 잘 그린다고 항상 칭찬을 받았고 경 연대회에서 대상도 몇 번 받았다. 담임 선생님의 격려가 항상 머리에 남아 있었다. 그림을 그리면서 여유롭게 살고 싶었으 며 엄마처럼 일밖에 모르는 여자가 되고 싶지 않았다. 부모님 이 법대에 가라고 했을 때 나는 단연 거부했다. "서류에 파묻 힌 인생? 어림도 없지. 나는 창조적인 일을 하며 살 거야."

부모가 열심히 일하여 나는 부족한 것 없이 자랐다. 친구 들이 용돈을 벌려고 이웃집 아이들을 돌보아 줄 때 엄마는 그런 일은 하지 말라고 했다. "평생 일 할 텐데 뭣 때문에 벌써 그러느냐? 공부나 해라" 했다. 그러나 나중에 엄마가 후회하는 것을 보았다. 어릴 때부터 일해 본 사람이 돈의 가치를 알고 돈 벌 궁리도 하나보다 하고.

내가 있는 켄터키 주 루이빌 시에선 뉴욕 주 우리 집까지 직행하는 비행편이 없다. 마지막 순간에 산 비행기 표라 연결되는 데로 한없이 둘러 가고 있다. 저 멀리 남쪽 플로리다의 오르랜도 공항까지 내려와 다시 북쪽으로 버펄로 나이아가라 공항으로 가는 비행기 편을 기다리고 있다. 아침에 출발하여 오후 5시 훨씬 넘어서야 집에 갈 것이다. 미국 동쪽에서 서쪽 끝으로 가는 대륙 횡단보다 더 오래 걸리게 되었다. 엄마가 뇌졸중으로 쓰러져 있는데 비행장 대기실에서 이렇게 시간을 허비하고 있다니.

석 달 전, 4월에 엄마도 이렇게 우회를 하면서 나에게 왔었다. 엄마의 75회 생일이 3월이었는데 바쁘다는 핑계로 나는 집에 가지 않았다. 그때 엄마는 최대의 인내심을 발휘하며 나를 찾아 왔던 것이다.

그날 나는 공항대기실에서 엄마를 기다리고 있었다. 한산하던 공항이 갑자기 인파로 술렁거리더니 딴 승객과 함께 엄마가 터미널로 걸어 나왔다. 짧은 밤색 머리를 약간 하이라이트 하여 여전히 멋쟁이였다. 염색을 안 했더라면 아마 호호백발이었겠지. 엄마는 건강한 혈색에 항상 자신감이 넘치는 분이었다. 그러나 그날은 어쩐지 피부에 윤기가 없고 얼굴이 조금 부은 것 같았다. 기운도 없어 보였다. 엄마가 갑자기 늙고

기운이 없어 보이는 이유는 무엇인가? 온종일이 걸린 여행 탓인가? 이상했다. 엄마는 너무 바빠 아플 시간이 없다고 말하곤 했다. 지금 생각하니 그때부터 조짐이 있었는데 우리가 무심히 지나친 것이다.

"엄마 괜찮아? 아주 고단해 보여."하고 내가 그때 물었다.

엄마는 대답 대신 내 어깨를 감싸며 물었다. "잘 있었니?"

"I am okay."하고 나는 영어로 대답했다.

엄마는 될 수 있으면 이곳에서 태어난 나에게 한국어로 말했다. 덕택에 나는 기본적인 한국어를 할 줄 알지만, 아직도 아이 다루듯 하며 나에게 한국어를 가르치려는 엄마의 태도가 우리 사이에 항상 걸림돌이 되었다.

그날 엄마를 옆에 앉히고 조그만 루이빌 시 공항을 빠져나와 시가지가 있는 북쪽으로 달렸다. 이곳은 뉴욕 주보다 봄이 빨리 왔다. 초저녁이었는데 아직도 훤했다. 4월이라 시내에는 진달래가 피었고 길 양 옆엔 벚꽃이 만개했다. "아, 벚꽃이 피었네."하며 엄마는 소녀처럼 좋아했다.

"우리 정원은 어때요?"

"우리 둘이 같이 심은 진달래가 생각나니?"

"집 앞 창문 아래 심은 Hersey's Red azalea?"

"응, 그래. 그 이름을 기억하는구나. 30년여 전 일인데. 우리 것은 봉오리가 잔뜩 맺혔지만 피려면 아직 멀었어. 여긴 남쪽이라 과연 다르네."

내가 멀리 산다고 항상 불평하던 엄마가 처음으로 루이빌에 대해서 긍정적인 말을 했다. 뉴욕 주의 기나 긴 겨울에 지치고 허기진 엄마 눈에 그날 풍경이 좋은 눈요기가 되는 듯했다.

엄마는 아름다운 것을 좋아했다. 옷이나 실내 장식, 정원에 자라는 화초에 이르기까지 색깔 조화가 없으면 알레르기가 생긴다고 했다. 의사가 된 것은 힘든 6·25를 겪은 세대라 기호나 취미보다는 생활 방편이 우선이기 때문이었다. 엄마는 시간이 있으면 시를 쓰곤 했다. 외할아버지도 생전에 시를 쓰고 묵화를 치셨다고 엄마가 말했다. 그러고 보니 내가 예술을 하게 된 것은 외가 쪽의 내림이었다.

엄마는 소녀 시절에 할리우드 영화를 보며 미국에서는 모두 아름답게 해놓고 사는 줄 알았단다. 자기도 미국에 가면 도리스 데이나 그레이스 켈리 영화에서 본 그런 생활을 하리라 생각했다. 우아한 옷, 아름다운 정원, 안락한 집, 이상적인 아이들, 완벽한 인생을 꿈꾸었다. 그러고 보니 아름다운 정원과 안락한 집은 엄마가 생각했던 대로 되었다.

엄마의 그런 꿈은 한국 전쟁 중에 겪었던 혹독한 경험, 아픈 기억 때문이 아니었을까? 엄마는 서울에서 대학 학장으로 계시던 할아버지의 4남매 중 둘째로 태어났으며 고명딸로 귀하게 자랐다. 한국 전쟁이 일어난 1950년엔 15살이었다. 당시 이승만 대통령이 자기는 한강 남쪽으로 피난 가면서 시민에게는 서울에 남아 있으라고 했다. 국군이 한강 철교를 폭파하자 수많은 서울 시민과 함께 우리 외가 식구들도 공산 치하의 서울에 남게 되었다.

오래지 않아 인민군 병사들이 외가에 밀고 들어와 벽장 속에 숨어 있던 할아버지와 17살이었던 삼촌을 붙잡아갔다. 그 해 9월, 서울이 수복되었지만, 아버지와 아들은 돌아오지 않았다. 결국, 할머니는 아이들을 먹이기 위해 처음에는 옷가지를 팔았고 다음에는 귀중품을 꺼내다가 팔기 시작했다. 엄마는 할머니를 도와 금반지며 팔찌를 거리에 들고 나가 제일 좋은 값에 파는 법도 배웠다. 15세에 벌써 사람의 생명, 행복한 가정, 좋은 집, 돈과 명예가 하루아침에 사라지기도 한다는 것, 또 살아남기 위해서는 부끄러움과 체면 같은 것은 아무것도 아니라는 것을 배웠다. 엄마의 강인한 생활력은 아마 그때 얻은 경험 때문일 것이다.

그날 우리는 벚꽃 거리를 지나 루이빌 시내 역사 보존구역에 갔다. 빅토리아풍의 집들이 즐비하고 뾰족지붕에 지붕 창문이 있는 부호들이 살던 거리였다. '위대한 개츠비'(The Great Gatsby) 소설의 여주인공 데이지가 살았다던 루이빌, 바로 이 거리가 그 소설의 배경이었을까? 제1차 세계전쟁이 끝난 후 미국이 경제호황을 누릴 때 호사를 부려 지은 저택들이었다. 불과 10년 후, 1929년에 대공황을 겪어 사양길에 들었으며 이제는 가난한 학생이나 젊은 예술가들 삼사 명이 저택을 쪼개어 살고 있었다.

"이곳이 바로 그 유명한 옛날 시가지예요. 창문을 봐요. The Great Gatsby의 데이지가 창문을 열고 내다볼 것 같지 않아요?"

"그래, 정말 아름답구나. 집집마다 스테인드글라스 창문이 있네."

"이 거리는 이런 창문으로 유명해요. 아마 전국에서 제일 많을 걸요?"

엄마는 아름다운 저택에서 눈을 떼지 못하고 바라보고 있었다. 그런데 엄마 혈색이 아무래도 꺼림칙했다. "엄마 얼굴이 많이 상했어. 왜 그래?"

"그래? 오늘은 좀 피곤하구나."

"검진을 받아 봐요. 의사이면서 자기 몸에 대해서는 너무 무관심해."

내가 그런 말을 하니 좀 의외인지 얼굴을 돌려 나를 물끄러미 쳐다보았다. 지금 생각하니 그날 내가 좀 더 철저히 따졌어야 했다. "너 배고프지? 저녁 먹자."하는 엄마 말에 나의 걱정은 그만 흐지부지되고 말았다.

"태국 레스토랑이 이 근처에 있어요."

"그래, 그래, 그게 좋겠다."

내가 세 들어 사는 집이 레스토랑 가는 길목에 있어 집 앞에 차를 잠시 세웠다. 흰 기둥 네 개가 이층 높이로 정문 위의 사각지붕을 당당하게 받치고 있었다. 한때는 호사스러운 저택이었다. 지금은 네 가구가 쪼개어 살고 있으며 겉만 멀쩡하지 내부는 낡고 구질구질했다.

"나는 일 층에 살아요."

"창문에 자동 경보장치가 되어 있니?"

"엄마는 왜 그런 것만 물어?"

"애, 생각해봐. 일 층은 외부인이 쉽게 들어올 수 있지 않니?"

"엄마, 제발 좀 그만."

우리는 루이빌에선 그런대로 괜찮은 태국 레스토랑 조용한 코너에 자리를 잡았다. 내가 주문한 것은 쇠고기를 가늘게 썰어 풋고추와 배질 잎을 넣고 살짝 볶은 것이다. 원하던 맛 그대로이다. 나는 무심코 말했다.

"야. 달콤하고, 매콤하고, 배질 향기 가득하고. 그러고 보니 고기 먹은 지가 한참 되네. 고기 대신에 밥에 콩을 섞어 먹어요. 가끔 콩 졸임도 하고. 옛날에 아줌마가 검은 콩을 불려서 간장과 설탕을 넣고 졸이는 걸 봤거든."

엄마는 기가 찬다는 표정으로 나를 쳐다보았다. "세상에, 고기를 못 먹어 콩밥을 먹어야 하다니. 소위, 젖과 꿀이 흐른다는 이 나라에 살면서."

"젖과 꿀이 어쩌니 하는 그런 상투적인 말은 싫어. 엄마는 사정도 모르고. 나 같은 사람이 얼마나 많은데."

서로 기분 상하지 않게 엄마는 화제를 바꾸었다. "다프네는 어떤 사람이니?"

"고혈을 짜는 형이지. 날 고용한다고 해서 내 시간은 물론이고 영혼까지 제 것인 줄 알아. 자기가 시키는 대로 해야 하고 나를 두뇌도 없고 사고도 없는 사람으로 취급해."

나는 아차! 했다. 다 털어놓으면 어떻게 해? 마구 지껄이고 있구나. 이 낯선 대학촌에 이사 온 이래 사람을 만나지 않다가 엄마 앞에서 이야기보따리가 쏟아졌다. 엎질러진 물이었다. 세상에 참, 엄마가 무슨 이야기 상대가 된다고…….

"남이 시키는 대로 하기가 얼마나 어려운데. 그래서 하급 직원이 더 스트레스를 받는 거다. 일을 성취하기 위해서는 어느 정도 긴장이 필요하지만 남에게 항상 시달려서는 안 돼. 스트레스를 받으면 휴식하고 회복해야 하는데. 원 세상에, 내 딸이…….'

엄마의 얼굴은 울상이 되고 눈은 고뇌에 찼다. 서로 감정을 상하지 않기 위해 엄마가 화제를 바꿨지만, 결과적으로 더 가슴 아픈 소리를 듣게 되었다.

석 달 전 엄마의 그 아픔을 생각하니 새삼스럽게 가슴이 꽉 막힌다. 아, 엄마가 회복하여 옛날의 그 모습으로 돌아갈 수 있다면……. 옛날로 돌아갈 수만 있다면, 내가 무엇을 못할까 싶다.

오후 5시 넘어 버펄로 나이아가라 비행장에 내리니 아버지가 마중 나와 있었다. 지금까지 중요한 일은 엄마가 알아서 처리했는데 이 일을 당한 아버지는 얼이 빠진 사람 같다. 병원으로 가면서 엄마와는 달리 아버지는 쉬운 대로 영어로 말한다. "너의 엄마는 오른쪽에 마비가 왔어. 두뇌로 가는 혈관이 막혀 혈전 녹이는 약을 정맥으로 투입했단다. 미리 말해두는데 엄마가 이젠 말이 어눌하단다."

마지막 말이 무엇보다도 충격적이다. 영어를 자기 언어처럼 조리 있고 정확하게 구사하던 분이었다.

병실에 들어가니 엄마는 밤색 머리카락이 흰 베갯잇 위에 흩어진 채 누워있다. 이렇게 무기력한 모습을 처음 본다. 석 달 전에 루이빌에 왔을 땐 안색은 좋지 않았지만, 여전히 능동적이고 확신에 차 있었는데……. 축 늘어진 엄마의 오른손을 잡으니 엄마가 간신히 말한다. "수우잔… 아아들 … 갔어."

"수잔이 왔다가 애들 때문에 일찍 갔다고?"

머리를 끄덕인다. 이제는 그렇게 아끼는 질녀 이름도 옳게 발음하지 못한다. 수잔은 회계사 남편과 아이 둘을 데리고 가까운 버펄로에 산다. 자기 딸은 왜 수잔처럼 가정적인 행복을 누리지 못하고 독신으로 늙어 가는가 하며 자기 질녀를 부러워하는 것을 나는 안다. 나도 대학에서 가르칠 때 사귀던 사람이 있었지만, 작년에 그곳을 떠나면서 그와도 헤어져서 더 큰 타격을 받았다.

병실 창 밖은 7월의 잔광이 아직도 남아 있는 초저녁, 병원 뜰에는 여름 정원수가 우거지고 화단에는 분홍, 자주, 주황색 임페이션스가 만발하다. 엄마가 창가로 걸어와 저걸 내려다볼 수 있다면…….

의자를 당겨 엄마 침대 옆에 바짝 다가앉으니 엄마가 왼손으로 내 손을 잡으며 말한다. "그동… 잘 잘… 있…"

세상에, 엄마가 말을 못하다니. 아버지가 미리 알려주긴 했지만, 이건 믿을 수 없는 일이다. 나는 갑자기 눈물이 거침없이 흘러내리고 엄마 가슴에 얼굴을 묻고 흐느낀다. 내가 그칠 때까지 엄마는 침착하게 기다린다.

바로 그때 떠오르는 생각, 뇌졸중이 일어난 것은 혹시 나때문인가? 하나뿐인 자식이 이러고 있으니 그동안 걱정과 스트레스가 쌓였던가? 또다시 가슴이 철렁하며 끝없는 심연으로 떨어지는 것 같다.

그러다가 나는 느닷없이, 마치 나의 현재 처지를 변명하듯 전부터 엄마에게 하려다 못한 말을 끄집어낸다.

"메리가 적극적으로 밀어주겠다고 해서 교수직이 성사될 줄 알았어. 메리만 떠나지 않았어도…….."

엄마가 누어있는 이 마당에 내 이야기만 하고 있다니. 엄마 얼굴만 보면 불평부터 나오는 내 버릇, 갑자기 무안하여 나는 눈물을 거둔다. 그러나 그때 일이 성사되었더라면 엄마에게 이런 스트레스를 주지 않았을 것이고 뇌졸중도 미연에 방지할 수도 있지 않았을까?

집에 온 지 일주일이 지났다. 엄마는 그 사이 재활병동으로 옮겨졌고 아버지는 아침 일찍 거기 가셨다. 물론 제일 먼저 맥도날드에서 71센트짜리 경로할인 커피부터 한 잔 마셨겠지.

엄마가 지금까지 집안경제를 관리했는데, 이젠 아버지가 관리하게 되었다. 엄마 치료비용은 처음 몇 달 동안 노인의료보험이 부담하겠지만 병원에서 요양시설로 넘어가면 환자 상태에 따라 한 달 비용이 $10,000도 넘는다고 한다. 일 년 비용이 12만 불 이상, 내가 대학에서 가르칠 때 받던 연봉의 두 배가 되는 숫자다. 아무런 대책이 없는 가난한 복지수혜자들은 정부에서 부담해주지만, 우리 부모님 같이 평생 일하며 세금을 낸 분들은 자신이 부담해야 한다.

우리 집은 엄마가 돌아온다고 해도 휠체어로 드나들기 불편할뿐더러, 집이 너무 커서 아버지 혼자 관리할 수 없다. 요새는 불경기라 집값이 많이 내렸지만 집을 팔고 휠체어가 드나들기 쉬운 콘도로 이사하기로 했다.

콘도로 이사 가기 전 꼭 필요한 것만 남기고 집에 있는 물건을 모두 정리해야 한다. 오늘 아침에는 내 물건부터 챙기기로 했다. 나의 아파트가 작기도 하지만 그것보다 앞으로 어디로 갈지 모르는 내 형편이라 이곳에 있는 내 물건 중 필요 없는 것은 지금 다 버려야 한다.

엄마의 보물 함을 여니 "정글 속의 생활" 책자가 제일 위에 놓여 있다. 크레용으로 칠한 호랑이의 황금빛 털은 아직도 찬란하고 짙은 갈색 줄무늬도 선명하다. 새끼는 아직도 어미 등에 업혀있고 모녀의 사지가 편안하게 흔들거린다.

내가 7학년 때 손가락이 짧고 마디가 굵은 엄마 손을 생각하며 호랑이 앞발을 그렸다. 호랑이는 숲에 잠복하고 있다가 사슴 같은 먹이가 다가오면 힘찬 앞발로 그 등에 뛰어 올라 쓰러뜨린 후 목을 물어 질식시킨다. 7학년 때 숙제로 정글에 대해 내가 조사한 것을 책자에 적은 내용이다.

힘 있고 잽싼 우리 엄마의 손은 평생 남의 아기를 능률적으로 받아내며 우리 가족이 풍족하게 살았다. 엄마 손은 호랑이의 힘찬 앞발과 같이 먹이 사냥에는 그저 그만이었다.

자, 이 책자를 어떻게 하지? 할 수 없이 버리는 쪽으로 던진다. 아니 도저히 그럴 수 없다. 다시 가져가는 쪽으로 옮긴다. 그렇지만 이런 것들이 어디 한두 가지라야 말이지 내 성적표도 쌓여 있는데 거의 다 A이다. 엄마가 얼마나 자랑스러웠을까? 그러나 쓰레기통에 버린다. 오래된 사진과 나의 작문 등을 뒤적거리며 한 시간이나 소비했지만 버리지 못해 일에 진전이 없다. 그 이상 일을 계속할 수가 없어 나는 도망치듯 뒷마당에 있는 엄마의 정원으로 쫓아 내려간다.

연못에는 이제 막 피기 시작한 연꽃 한 송이, 긴 꽃줄기가 탁한 물속에서 기적같이 솟아올라 샛노란 꽃술이 분홍 꽃잎에 싸여 있다. 옆에 있는 연꽃은 꽃잎이 하나씩 떨어지며 초록색 연 밥을 보이고 있다. 주먹 같이 생긴 연 밥은 평평한 윗면에 씨 구멍이 여러 개 있어 연 씨가 그 속에 자라고 있다. 지난 4월에 엄마가 루이빌에 왔을 때 "애야, 7월에 연꽃 필 때 집에 오렴, 응?"하고 말했다.

나는 혼자 중얼거린다. "엄마, 나 지금 여기 와 있잖아. 엄마 말대로 7월에 연꽃이 피었네. 한 폭의 그림 같아. 그런데 엄마는 이제 집에 올 수도 없잖아."

오후에 뇌졸중 재활병동으로 가서 엄마의 담당 의사를 만났다. 두뇌로 가는 혈관이 핏덩이로 막혀 산소와 영양 공급이 중단되어 일부 두뇌 세포가 죽었다고 했다. 손상된 부분이 바로 언어기능을 관장하는 부분이며, 앞으로 성대근육이 회복될지는 두고 봐야 한단다.

복숭아 빛 병원 가운을 입은 엄마는 그 밝은 색깔과 대조되어 안색이 종잇장 같다. 밤색으로 염색한 머리는 가르마를 따라 머릿밑이 새하얗다. 부지런히 자기 용모를 가꾸던 분이라 전에는 흰 머리를 보인 적이 없었다. 나를 보고 왼손을 조금 든다. "언제…떠떠…나?"

엄마는 알고 있다. 다프네가 빨리 오지 않으면 딴 사람을 고용하겠다고 휴대전화에 대고 협박하는 것을 들은 것이다. 엄마가 그때 눈을 감고 있기에 나는 자는 줄 알았다. 내가 도와줘서 끝낸 다프네 작품 중에 네 개가 팔렸는데 돌아오면 몇 퍼센트 주겠다고 했다. 얼마라고 분명히 말하지 않고 능구렁이같이 그것으로 나를 유혹하고 있었다. 한 시간에 17불 받겠다고 내가 정말 루이빌에 가야 하는가? 꼼짝도 못 하는 엄마를 여기 두고?

엄마는 옛날에 36시간씩 계속 근무하던 레지던트 시절을 가끔 얘기했다. 밤에 좀 쉬려고 하면 병동에서 간호사들이 자꾸 전화했다. 그때 영어가 서툴렀고 특히 전화로는 알아듣기가 더욱 어려웠다. 무슨 말을 하는지 종잡을 수 없으면 아주 침착하고 믿음직한 목소리로 "곧 그리로 갈게요." 했단다. 쫓아 가보면 아무것도 아니었다. 그 후 산부인과 의사가 되어 여전히 밤낮으로 분만 실을 뛰어다니며 수없이 많은 아기를 받던 분이 이젠 걷지도 못하고 말도 못하며 입원실에 갇혀 지낸다.

내가 이런 생각에 잠겨 대답하지 않고 가만히 있으니까 엄마가 왼손으로 내 손을 잡고 떠듬거리며 말한다. 나 걱정하지 말고 네 인생을 살아. 내가 어떻게 널 붙잡아 두겠느냐? 대개 그런 뜻이다.

엄마 눈에 두 줄기 눈물이 흐른다. 나보고 가라고 하는 것이 얼마나 어려운 일인가 나는 안다. 지난주에 내가 올 때는 그토록 침착하던 엄마가 지금 눈물을 보인다. 한때 날 위해 못 할 것이 없었던 어미 호랑이는 이제 발톱을 잃었고 내 먹이를 가져올 수 없다.

내가 그 가슴에 얼굴을 묻으니 엄마가 성한 팔로 내 목을 끌어안는다. 이 혼돈 속에 한 가지 분명한 것이 있다면 엄마의 기운이 빠져나가고 있다는 것. 아버지조차 세상을 떠나면 이 넓은 미국 땅에 나 혼자 남게 될 것이다. 이런 날이 오리라는 것을 왜 몰랐을까?

정신을 가다듬고 머리를 드니 내 목에 얹혀있던 엄마 손이 스르르 내려간다. 병실 밖 복도에는 흰 가운을 입은 남자와 간호사 둘이 환자를 간이침대에 싣고 급히 쫓아가고 있다. 모두들 자기 일을 하느라 여념이 없다. 엄마가 이렇게 되자 무엇을 어떻게 해야 좋을 지 모르는 아버지, 나는 바쁘게 돌아가는 이 군중 속에 홀로 남았다. 힘없이 축 늘어진 오른 손에 내 손을 얹으니 엄마 기운이 썰물처럼 빠져나가고 있음을 느낀다. 엄마와 나 둘 중에 한 사람이 정신을 차려야 한다.

할머니 살아 계실 때가 생각난다. 엄마와 내가 한국에 가면 할머니는 우리를 데리고 가볼 만한 곳은 다 찾아 다녔다. 열다섯 살 때 우리가 인천앞바다에 갔던 일은 보석같이 빛나는 추억이다.

하루에 두 번씩 밀물과 썰물이 드나들며 간조와 만조의 시각이 매일 조금씩 달라진다고 할머니가 설명했다. 초여름 오후, 우리가 거기 갔을 때는 썰물이 빠진 후라 개펄이 끝없이 펼쳐 있었다. 엄마와 나는 신을 벗어 놓고 갯벌에 들어가 돌아다니며 조개, 바지락 등을 캐며 우리는 깔깔거리며 웃었다. 할머니가 바위 위에 서서 "얘들아, 어서 나와 발 씻어,"하고 외치는 동안 엄마는 말 안 듣는 계집아이 같이 능장을 부리며 더 놀고 싶어했다.

마침 밀물 때가 가까웠다. 머나먼 수평선 저쪽에서 조금씩, 조금씩 물이 들어오고 있었다. 먼 곳에서 조수가 밀려들어와 개펄을 감추는 것이 아닌가? 발목까지 찼던 물이 정강이까지 왔다. 쏴, 쏴하는 밀물이 들어오는 그 소리는 다른 곳에서는 들을 수 없는 음악이었다. 감수성이 예민하던 그때 대자연의 그 현상이 신비로웠다.

그런데 지금 그 쏴, 쏴 하던 밀물 들어오는 소리가 내게 들리면서 내 안에서 무언가 툭 하고 뚫린다. 내 몸 속에 잠재해 있던 힘이 서서히 밀물처럼 올라온다. 천천히 그러나 확실하게.

나는 속으로 "아! 그랬구나." 하면서 자리에서 벌떡 일어나 주섬주섬 주위를 정돈하기 시작한다.

지금까지 나는 엄마 등에 업혀 지냈다. 그러나 이젠 내 차례다. 얼이 빠진 것 같은 우리 아버지를 도와 집안 일을 정리하고 집도 팔아야 한다. 내일이라도 부동산 중개인을 만나야 한다.

시든 장미꽃을 쓰레기통에 버리고 쓰던 종이 컵, 휴지, 신

문지도 버린다. 엄마 이불을 정돈하고 나서 그 옆에 다시 앉
는다.

"엄마, 루이빌에 가서 그곳 일을 정리하고 올게. 지금까지
말은 안 했지만, 집에서 가까운 학교로 자리를 알아보고 있
었어."

엄마가 성한 손을 뻗어 내 손을 꼭 쥐고 더듬거리며 말한
다.

"정…신을 집중 …전력… 다하면 …… 되 …되."

네가 생각하는 고향은 없어

드 높은 성당 안을 가득히 채우는 소프라노 음성, 오현주가 'Time to Say Goodbye'를 부른다. 김인호는 제단 오른편에서 그랜드 피아노로 반주하며 그녀를 그윽이 바라본다. 소매 없는 빨간 드레스는 조각 같은 어깨를 더욱 돋보이게 하며 제대를 장식하는 포인세티아와도 어울린다. 빨간 하이힐이 그녀가 움직일 때마다 드레스 밑으로 살짝살짝 드러난다. 가늘디가는 허리, 그 가냘픈 체구에서 어떻게 저토록 강렬한 고음이 나올까? 청중의 놀람과 감탄을 인호는 피부로 느낀다.

지금은 저녁 8시. 한 시간 반전에 시작된 이 크리스마스 연주회에서 Time to Say Goodbye는 마지막 곡이다. "네가 곁에 없으면 태양도 없고 빛도 없어. 어둠뿐이야." 하며 현주가 이탈리아 말로 애절하게 부르고 인호는 그녀와 보조를 맞추며 반주한다.

무대 위의 열연과 달리 현주는 개인적으로는 냉정하며 자기 일에는 철저하다. 그러나 가끔 다른 사람이 반주하면 안심하고 노래할 수 없다고 마음을 털어놓을 때도 있어 그 들의 관계가 지금까지 이어져 왔다. 그러나 이제 인호는 오랜 미국 생활을 청산하고 귀국한다. 현주를 위해 반주하는 것도 이것이 마지막이다.

가사도 그렇지만 멜로디가 애처롭다. 이별의 슬픔을 온 몸으로 노래하는 그녀의 공연을 보고 있노라니 가슴이 찢어진다는 말이 실감난다. 귀국을 앞두고 두 사람의 관계가 기로에 놓여 있어 더욱 그러하다.

현주는 홀어머니가 한국에서 보내준 화려한 의상과 무대 위의 카리스마, 거기에 뛰어난 용모로 영락없는 프리마돈나이다. 그러나 이런 성당행사에서 받는 출연료는 지극히 박하다. 장애인을 위한 자선음악회이니 오죽하겠는가?

현주는 워싱턴 DC 수도권과 여기서 한 시간 거리의 볼티모어 대도시권에서 주로 활동한다. 이 부근의 수많은 한국인 교회들은 큰 행사가 있을 때마다 현주를 부른다. 한 달 후 볼티모어 미국인 교회 연주회에도 벌써 출연하기로 되어 있다. 현재 음악박사 과정이 거의 끝나가며 그 바쁜 일정 중에도 생활비를 벌어야 하니 피아노와 발성법을 가르친다.

한 시간 전에는 베르디의 오페라 라 트라비아타 (椿姬) 중의 "아, 그의 음성인가?"를 불렀다. 끝없는 정열, 행복과 고뇌가 교차하는 표정으로 멀리서 들려오는 연인의 음성에 (무대 뒤에서 부르는 테너의 노래) 귀 기울이며 비극적인 여주인공 비오렛타의 역을 능란하게 또 풍부한 성량으로 보여주었다. 라 트라비아타 는 오늘밤 콘서트의 하이라이트였다. 이 성당은 워싱턴 DC의 유서 깊은 조지타운 교구에 속하며 청중은 교육수준이 높고 나이가 지긋한 분들이다. 그들은 한 순간도 놓치지 않으려고 귀 기울이며 가수와 청중이 함께 감정의 기복을 겪었다.

이제 연주회는 막바지에 접어들었다. 현주가 'Time to Say Goodbye' 1절을 마치고 무대에서 내려가고, 턱시도를 입은 테너가 등장하여 2절을 부른다.

"…… 너는 나의 태양, 나의 달님, 너는 항상 내 곁에 있어 ……."

테너가 2절을 마치자 현주가 다시 올라와 그의 어깨를 다정하게 어루만진다. 두 사람이'Time to Say Goodbye' 3절을 같이 열창하고 인호는 정성껏 반주한다. 현주가 그 잘생긴 테너를 다정하게 바라보며 두 사람이 듀엣으로 합창하는 동안 인호는 눈을 감고 건반을 어루만지며 속으로 같이 따라 부른다.

"…… 너와 함께 가겠어. 배를 타고 바다를 건너. 그러나 나는 알아. 그런 것들이 다 지나간 일이라는 것을. 너와 나."

인호도 한 때는 테너로 수련을 받았다. 그의 마음 속엔 바로 자신이 무대에 올라가 현주와 듀엣을 부르고 있으며 현주가 다정하게 쳐다보는 사람은 바로 자신이다.

인호와 현주는 33세 동갑, 서울 후암동에서 초등학교를 같이 다녔다. 자연공원으로써 서울시에 산소를 공급해주는, 인체로 말하자면 허파와 같은 남산공원이 그들의 뒷마당이었다. 여덟 살 때였던가? 어느 봄날, 어머니들이 잡담하고 있는 동안 아이들은 숨바꼭질을 했다. 현주와 인호는 작은 꽃들이 무리 지어 다발을 이루며 구름처럼 뭉게뭉게 핀 꽃 더미 뒤에 같이 숨었다. 분홍빛이 도는 흰 빛, 그 진한 향기, 으슥한 꽃 더미 뒤에 숨어서 그 예쁜 계집애를 안고 싶었다. 나중에 현주가 커서 자기 색시가 됐으면 좋겠다고 생각했다.

훗날 미국에 와서 공원에서 꼭 같이 생긴 꽃나무를 보고 그 어린 시절을 생각했다. 관목인데 나무 이름이 궁금하여 땅에 꽂힌 팻말을 보니 Korean Viburnum이라고 쓰여 있었다. 이곳에 흔한 꽃나무인데 어찌하여 그 이름에 Korean이란 단어가 들어갔는지 신기 했다. 인터넷으로 찾아보니 한국과 일본이 원산지이며 분꽃나무라 했다.

인호는 현주를 따라 볼티모어에 와서 피바디 음대에서 공부했다. 군대 때문에 현주보다 일 년 늦게 와서 테너를 하다가 피아노로 바꾸어 석사까지 마쳤으나 피아니스트로 대성하기는 역부족이었다. 여러 방면에 재능이 있어 이것저것 해보다가 지금은 컴퓨터 소프트웨어를 만드는 회사에서 일하고 있다. 취업비자로 이민국으로부터 비자 연장을 받아 지금까지 10년 간 이곳에 체류했는데 그 이상 연장은 안 된다고 한다. 이민국 절차에 신물이 났고 이 참에 어머니 소원도 풀어드릴 겸 돌아갈 예정이다. 인호는 앞으로 무엇을 하며 밥벌이를 할지 한국에 가봐야 한다.

'Time to Say Goodbye'가 끝나고 우레와 같은 박수, 인호도 같이 무대 위로 올라가 인사한다. 끝없는 박수와 앙코르 요청으로 현주가 다시 무대 위로 올라가 한국가요 '보리밭'을 정성을 다해 부른다. 피아노 반주는 물론 인호가 하고, 첼로 반주는 후배인 김영주가 한다. 청중은 가사의 뜻을 모르지만 현주가 부르는 아름다운 멜로디와 기악의 조화에 감동하는 것 같다.

'보리밭'의 감흥을 느끼려고 몇 년 전 한국 방문 중 현주와 같이 시골로 내려가서 봄바람에 물결치는 보리밭 사잇길을 걸으며 같이 노래 연습을 한 적이 있다. 그때와 같이 소프라노와 테너가 같이 보리밭 길을 걸으며 봄의 기쁨을 나누는 때가 다시 올 수 있을까?

음악회가 막을 내리고 청중은 다과가 준비된 강당으로 몰려나간다. 성당이 텅 빌 즈음, 현주가 드디어 빨간 드레스 위에 코트를 걸치고 나온다. 벨벳처럼 부드러운 쥐색 모피 스웨이드 코트 차림이다. 검은 바탕에 흰 점 표범무늬가 있는 칼라는 목도리같이 얼굴 윤곽을 뚜렷이 드러내 준다. 매달 돈을 부쳐주던 부친이 작고한 지도 3년이 지났건만, 현주의 옷사치는 여전하다. 직업이 직업인만큼 그렇게 하지 않을 수 없다고 한다.

강당에 가니 테이블이 이리저리 여러 곳에 놓여 있고 새우며 치즈, 크래커, 케이크, 과일 등이 즐비하게 차려져 있다. 인호는 튀긴 만두를 종이 접시에 담아 검은 올리브 몇 개를 올려 현주에게 갖고 온다. "좀 먹어. 점심도 샌드위치로 때웠잖아."

그녀는 고개를 젓는다. "느끼한 것은 보기만 해도 속이 울컥해."

"안 먹고 어떻게 살아?"

몇 안 되는 한국인 중에 칠십이 넘은 듯한 노인이 눈을 반짝이며 현주에게 다가온다. 인호는 오랫동안의 경험으로 그들의 호기심을 안다. 지난 두 시간 동안 찬란한 현주에게 매료된 남자들, 늙은이 젊은이 할 것 없이 현주와 얘기하려 한다. 이 분이 끝없이 말을 늘어놓으면 어떻게 하지? 내일은 일요일, 현주는 볼티모어에 있는 한국 교회에서 아침예배 피아노 반주를 해야 한다. 현주의 경력, 명성, 용모에 걸 맞는 큰 한국교회다. 밤이라 시간이 촉박하니 이 노인이 이야기를 길게 늘어놓지 않도록 무슨 수를 써야 한다.

바로 그때 이 자선 콘서트를 주선했던 메리가 재빨리 다가와 기회를 기다리던 노인을 앞질렀다.

"현주, 정말 잘했어. 그저 그만이야. 표정, 몸짓, 거기다 그 풍부한 성량!"

그 찬사에 현주가 Thank you! 라도 할까 잠시 기다렸으나 공연에 진을 다 뺐는지 미소만 짓는다. 메리는 하던 말을 계속한다. "케네디 센터에서도 가끔 출연한다며?"

"음,"하며 공손하게 그러나 야릇한 웃음으로 만 대답한다.

사정을 아는 인호는 그 야릇한 웃음의 뜻을 안다. '그럼, 케네디 센터에도 가끔 출연하지. 그렇지만 여전히 이 교회 저 교회로 불려 다니며 시시한 무대에서 노래해야 하는 걸. 오늘같이 추운 날 벌벌 떨면서. 너도 과거에 성악을 해서 알잖아? 너는 변호사 남편 만나 놀고먹을 수 있지만, 난 이렇게라도 해야 해.'

몸을 움츠리며 현주가 작은 소리로 말한다. "인호야, 빨리 가자. 고단하다."

"응, 그래, 벌써 아홉 시가 넘었네."

둘은 강당을 살며시 빠져 나온다. 어둠 속에서 그녀는 커다란 핸드백에서 편한 단화를 꺼내 8센티 하이힐과 바꾸어 신고 드레스를 질질 끌며 주차장으로 나온다. 야광 등 아래 인호의 푸른색 소나타를 찾아서 현주가 벌렁한 페티코트를 누르며 간신히 운전석 옆자리에 앉는다.

주차장을 나오며 인호가 히터를 최고로 올리니 따뜻한 바람이 쏴하고 나온다. 고속도로 270번을 달리는 동안 그녀는 드레스를 벗어 페티코트와 함께 뒷자리에 던진다. 발가벗은 상체가 어둠 속에 흰 도자기처럼 빛나는 것을 그는 곁눈으로

본다. 그녀는 재빨리 스웨터를 입고 꼭 끼이는 청바지에 간신히 비비고 들어가 지퍼를 올리더니 코트를 걸친다.

"아, 이젠 좀 살 것 같아."

"다음 연주회 반주자 구했어?"

"인호야, 가지 마. 네가 없으면 난 어떻게 해?"

"몇 번 말해야 하니? 넌 학생 비자라 괜찮지만 난 달라. 내 취업비자는 이제 더 이상 연장할 수 없어."

"방법이 있을 거야. 변호사를 사. 영주권을 신청해! 응……." 현주는 계집아이같이 아양을 떨며 콧소리로 말한다. 필요할 때 쓰는 그녀의 전술이다.

"우리 회사도 사람을 줄이고 있어. 난 귀국한다고 이미 말했어. 요새는 시민권이 있어도 직장 구하기 어려워. 외국인이야 말할 것도 없지."

"왜 네 마음대로만 하니?"

"내 마음대로 한 게 뭐가 있니? 널 위해 기다린 게 벌써 몇 년째야?"

열을 띠고 말을 하다 보니 과속하게 되어 이제 자동차 속도를 낮춘다.

"일찍 혼자되신 우리 어머닌 너무 오래 기다리셨다. 너도 박사학위 받고 귀국하면 될 것 아냐?"

"내가 한국에 가서 뭘 하게? 내 친구 은희는 이태리에서 유명한 성악교수 밑에서 공부하고 한국에 갔으나 아직 직장이 없어. 그 애 남편도 거기서 같이 공부했지만 마찬가지야. 남편과 다투기만 하다가 결국 헤어졌대. 아이가 둘인데 밥은 먹어야 하고. 하는 수 없이 자동차 보험 팔러 다니고 있어."

고속도로를 빠져 나와 그가 살고 있는 락빌로 향한다. 연주회 전 인호 집에서 같이 연습하고 현주 차는 그 집 앞에 두고 왔다. 그가 세든 연립주택은 6층 사무실 건물 뒤에 있어 거리의 소음을 막아주며 뒤에 숲이 있어 요즘같이 마음이 복잡할 땐 조용히 자작나무 숲을 내다보며 안식을 찾는다.

인호가 지금 한국에 가는 것은 단순히 그리던 고향으로 돌아가는 것이라기보다 불확실한 직업 전선에 뛰어 들어가는 것이다. 지난 십 년간 미국에서 고전음악으로 피아노 건반을 두드리고 있는 동안 한국은 기술 분야의 눈부신 발전으로 새로운 경제국면에 들어섰다. 이러한 한국에서 자신이 어떻게 적응하며 일자리를 찾을지 의문이다.

인호는 드디어 연립주택 앞에 차를 세운다. 백인 룸메이트가 이번 주말을 부모 집에서 보냄으로 연주회 직전까지 그들은 마음 놓고 여기서 연습했다. 아침에 그 친구가 "네가 떠날 날이 멀지 않으니 너희 둘을 위해 이번 주말은 내가 자리를 비켜주는 거야."하며 눈을 찡긋하며 의미 있게 웃었다.

"잠시 들어왔다 갈래?"하며 그가 외등이 켜진 연립주택 문 앞에 서서 묻는다.

현주는 대답이 없다. 외등 불빛 아래 인호 차에서 내려 뒷문을 열고 드레스와 페티코트를 끌어내고 문을 탕 닫는다. 룸메이트 자리에 주차해 놓은 자신의 빨간 무스탕 차 뒷문을 열어 드레스를 그 안에 밀어 넣곤 당장이라도 떠날 듯 운전석 쪽으로 간다.

"넌 오늘 아주 지쳤어. 운전하면서 졸면 어쩌려고? 깜깜한 밤길에 한 시간은 달려야 하는데. 그대로 가면 위험해. 가더라도 뜨거운 커피나 마시고 가."

그제야 그녀의 커다란 핸드백을 집어 들고 묵묵히 인호

쪽으로 온다. 온갖 필수품이 다 들어있어 그것만 있으면 며칠 지나기에 불편이 없는 가방이다. 앞문을 여니 집 뒤 창문 외등 불빛으로 잎 떨어진 숲이 보인다. 나무가 빽빽한 그 검은 숲은 마치 비집고 들어갈 수 없는 현주의 마음과 같다. 그녀가 따라오자 그는 안심하고 한마디 던진다.

"너 노래할 때 그 정열 다 어디 갔어? 넌 나한텐 차디찬 돌이야. 어쩌면 그렇게 다르냐? 그 백인 테너 녀석한테 하던 걸 반이라도 나한테 해봐."

현주는 소파 위에 쓰러지듯 몸을 던지며 내뱉듯 말한다.

"유치하게. 난 비오렛타 역을 열심히 했을 뿐이야!"

자기가 생각해도 유치하게 군 것 같아 무안하여 인호는 얼른 부엌으로 가서 커피 내릴 준비를 한다.

잠시 후 가만히 거실로 나와 보니 그녀는 미동도 하지 않고 소파 위에서 눈을 감고 누워 있다. 공연에 진을 빼고 기진맥진한 사람에게 괜한 소리를 했구나 하고 후회가 된다. 두 주일 밖에 남지 않은 이 시각에 왜 말다툼으로 시간을 허비하나? 떠나기 전에 할 얘기가 많은데 왜 그렇게 시간을 낭비했나? 좀 더 따뜻한 말로 위로 해주지 않고.

"미안해, 내가 그런 식으로 말하려 한 건 아닌데. 불쑥 그렇게 나와 버렸어."

"가! 한국에 가란 말이야." 현주가 울부짖는다.

지난 몇 년간 현주를 두고 떠날 수 없어 엉거주춤 귀국을 미루어 왔다. 그러나 이젠 더 이상 비자를 연장할 수 없고 이민국과 옥신각신하는데 신물이 났다. 일찍 혼자가 되어 고등학교 수학 선생 수입으로 외아들을 유학 보내신 어머니, 이젠 서울에 가서 어머니의 노후를 돌봐야 한다. 떠나는 날이 가까워오니 인호는 초조하다.

한국에 돌아갈 생각이 조금도 없는 현주, 그녀 없는 인생이 가능할까? 소파 앞에 무릎을 꿇고 현주의 볼에 자기 얼굴을 가만히 대니 두 볼에 눈물이 흐르고 있다. 눈물을 닦아주고 그 반듯한 얼굴에 입술을 댄다.

공연 전 연습할 때는 인호가 감히 현주에게 가까이 가지 못했다. 오늘 행사가 비록 큰 공연은 아니었지만, 현주는 그 준비에 집중했다. 철저한 그 직업정신을 존중하여 조심해 왔지만, 지금은 그녀가 자신을 기다린다는 걸 안다.

손을 떨며 빨간 카쉬미어 스웨터 단추를 벗기고 가슴을 연다. 가냘픈 몸에 풍만한 그 가슴을 볼 때마다 몸이 떨린다. 현주가 두 팔로 인호의 허리를 힘껏 끌어당긴다. 오랫동안 인호가 인내하며 기다리던 순간. 다가오는 이별로 서로를 향한 그들의 욕망은 더욱 절실하다.

이튿날 새벽 6시, 현주가 바람 소리에 잠이 깨었다. 이 층 창 밖의 나뭇가지가 바람에 일렁이고 회부연 여명 아래 인호가 옆에서 곤히 자고 있다. 어린아이처럼 엎드려 자는 인호, 머리를 짧게 깎아 깨끗하게 보이는 뒷머리 모양이 언제 보아도 마음에 든다. 이 퀸 사이즈 침대는 인호가 웹 디자인해주고 생긴 부수입으로 두 사람을 위해 산 것이지만, 이젠 이것도 룸메이트에게 주고 간다고 했다.

그가 깨지 않게 살며시 일어나 핸드백을 챙긴다. 그녀는 10시에 볼티모어 근교에 있는 한국인 교회에서 피아노 반주를 해야 한다. 부엌에는 어젯밤에 인호가 끓여 놓은 커피가 손도 안 댄 채 그대로 졸아들었다. 커피 메이커의 불을 끄고 가만히 문을 닫고 나오니 바람에 날려갈 것만 같다. 인적 없는 큰길로 나와 270 고속도로 빠진다. 자주 오가던 락빌도 이젠 그만인가? 앞으로 누가 인호처럼 호흡이 맞게 반주해줄 것인가? 반주자, 연인, 운전사 겸 매니저로 지금까지 모든 일을 그에게 의지해 왔다.

그들은 고등학교 다닐 때부터 입시 공부한다는 핑계로 남산도서관에서 자주 만났다. 산책로를 끝없이 걷다가 어느 날 어두워졌을 때 수표교 밑으로 내려가 처음 나눈 키스. 모두 아름다운 추억이다.

인호의 장래와 그가 홀어머니의 외아들이란 사실을 잊은 적이 없다. 석 달 전에 그의 어머니가 전화했었다. "현주야, 여자는 아이 낳는 시기가 정해져 있어 결혼을 마냥 연기할 수 없단다. 귀국하여 가정부터 이루는 것이 어떠냐?" 하고 조심스럽게 물었다

현주 때문에 아무런 목표도 없이 인호가 미국에 마냥 눌러앉아 있다고 어머니가 아들에게 잔소리하는 것을 안다. 이번 일도 아마 "바늘 가는 데 실 간다. 네가 귀국하면 현주가 할 수없이 따라올 거야," 하는 어머니의 말을 따르고 있는 지도 모른다. 인호가 13살 때 남편을 잃고 혼자 외아들을 길러 자신의 은퇴자금을 써가며 아들을 유학 보낸 분이다. 그렇지만 인호 어머니가 자기 두 사람의 개인적인 일에 이토록 간섭해도 되는가?

두 여자 사이에서 고민하고 있는 인호, '한국 가서 결혼하고 아이를 낳아?' 하고 현주는 생각해본다. 그러면 지금까지 쌓아온 자신의 커리어는 어떻게 되지? 작년에 볼티모어에서 "떠오르는 별"이란 유수한 신인상도 받았고 이제 차차 인정

받고 있다. 그걸 다 포기하고 어떻게 한국에 가나? 요즘은 어디서나 안정된 직장을 구하기 어렵다. 더구나 지금은 세계적인 불경기라 대학예산이 감축되어 한국이나 미국이나 교수자리는 하늘의 별 따기이다. 더군다나 한국에선 출산율 저하로 대학생 숫자가 줄고 있다고 한다.

어느덧 현주의 차는 워싱턴과 볼티모어 두 지역을 연결하는 고속도로 95를 달린다. 이 두 지역에는 한인 교회가 많아 행사가 있을 때마다 불려 다녀 이 길을 자주 이용한다.

이 고속도로는 미국 최남단 플로리다 주에서 시작하여 최북단인 메인 주까지 올라가며 미국 동부의 주요도시를 모두 연결한다. 항상 복잡한 이 길이 일요일이라 조용하다. 바람이 여전하여 그녀의 조그만 빨간 무스탕 차가 날려갈 것만 같다.

7시 20분, 현주는 볼티모어 시내 이 층 벽돌 아파트 건물 앞에 도착했다. 학생 시절부터 살아온 이곳, 시꺼멓게 곰팡이가 쓴 시멘트 계단으로 자신의 아파트를 향해 올라간다. 문을 여니 거실의 베이지색 카펫이 오늘따라 더욱 더 낡고 더러워 보인다. 새로 지은 건물이라 산뜻하고 천정이 높고 창문이 많은 인호의 연립주택에 있다가 돌아오니 이곳이 더 구질구질해 보인다. 룸메이트의 신발이 입구에 이리저리 흩어져 있는 것도 눈에 거슬린다. 부모님이 돈을 부쳐 줄 때는 이런데 신경 쓸 필요 없이 혼자 살았다. 그때는 한국 식당에 가서 불고기도 먹고 짧은 여행도 했다. 그러나 지금은 좀 더 나은 곳으로 이사는커녕 집세도 겨우 내고 있다. 인호가 가끔 돈이 필요하냐고 묻지만, 그것만은 사절이다.

이 초라한 곳에 애착이 가는 것이 있다면 창밖에 보이는 뽕나무 한 그루, 새가 오디 먹은 똥을 갈기고 날아갔는가? 이

메마른 아스팔트 고장에서 그 오디 씨가 흙을 찾아 싹이 텄나 보다. 현주가 이사 온 이래 나무등치가 제법 굵어졌다. 누에를 많이 치던 외가의 뽕나무 밭에서 할머니와 오디를 따먹던 생각이 난다. 지금은 이 나무 가지가 앙상하지만 여름에는 잎이 무성하고 오디가 많이 열렸다. 현주가 새까맣게 익은 열매를 입안에 넣으면 달짝지근한 주스가 터져 나오곤 했다. 이곳에선 아무도 오디를 먹을 줄 모르니 매년 그녀 혼자서 추수한다.

부엌에 들어가 라면이라도 끓여 먹을까 하고 가스 불에 물을 올려놓는다. 어제 인호 집에서 샌드위치로 점심을 때우고는 아무것도 먹지 못했다. 엊저녁 공연 후 강당에 내놓은 음식들이 하나같이 역겨워 도저히 먹을 수 없었다. 물이 끓는 동안 이를 닦아야지.

칫솔을 입에 넣자마자 속이 울컥하여 변기에 얼굴을 대고 토한다. 먹은 것이 없으니 나오는 것도 별로 없다. 엄마가 만든 육개장을 먹으면 속이 좀 가라앉을 것 같다. 아니 그런데 이게 뭐지? 혹시 이게 바로 입덧이란 것인가? 어쩌면 좋지? 세상에, 이럴 수가? 인호가 떠나는 마당에 어쩌자고 임신까지 했어? 공연한 걱정이면 좋겠는데…….

육개장이 없으니 얼큰한 신 라면이라도 먹어야겠다. 라면이 끓자 계란을 한 개 풀어 넣고 냄비 째 들고 식탁으로 간다. 해가 뜬 이 시각에도 방안은 어두침침하다. 전화 메시지를 보니 엄마가 어젯밤 11시와 오늘 새벽 6시경에 전화했으나, 먼저 먹어야겠다. 얼큰한 라면 국물을 정신 없이 후루룩후루룩 들이킨다. 아, 이제 좀 살 것 같다.

"엄마!"

"연주회 어땠어?"

"모두 잘했다고 그래요."

"그래, 잘됐구나. 무슨 좋은 소식이라도?"

"가을 학기부터 가르치게 여러 군데 원서를 내놨어. 기다려야지 뭐. 바빠서 정신이 없어요."

"새해가 되면 네가 서른넷이 되는구나. 나이가 들면 점점 더 직장 구하기 어려울 텐데."

"또 그 소리."

"얘, 이젠 평범한 대학 나와 시집가서 아이 낳고 편하게 사는 네 친구들을 보면 부럽더라."

"엄마가 어떻게 그런 소리를 해? 한때는 딸이 오페라 가수라고 뻐기고 다녔잖아!"

"응, 그럴 때도 있었지."

"카네기 홀에 데뷔시키려고 돈깨나 써놓고선. 작은 홀 빌려 청중 메우느라 내 친구들 뉴욕으로 동원하고. 리셉션 할 땐 새우니, 김밥이니 대접하며 법석을 떨어 놓고선."

"거기서 데뷔하면 도움이 될 거라고 해서 내 딴엔 최선을 다했어."

"엄마, 여긴 일요일 아침이야. 10시 예배 피아노 반주하러 가야 해요. 한가하게 엄마와 얘기할 틈이 없거든. 전화 끊어요."

서둘러야 한다. 현주는 새빨간 블라우스가 살짝 보이는 회색 정장에 올리브색 카쉬미어 코트를 걸치며 크리스마스 기분을 낸다. 신자 수가 수천 명 되는 대형 한국인 교회의 피아니스트로서 손색이 없는 차림이다. 누가 현주를 보고 볼티모어의 가난한 동네 구질구질하고 좁은 아파트에 나왔다고 할 것인가? 그녀는 차를 몰아 시내를 빠져 나와 서쪽으로 달린다.

서른네 살이 된다고 엄마는 걱정했다. 화무십일홍 (花無十日紅)이란 말도 있고, 용모나 성량은 영원히 주어지는 것이 아니라는 것도 안다. 엄마가 간밤에 어디서 잤느냐고 묻지 않는 걸 보면 이제 단수가 높아졌어. 그렇지만 이제 와서 평범한 내 친구들을 부러워하다니? 그러지 않아도 인호가 떠나는 마당에 입덧까지 하고 있어 마음이 뒤숭숭한데 엄마 말이 가시가 되어 가슴에 꽂힌다. 그러나 끝이 보일 때까지 가야 하는 이 길, 활시위는 이미 당겨졌다. 내가 쏜 화살이 어디에 가서 박히는지 두고 볼 일이다. 지금 어떻게 그 방향을 바꾸나?

토요일 1시 반 대한항공 편으로 인호가 떠난다. 꽉 막힌 남자, 고집불통, 그렇지만 마지막 밤은 그와 같이 지내고 싶다. 그러나 금요일은 늦게까지 렛슨이 있어 하는 수없이 집에서 자고, 토요일 아침 일찍 인호를 비행장에 데려다 주기로 했다.

그러나 금요일 오후부터 하늘이 회색으로 습기를 잔뜩 머금고 있더니 아니나 다를까 뉴스에서 폭설을 예고하고 있다. 밤 열 시경부터 눈이 내리는 것을 보고 잠이 들었다. 밤중에 깨어 아침에 떠나는 인호를 생각하며 바깥을 내다보니 외등 아래 큰 눈송이가 아직도 휘날리고 있지 않는가?

새벽에 일어나니 하늘도 하얗고, 땅도 하얗다. 오래된 건물, 구질구질한 골목 길, 그리고 오래되어 군데군데 부서진 아스팔트 길 등이 눈에 묻혀서, 온 천지가 하얀 신비의 나라로 바뀌었다. 아침 일찍 인호가 전화했다. "덜레스 공항에서 출발하는 모든 항공편이 취소되었어."

"사실은 너 한국 가기 싫은 거지?"

"널 두고 가자니 눈까지 길을 막네."

"너의 어머니께서 실망하시겠다."

"TV를 보고 미국 사정을 이미 다 아시더라. 크리스마스와 새해를 한국에서 같이 보내려고 했다니까 그런 건 걱정하지 말라고 하시더라. 어차피 곧 집에 가니까."

"눈 그치거든 여기 와. 리틀 이태리 (Little Italy)에서 점심 먹자. 너와 같이 칼라마리를 먹고 싶어. 물 좋은 오징어를 가늘게 썰어 소금 후추 살살 뿌리고 밀가루 옷 입혀 기름에 살짝 튀긴 것. 생각만 해도 군침이 돌아."

"그러자. 백수가 되었으니 남아돌아가는 건 시간밖에 없네."

그날 자정이 되어서야 겨우 눈이 그쳤다. 일요일 아침에 창 밖을 내다보니 뽕나무가 두 자 이상 눈에 묻혀 있다. 기상 뉴스에 의하면 금요일부터 토요일 자정까지 24시간 내린 적설량으로는 70년 만의 기록이라고 한다. 한국 교회에서 이-메일이 오기를 일요일 예배가 모두 취소되었다고 한다. 좁은 아파트에 갇혀 며칠 꼼짝할 수 없이 갇혀 있게 되었다. 인호와는 한 시간 거리에 있지만 길을 치울 때까진 만날 수 없다.

새해가 가까워 오니 반갑게도 해가 나고 간선도로도 말끔히 치워졌다. 그러나 그 기록적인 폭설로 볼티모어 시내는 아직도 길가나 공지에 눈이 산더미처럼 쌓여 있다. 지난주에 고속도로 95가 열리자마자 인호가 와서 크리스마스를 같이 보냈다. 오늘 점심은 이너하버(Inner Harbor)에 있는 이태리 레스토랑에서 바다를 바라보며 그와 같이 먹기로 되어있다.

현주는 진분홍 재킷과 부츠로 산뜻하게 차려 입고 좁은 아파트를 나선다. 항구 쪽으로 나오니 햇볕이 따뜻하고 바닷바람이 싱그럽다. 물가를 걸으며 한가롭게 물 위를 나르고 있는 갈매기들을 바라본다. 한 마리가 쏜 살같이 내려와 고기를 낚아 잽싸게 날아오른다. 그 묘기에 현주는 어린아이같이 감탄하며 바라본다.

"아, 어서 봄이 왔으면⋯⋯.' 봄바람이 산들산들 부는 고국의 넓은 들판을 눈앞에 그리며 크리스마스 연주회 때 불렀던 "보리밭"을 조용히 부른다. 옛일을 그리워하며 애틋한 감상에 젖어 들게 하는 이 노래, 부모친척을 떠나 멀리 이곳에서 외롭게 보낸 지난 10년을 돌아본다.

피를 토하듯 고된 발성연습, 공연 전에 겪게 되는 불안과 초조, 다행히 인호가 가까이 있어서 견딜 수 있었다. 그러나 이제 그도 떠난다. 난들 왜 집에 가고 싶지 않겠는가? 그러나 해야 할 일이 있다. 지금까지 성악가로서 이만큼 이룬 것은 고마운 일이지만 계획한 대로 좀 더 완성을 보아야 한다. 그러나 커리어 때문에 남자를 놓치고 싶지 않다. 이 판에 느닷없이 입덧까지 하고 있으니 이 일을 어떻게 하나?

부두에는 선박이 한 척 정박해 있다. 이너하버는 일찍부터 유럽 이민의 물결이 미국으로 들어왔던 관문이었다. 그 역사를 기념해 당시의 선박을 본떠 만든 모형이라 한다. 18, 19세기, 유럽 각국에서 몰려 온 가난한 이민자들은 여러 날 유럽의 항구에서 배를 기다리느라 지친데다가 대서양의 긴 항해에 기진맥진해졌다. 그 중에는 신대륙을 보지도 못하고 항해 중에 배에서 죽은 사람도 많았다.

한국인의 미국 이민은 훨씬 늦게 시작되었다. 한일합방 직전 백성이 살아가기 어렵던 시절이었다. 칠천 명이 넘는 남자들이 살길을 찾아 지금의 인천, 제물포항을 떠나 두 달의 거친 항해 끝에 하와이에 도착하여 사탕수수밭에서 중 노동을 했다. 그들의 자손들은 하와이를 위시하여 미국 전역에 이주하여 현재 시민으로 거주하고 있다.

현주는2000년도 여름 새로 완공된 초현대식 인천공항을 떠나 불과 15시간 만에 워싱턴 덜레스 공항에 도착했다. 고생스러운 이민 길이 아니라 흥미로운 여행이었다. 새로운 시대, 부흥하는 조국에 태어난 축복이었다.

레스토랑에 도착하니 인호가 손짓한다. 짧게 깎은 머리, 잘 생긴 얼굴에 순한 눈, 새삼스럽게 그가 없으면 살 수 없다는 생각이 든다. 현주가 앉자마자 웨이트리스가 칼라마리를 들고 나온다. 인호가 미리 주문한 것이다. 물오징어 채 썬 것에 밀가루 옷을 입혀 아삭아삭하게 튀긴 것을 상상하며 지난 며칠 군침을 흘리던 바로 그 맛이다. 애초엔 에피타이저로 인호와 같이 먹을 생각이었으나, 그에게 한번 먹어보란 말도 없이 혼자 걸신들린 사람처럼 먹는다.

"너도 그렇게 먹을 때가 있니?"

"세상에 이렇게 맛있는 것은 처음이야! 신 것이 자꾸 먹고 싶네. 눈에 갇혀 있는 동안 조그만 동네 마트에 걸어가서 오이 피클 한 병을 샀지. 평소에는 거들떠보지도 않던 그 짜고 신 것이 얼마나 먹고 싶었던지. 처음에는 얌전히 포크로 꺼내 먹다가, 성이 안 차서 결국 병째 손으로 건져내며 실컷 먹었어."

　인호가 멀뚱거리며 바라본다. 오이 피클 이야기를 일종의 암시로 했으나, 알아듣지 못한다. 20대 초반에 미국에 온 이 남자가 입덧이란 말을 들어 본 적이 있을까? 한동안 긴가민가 하던 것이 확실한 지금, 인호에게 알려야 한다. 지금 말해버려? 아니야, 적당한 장소에서 내 뜻을 신중하게 전달해야 해.

　그녀는 무슨 일을 하든 철저해서 남을 믿지 않는다. 피임도 마찬가지였다. 그러나 지난 몇 달 좀 느슨하게 처리했다. 그 용의주도하고 완벽한 준비과정을 거치지 않은 자유로움과 회열도 맛보았다. 느슨해진 그 심리의 저변은 무엇이었을까?

　인호 어머니 말에 영향을 받았을까? 영어에 "Biological Clock"이란 말도 있잖아. 우리 몸의 시계초침이 "티깍티깍" 하고 끊임없이 한계점으로 향하고 있어서 40이 가까우면 아이 갖기가 어려워진다고 했다.

　인호가 스파게티를 맛있게 먹는다. 아들이 저토록 맛있게 먹는 모습을 보았더라면 그의 어머니가 얼마나 좋아할까? 연세가 높아가니 혼자 손에 어렵게 기른 외아들에게서 손주를 보고 싶은 것은 당연하다. 옆에 두고 살고 싶을 것이다.

　그러나 그분이 원하는 대로 임신을 했지만 한국에 돌아가는 것이 겁난다. 인호나 현주 자신이나 한국에 닦아놓은 기반이 없어 그 치열한 경쟁을 이길 자신이 없다. 외국에 오래 거주하느라 그렇게 중요하다는 인맥을 닦아 놓지 못했다. 인호가 지금 한국에 간다고 하지만, 한국에서 무슨 일을 하며 밥을 먹을 지조차 모른다. 재능은 있으나 착하기 만한 남자가 할 수없이 다시 돌아올 것만 같다.

　내가 이곳에서 아기를 낳게 되면 그 어렵다는 미국 시민권이 주어지지 않는가? 우리 아기를 보고 싶으면 인호 어머니가 이곳에 오면 되잖아? 그 연세에 미국생활에 적응하기 어렵겠지만……. 현주가 상념에 젖어 있는 동안 인호가 점심을 마친다.

"인호야, 우리 옛날처럼 포트 멕헨리(Fort McHenry) 공원에 가보자."

"거긴 왜 가?"

그 국립공원은 여기서 자동차로 5분 거리다. 이백 년 전 미국이 영국으로부터 갓 독립했을 때 두 나라 사이에 아직도 끊임없이 분쟁이 일어났다. 영국군이 워싱턴 시를 점령하여 백악관과 국회 의사당을 불태우고 그 여세로 북쪽에 있는 볼티모어 항구에 쳐들어왔을 때 포트 멕헨리는 미국군이 영국군을 물리친 전투요새(戰鬪要塞)였다.

유학 와서 때 집이 그리우면 둘은 포트 멕헨리 국립공원에 가서 한없이 바다를 바라보곤 했다. 거기서 동쪽으로 대서양을 건너 유럽을 지나 중동, 중국대륙, 그리고는 한국이 보일 것만 같아서였다.

인호가 이미 친구에게 팔아버린 푸른색 현대 소나타는 귀국할 때까지 쓰기로 되어 있다. 차는 라이트 가(街)의 박물관, 유리로 지은 수족관을 지난다. 겨울 갈매기가 물 위를 한가로이 날아다니는 것을 바라보며 인호가 말한다. "이곳을 떠나려고 하니, 볼티모어가 우리에게 얼마나 특별한 곳인지 알겠네."

"제2의 고향이지."

포트 가(街)를 달리다가 눈에 덮인 포트 멕헨리 국립공원 쪽으로 향한다. 흰 눈에 덮인 광활한 공원 부지는 방파제를 경계로 출렁거리는 검은 바다가 된다. 넓은 주차장에는 차가 두 대뿐이고, 만물이 조용한 이곳 기념관 건물 위로 성조기가 찬바람에 펄럭일 뿐이다.

열세 개의 붉은 줄과 흰 줄, 그리고 쉰 개의 흰 별, 그래서 성조기를 '별이 빛나는 깃발'이라고 하지 않는가? 잡다한 인종이 모여 이 깃발로 뭉쳐진 나라이다. 오늘따라 이 미국 국기가 현주에게 특별한 의미로 다가온다. 단일 민족이라고 하던 한국조차 동남아 인이 일거리를 찾아 들어옴으로 서서히 인구분포가 바뀌고 있으니 다른 인종과 같이 섞여 사는 것은 세계적인 추세이다.

요새(要塞)는 방파제로 둘러싸여 있다. 기념관 건물과 성조기 이외에는 온 천지가 하얗고 눈이 끝나는 곳엔 검은 바다이다. 두 사람은 오솔길을 따라 요새로 올라간다.

"사람도 오지 않는 길을 누가 훤하게 치워놓았네."

"우릴 위해 눈을 치운 거야. 여길 오기 잘했네."

"여기 오자고 한 건 이유가 있어."

인호가 궁금한 눈으로 '뭐냐?'라는 듯 그녀를 쳐다본다.

"곧 얘기할게. 우선 저 위로 올라가자."

정점이 다섯 개 즉 별과 같은 형상의 포트 멕헨리 요새에 오르니 사방은 바다, 시야가 훤하다. 이곳은 영국군과 미국군이 밤새도록 치열한 공방전을 벌인 곳이었다. 이백 년 전 볼티모어 항구로 쳐들어오는 영국 함대를 겨냥해 이 요새 곳곳에 설치되었던 대포가 그대로 놓여 있다.

현주가 요새에 우뚝 서니, 미국국가의 작사자 프란시스 스콧 키(Frances Scott Key)가 생각난다. 그녀가 공식 석상에서 미국국가를 몇 번 부른 적이 있어 그 가사를 기억한다.

그는 미국 변호사로 포로석방을 협상하려 그때 영국군의 군함에 타고 있었다. 이른 아침격전이 끝난 후, 밤새도록 영국군의 공격을 받았던 포트 맥헨리 요새에서 성조기가 서서히 오르는 것을 멀리서 보았다. 그 장엄한 광경을 바라보며 포트 맥헨리 요새가 간밤의 격전 중에 함락되지 않았으며 미국이 승리한 것을 알았다. 그때 적군의 군함에 앉아 있었던 그는 감격한 나머지 건국 초기 이제 막 날개를 퍼덕이며 비상을 시작한 미국의 국가를 지었다고 한다. 그 당시 작사자는 현주와 같은 나이였다.

작사자가 변호사라 지나친 미사여구(美辭麗句)를 써서 현대인의 취미엔 너무 현란하고 복잡하다고 생각했다. 그러나 오늘 이곳에 와서 다시 생각하니 격전이 끝난 새벽, 승리를 알리며 서서히 올라가는 성조기를 바라보며 느낀 그 벅찬 감격을 표현하기에 그 정도는 되어야 하지 않았을까? 현주는 그의 심정을 재현해보고자 수평선을 바라보며 미국국가를 부르기 시작했다.

오, 그대는 보고 있는가, 이른 새벽 여명 사이로.
어제 황혼의 잔광 속에서 우리가 그토록 자랑스레 환호했던, 널찍한 띠와 빛나는 별들이 새겨진 저 깃발이,
간밤의 치열한 전투에서 우리가 사수한 성벽 위에 당당히 나부끼고 있는 ……."

그녀의 힘찬 목소리는 높은 요새에서 눈 덮인 공원을 지나 끝없는 바다로 울려 퍼진다. 인호는 적당한 간격을 두고 엄숙한 자세를 취하며 몸을 바로 한다. 근처에 있던 여남은

살 된 사내아이와 아버지로 보이는 중년 남자가 차려 자세를 하며 가슴에 손을 얹는다.

현주가 노래를 끝내고 바다공기를 깊이 들이쉰다.

"잘했어, 현주야. 그런데 무슨 일이야? 미국국가를 다 부르고."

"우리가 여기에 온 이유를 말할까? 너 좀 놀랄 거야."

인호가 의아한 듯 현주를 쳐다본다.

"나나……임신했어."

"뭐?" 그는 소스라치게 놀라며 간신히 말을 잇는다, "그 말을 하려고 미국국가를 불러?"

"부르고 싶었어."

"그래, 인제 한국 가자. 그러니까 귀국해야 하겠네. 우리 어머니들 계시는 곳에서 아기를 낳아 가족과 같이 아이를 기르자."

"아냐, 난 이 나라에서 낳을 거야."

"뭐라고?" 인호는 눈을 크게 뜨고 그녀를 바라본다.

"인호야, 우린 젊은 시절을 여기서 보냈어. 보석같이 귀한 세월이었다. 여기서 기반을 닦자. 집을 떠난 지 10년, 긴 세월이야. 그동안 우리는 변했고, 고향도 변했어. 네가 꿈에도 그리는 서울이지만, 가보면 다를 거야. 난 그곳에서 경쟁에 살아남을 자신이 없어. 'You can't Go Home Again.'이란 소설 제목도 있잖아. 우린 고국에 돌아가 살 순 없어. 네가 생각하는 고향은 아무데도 없어."

지난 몇 달 동안 귀국 일념으로만 치닫던 인호, 그의 눈에 갈등의 그림자가 지나간다. 그는 지금 가더라도 현주 없이 살수 없다는 것을 깨달을 거야. 다시 돌아올지 몰라. 고뇌가 어린 그의 눈빛, 애타게 기다리는 어머니를 생각하는가?

현주가 추워서 부르르 몸을 떨자, 인호는 그녀의 어깨를 감싸준다. 둘은 다 같이 동쪽으로 대서양 건너 서울 쪽을 바라본다.

인호 어머니는 그에게 생명을 부여했다. 현주는 그에게 한 생명을 안겨줄 것이다.

사랑의 빛깔

서울에서 어머니의 일주기 제사를 지내고 돌아오는 날, 덜레스 국제공항 주위엔 하얀 배꽃이 구름처럼 피어있다. 영숙이 작년 이맘때 어머니 장례가 끝난 후 돌아올 땐 꽃을 본 기억이 없다. 그때도 배꽃이 피는 4월이었으니 틀림없이 여기에 꽃이 피었겠지만, 꽃을 보며 감상에 젖을 경황이 없었던가?

인천공항에서 이곳까지 장장 15시간, 비행기가 만원이라 유난히 지겨웠다. 어머니 살아 계실 땐 긴 여행이 아무런 문제가 되지 않았고 오히려 신이 나서 오고 가곤 했다.

전에는 덜레스 공항에 도착하면 늘 '아, 이제 집에 가서 다리를 쭉 뻗고 푹 쉬어야지.'하는 안도감이 있었으나 지금은 그렇지 않다. 안도감은커녕 30분 후면 택시가 집에 도착할 텐데 집에 가는 것이 두렵다. 아니, 오늘은 집에 가기 싫다.

일주일 전 서울에 있을 때 포드군(郡) 경찰관으로부터 이메일을 받았다. 영숙 부부가 한국 방문 중인 것을 아는 앞집의 마이크가 차고 문이 열려 있는 것을 보고 경찰에 신고하여 영숙이네 집에 도둑이 든 것을 알게 된 것이다.

이메일을 받은 지 삼일 째 되는 날 간신히 그 경찰관과 연락이 되어 직접 통화했다. 차고 안에는 푸른색 자동차 한 대만 있다고 하니 베이지색 영숙의 차가 없어진 것이다. 도둑들이 이층 침실은 샅샅이 뒤져 수라장이라고 했다. 사이렌을 왱왱 울리고, 불을 번쩍번쩍하며 경찰차 여러 대가 주인 없는 집에 와 있는 장면이 눈에 선했다. 그 경찰관이 집안을 둘러보던 중 서재 선반에서 영숙의 명함을 보고 이메일 주소를 알았다고 하며, 일찍 돌아와 봤자 별 도움이 안 되니 계획대로 한국 여행을 다 마치고 오라면서 이 메일 했다.

드디어 영숙 부부가 타고 온 택시가 집 앞에 선다. 차고 문은 닫혀 있고 외견상으로는 아무 이상이 없어 보인다. 차고 문을 열자 예상했던 대로 영숙의 차가 있던 자리가 이 빠진 듯 비어있고 차고에서 부엌으로 들어가는 하얀 문 손잡이 주위가 시꺼멓다.

영숙이 부질없는 푸념을 한다. "아니, 도둑놈은 손조차 더러운가? 남의 집에 들어올 때는 손이나 좀 씻고 들어오지!"

남편이 불쑥 한마디 한다. "경찰의 지문채취 때문이야."

"아 참, 그 생각은 못 했네."

부엌에는 서랍과 캐비닛 문이 모두 열려 있고 손잡이마다 언저리에 시꺼먼 지문채취 가루가 묻어있다.

부엌 서랍 여러 개 중에 하나를 골라 깊숙이 감춰둔 자동차 열쇠꾸러미는 물론 없다. 도둑이 금속 탐지기를 사용한다더니 정말 그렇게 찾아 가져갔을까?

이층 침실로 올라가기가 두렵다. 층계는 옅은 크림색 카펫으로 깔았는데 그날 비가 왔던가? 흙 묻은 구둣발자국이 어지럽다. 도둑들, 경찰관들, 경찰견까지 오르내린 층계이지 않은가?

이층 침실 화장실 서랍도 모두 열려 있다. 영숙은 패물이 많지 않아 편의상 화장대 밑 서랍에 적당히 넣어두었다. 패물에 대해 큰 애착이 없기도 하려니와 하루하루 직장에 다니며 정신 없이 사느라, 치장하고 다닐 기회가 없었다. 한국 가기 전 바쁘게 떠나느라 많지 않은 패물이나마 감추지도 않았다. 진주 반지 한 개가 바닥에 떨어져 있고, 패물이 들었던 빈 곽 몇 개가 바닥에 이리저리 흩어져 있다. 그 어수선한 화장실 바닥 위에 베갯잇 하나가 버려져 있다. 침대를 돌아보니 남편 쪽 베개가 벗겨져 있다. 패물이 많았으면 그 안에 쓸어 넣어 산타클로스 할아버지처럼 어깨에 둘러메고 가려 했구나.

진주 목걸이, 금 목걸이, 다 가져가도 아까울 것 없는데, 어머니와 긴 사연이 있었던 오팔 반지만은 아쉽다. 오색찬란하던 그 오팔 반지, 영숙은 어머니를 다시 한 번 잃은 것 같다.

약 삼십 년 전 일이었다. 남편이 공부를 마치고 첫 직장을 얻어, 이곳 포드 군으로 이사 왔다. 작은 아파트에서 알뜰히 살면서 저축했더니 2년 후에 모인 돈이 3천 불이었다. 그때 아들이 아장아장 걸어 다녔다.

가까운 곳에 베스트라는 백화점이 있어서 오팔 반지를 선전했다. 광고에 난 반지사진이 하도 예뻐서 가보았더니 실물은 더 아름다웠다. 문득 어머니에게 사드리고 싶었다. 엄지손톱만 한 오팔은 색깔이 찬란했으며 가장자리에 작은 다이아몬드가 촘촘히 박혀 보석의 빛을 더 해주었다. 어머니는 궁색한 살림에 식구가 많아 평생 그런 보석을 살 여유가 없었다. 어머니께 사드렸으면 했더니 남편이 쉽게 그러자고 했다. 그때 젊은 부부에게는 큰 돈이었다. 그러나 영숙은 아무 주저

없이 삼천 불로 그 오팔 반지를 샀다. 남편이 혼자 한국에 갈 일이 있어 그 반지를 어머니께 전해 드리게 하고 영숙은 아주 만족했다.

이 년 후에 한국에 갔더니, 어머니가 반지를 영숙에게 되돌려 주며 "젊은 니가 끼어라." 하셨다.

영숙은 "엄마가 좀 더 끼다가 나중에 주세요."하고 고집스럽게 말했다. 지금 생각하니 어머니 말씀대로 그때 순순히 받아 왔더라면, 훗날 모녀간의 의견대립은 물론 서로 마음 상하는 일도 없었을 것을…….

세월이 흘렀다. 아장아장 걷던 아들이 자라서 장가를 갔다. 영숙이 오랜만에 한국에 갔더니 어머니가 새 며느리에게 주라고 하면서 반지를 하나 내놓으셨다. 분명 눈에 익은 반지이긴 한데 이상했다. 이게 뭔가? 그리곤 가슴이 철렁했다.

가장자리에 다이아몬드가 촘촘히 박혀있던 그 오팔 반지, 찬란하고 정교하게 디자인된 그 반지가 아니었다. 아들의 대학 졸업 반지같이 투박하게 생긴 누런 금반지에 오팔 보석을 박고 가장자리에 다이아몬드가 띄엄띄엄 박혀 있었다. 반지 면적이 크니까 자연히 띄엄띄엄 박힐 수밖에. "엄마! 세상 천지에! 이게 뭐야?"

"순금으로 갈아 끼웠다. 새아기에게 뭔가 해주고 싶더라. 내 정성이니 갖다 주어라."

넉넉잖은 살림에 순금으로 갈아 끼운 어머니의 정성은 생각지도 않고, 영숙이 벌컥 화를 냈다. "그 반지 디자인이 얼마나 예뻤어요? 순금은 약해서 그런 세공을 할 수 없어요, 엄마도 참! 피난 가서 금반지 팔아 쌀을 사먹던 때를 생각하시나 봐. 아름다운 것은 보지 않고, 왜 금의 가치만 따져요?"

어머니는 아무 말 안 했다. '가짜가 원래 더 예쁘지.'하는 표정이었지만 그 말만은 삼가 하고 있었다. 그러나 그 촌스러운 디자인, 그리고 보니 영숙이 그렇게 아름답다고 생각했던 옛날의 그 반지를 어머니는 순금이 아니고 합금 즉 가짜라서 대수롭지 않게 여기셨다. 어머닌 오랜 세월 끼지도 않고 그냥 내버려 둔 것이다.

하는 수 없이 영숙은 반지를 가지고 미국으로 돌아왔다. 며느리에게 줘봤자 별로 좋아할 것 같지 않아 반지를 서랍 안에 넣어 두었다. 갓 직장을 얻어 어렵게 모은 돈을 달리 투자하여 30년 동안 기다렸더라면 더 큰 실속이 있을 뻔했다. 어머니에게 어울리지도 않은 보석을 사드렸으니 분별없는 자신을 탓할 수밖에 없었다. 낭비한 것도 아까운데, 모녀간에 서로 마음만 상하게 했으니 오팔 반지는 완전히 실패였다.

그러고 보니 생각난다. 어머니는 영숙의 그런 점이 항상 불만이었다. 팔자는 길들이기 마련인데, 부잣집에 시집가서 운전사 두고 잘살고 있는 맏딸 영회같이 일생을 편하게 살 궁리를 하지 않고 남이 안 하는 엉뚱한 일, 해봐야 실속 없는 일에 정성을 쏟는다고 어머니는 늘 영숙을 못마땅하게 생각했다. 영숙은 어쭙잖은 이상을 찾아 자신이 무엇을 할 수 있는지 또 어디까지 갈 수 있는지를 시험하고 싶어 했다. 그래서 부모와 혈육을 두고 미국이란 새로운 세계를 찾아간 것이다.

당시 미국에선 간호사가 모자라던 시절이라 쉽게 미국으로 갈 수 있었다. 사실은 영숙이 좋아서 그 직업을 선택한 것은 아니었다. 그 무렵 부모님은 대구 교외에 과수원을 경영했는데 영숙이 대학 갔던 해는 수확이 좋지 않아 생활이 어려웠다. '가시나'는 대학에 갈 필요가 없으니 과수원 일이나 도우라고 했다. 2년 후에 아들이 대학을 가니 누나가 양보하라는 것이었다. 그래서 대학에 가겠다는 일념으로 영숙은 장학금 과 기숙사 비를 준다는 간호대학에 지원했다.

영숙이 간호사로 일할 때 미국 구경도 할 겸 부모님이 딸 네 집에 오셨다. 휴가를 내어 두 분이 불편하지 않도록 준비 했다. 부모님 모시고, 어린 아들을 데리고 자동차 여행을 했 다. 보스턴에도 가고 뉴욕에도 갔다. 얼음을 채운 피크닉 상 자에 과일을 넣어, 차 안에서 깎아 먹으며 행복하게 미국 동 부를 여행했다. 나이아가라 폭포에서 어머닌 그 규모에 놀라 "이 세상에 이렇게 굉장한 것도 있구나." 하셨다. 근처 호텔 에서 하룻밤 자고 이튿날 아침 또 나이아가라 폭포에 갔다.

"야야, 저 많은 물이 아직도 흐르네." 해서 모두 웃었다.

나이아가라 폭포 그림을 여러 장 사서 한국에 가져가 친 구들에게 나누어 주었다. 노랗게 퇴색한 그 그림 한 장이 아 직도 대구 옛집 마루 위 드높은 곳, 거의 천장에 가까운 곳에 붙어있다. 그 당시에는 보는 사람의 눈높이에 그림을 걸지 않 고 그 보다 훨씬 높이 걸곤 했다.

어머니는 맏며느리로써 시어른 모시고 시동생들까지 돌 봐야 하는 바쁜 분이었고 신경 쓸 데가 많은 분이었다. 당신 의 네 자녀 중에 맏딸은 맏이라서 소홀히 하지 않았고, 아들 은 외아들이라 귀했고, 또 막내딸은 늦게 낳아 재롱스러웠다. 둘째 딸 영숙이 태어났을 때는 아들을 기다리시던 부모님의 실망이 대단했다. 둘째가 아장아장 걸을 때쯤 드디어 아들이 출생했으니 모든 관심이 그리로 쏠렸다. 그런 환경에서 자란 영숙이 이제 두 분의 관심을 처음으로 독차지하여 무척 행복했다.

영숙은 오팔 반지에 대한 어머니의 반응을 여러모로 생각해 보았다. 순금이 아닌 합금 반지라 마음에 들지 않았다. 또 사위가 첫 직장을 얻어 2년 동안 저금한 돈으로 샀다는 사실이 부담스러웠던 것이다. 게다가 그 돈으로 샀다는 것이 순금이 아닌 합금이었다. 부담을 느끼신 데는 또 다른 이유가 있었다. 온갖 정성과 재산을 투자하며 기른 아들한테서는 비싼 선물을 받아도 부담이 없었고, 잘사는 맏딸 영회가 해줬으면 또 괜찮았을 것이다. 공부도 저 혼자 힘으로, 결혼도 혼자 알아서 한 둘째 딸한테서는 무엇을 바라기보다는 저희끼리 잘살기만 하면 되었다. 패물 하나 반반한 것이 없는 딸이니 좋은 패물을 사서 제 치장이나 옳게 하기를 바랐다.

그러나 둘째 딸도 사랑하는 자식이란 것을 영숙은 안다. 한국에 갔다가 미국 돌아올 때쯤 곧장 전화하지 않으면 어머니가 얼마나 애타게 기다리시는지도 안다. 한번은 영숙이 도중에 들릴 곳이 있어서 이틀 늦게 집에 도착해서 전화한 적이 있었다. 어머니는 그 이틀 동안 안절부절못하며 몹시 애를 태웠다는 얘기를 숙모를 통해 나중에 들었다. 맏딸, 둘째 딸, 막내딸에 대한 사랑, 그리고 아들에 대한 지극한 사랑 등, 네 자식에게 어머니가 쏟았던 그 사랑의 빛깔이 각각 달랐을 뿐이었다.

그 사랑의 방식은 어머니가 보고 들으며 자란 환경과 그 당시의 사고방식에 따라 형성된 그 시대의 산물이었다. 그건 누구도 바꿀 수 없었다. '가시나'는 대학에 갈 필요가 없다고 하셔서 하는 수 없이 간호대학에 갈 때 이미 깨달은 사실이었다. 그러나 살아계실 동안 영숙은 어머니의 그 방식을 끝내 받아들이지 못했고 돌아가실 때까지 어머니에게 사랑을 구하고 보채고 또 투정했다. 이 세상에 하나뿐인 당신의 사랑을 받고 싶어 했다. 또 잘한다는 칭찬을 듣고 격려도 받고 싶었다.

대학졸업 반지같이 투박한 그 금반지를 그냥 두면 무얼 하나? 다시 아끼고 사랑할 방법이 없을까? 옛날의 그 정교한 디자인으로 복구할 수 없을까? 영숙은 어느 날 밤에 자다가 문득 그런 생각을 했다.

그 이튿날 보석상에 가지고 갔더니 중국인 2세 보석상 주인은 수공 값으로 650불을 내면 영숙이 원하는 대로 바꾸어 주겠다고 했다. 떼어낸 순금 부스러기는 따로 값을 쳐주겠다고 하면서.

며칠 후 보석상에서 전화가 왔다. 반지를 새로 만들기 전에 꼭 와서 확인해야 할 일이 있다고 했다. 그날 영숙은 깜짝 놀랄 만한 사실을 알게 되었다. 엄지손톱만 한 그 찬란한 오팔은 한 조각이 아니라, 얇은 보석 두 쪽을 겹친 것이란 것을 보석상 주인이 보여 주었다. 보석에 무식한 영숙이 외양만 보고 그 반지를 샀다. 어머니가 대학 반지로 바꿀 때 그 사실을 알았을 터이지만, 영숙의 기분을 생각했음인지 그 말씀은 안 하셨다. 그 오팔 반지는 순금이 아닌 합금 반지인데다가 흠이 한 가지 더 늘었던 것이다. 그 대학졸업 반지 같은 것을 주실 때 어머니는 무언가 할 말이 있는 듯 머뭇거리시던 것이 그제야 생각났다. 2년 동안 저금하여 산 것이 고작 이런 것이냐 싶으셨겠지.

반지가 준비되었다는 연락을 받고 가보니 오팔 반지는 마치 옛날의 영광을 되찾은 듯했다. 가장자리에 촘촘히 박은 다이아몬드가 오팔 보석에 빛을 더했다. 어머니가 딸과 상의하지 않고 반지를 순금으로 갈아 끼웠다면 그 딸도 고집스럽게 자기 방식대로 합금으로 다시 바꿨다.

이듬해, 한국에 가서 새로 만든 반지를 어머니께 보여 드렸다. 마치 '순금보다 합금이 더 좋아요.' 하는 듯이. 어머니는 쓴 표정을 지으며 아무 말씀을 안 하셨다. 보석이 두 쪽을 합친 것이라는 사실을 몰랐다고 톡 털어놓고 이야기할 기회를 그때 놓쳤다. 사실은 반지를 산지 수십 년이 지난 그때, 모르고 산 것을 변명해봤자 부질없는 일이라 생각했다. 그러나 그때 어머니에게 그 말을 했어야 했다. 생각할수록 후회되는 일이었다.

좋은 의도에서 시작하긴 했지만 이 반지는 모녀간에 의견 대립만 가져왔다. 어머니가 진정으로 무엇을 원했던지 헤아리지 못한 탓이었다. 평생 과수원 일로 거칠어진 어머니 손에 오팔 반지는 처음부터 어울리지 않았고 그토록 눈치 없는 딸이 못마땅했던 것이다.

설사 그렇다고는 해도, 이 세상에서 가장 예쁜 것을 사드리고 싶었던 영숙의 마음을 왜 그때 바로 말씀 드리지 않았던가? 후회스러운 것이 한두 가지랴마는, '이 세상에서 가장 예쁜 것을 사드리고 싶었어, 엄마.' 라는 그 말을 못한 것이 한이 된다.

도둑은 고등학교를 갓 졸업한 아이들일 것이라고 이웃들이 말했다. 얼마 전에도 청소년들이 어느 집에 자동차를 타고 와서 벨을 몇 번 누르고는 대답이 없자 아무도 없는 줄 알고 들어왔다가 낮잠 자던 안주인과 부딪쳐 서로 놀란 사건이 있었다고 했다.

크림색 카펫을 깐 층계엔 구두 발자국이 어수선했다. 도둑이 두세 명, 그리고 경찰이 여러 명, 또 개까지 오르내린 것을 진공청소기로 여러 번 박박 문질렀지만 성에 차지 않았다. 새까만 지문 채취가루는 문이나 벽장 손잡이 마다, 화장대 위, 마루에까지 묻어 있어 아무리 닦아도 여전히 새까맣게 묻어 나왔다. 집을 버릴 수만 있다면 버리고 떠나고 싶었다.

그러나 젊은 아이들이 한 짓이라고 하니 영숙은 자기 아들 생각이 났고, 더럽다거나 무섭다는 감정이 시간이 갈수록 차차 가셨다. 불경기라 직장을 구할 수 없어서 그런 짓을 했겠지.

어느 날 화장대 서랍을 열었다가 구석에서 어머니가 오래 전에 사준 옥 목걸이 하나가 나왔다. 종이조각에 덮여 있어서 도둑이 보지 못했나 보다. 큰 딸은 보석이 남아돌아가는데 영숙은 변변한 패물 하나 없다고 하면서 오래 전에 주신 것이다. '고마워라. 도둑이 이걸 두고 갔구나. 장신구가 하나도 없는데 이거라도 있으니 다행이다.'

도둑에게 고마워하는 것이 또 하나 있다. 책상에 놓여 있는 노트북 컴퓨터들을 하나도 가져가지 않은 것이다. 컴퓨터에 저장된 데이터는 돈으로 가늠할 수도 없는 귀한 재산이라 큰일 날 뻔 했다.

그 중에는 한글로 쓸 때는 한국 컴퓨터가 더 편리하여 한국에서 산 것도 있었다. 무료하게 누워계시는 어머니를 집에 두고 몇 시간 동안 양키 시장 컴퓨터 상가를 돌아다니다가,

적당한 것을 하나 골라 새로 나온 워드 프로그램까지 깔고 집에 오니 날이 저물었다.

"미안, 미안, 엄마. 한국 컴퓨터가 갖고 싶었어."

보행이 자유롭지 않아 침대에 늘 누워 계시던 어머니는 자식들이 아무도 대구에 살지 않아 늘 자식이 그리웠다. 오랜만에 집에 온 딸은 제 할 일만 하며, 돌아다니니까 어머니는 노여워서 대뜸 "니는 뭐하로 여게 왔노?" 하셨다. 영숙은 그 컴퓨터를 쓸 때마다 어머니의 노하신 음성을 듣곤 한다.

어머니는 이 층에서 기다시피 뒤로 내려오다가 다 내려온 줄 알고 발을 헛디뎌 넘어지는 바람에 엉치뼈를 다쳤다. 움직이면 아프니까 자연히 누워 지냈다. 늘 누워 계시니, 혈액순환이 원활치 않아 혈관이 막혀 결국 중풍이 몇 번 왔다. 나중에는 말씀까지 어눌해졌다.

마지막까지 회복하리라 믿으며 긍정적으로 생각하고 주말이면 찾아오는 믿음직한 아들을 기다리며 '차차 낫겠지,' 하는 일념으로 육 년이란 세월을 인내로 지탱했다. 여간 해서는 남에게 부탁하기를 꺼리던 어머니가 일거수일투족 남에게 의존하며 살아야 했던 그 고통을 영숙은 미국에 있든 한국에 있든 한 순간도 잊은 적이 없었다. 그러나 돌이켜보면 당신의 고통을 십 분의 일인들 알았으랴. 왜 더 깊이 어머니를 이해하려고 노력하지 않았던가? 어머니를 버려두고 컴퓨터를 사러 나가야 했으면 몇 시간 걸릴 것이라고 애교를 부리며 미리 양해를 구할 수도 있지 않았던가?

베이지색 자동차가 주차되었던 자리는 아직도 비어있다. 영숙은 그 황금빛 나는 베이지 차를 무척 사랑했다. 날렵하면서도 안전한 네 바퀴 운행, 눈이 와도 미끄러지지 않았다. 빨강 신호등에 정지하고 있다가 파란 불로 바뀌면 여러 대의 차 중에서 영숙의 차가 제일 먼저 앞질러 갔다. 그때마다 영숙은 마치 스포츠카라도 탄 듯 기분을 내곤 했다. 지금 전국 수색망 명단에 올라 있지만 찾을 희망이 없다. 다른 중고차 틈에 끼어 멀리 중동 같은 곳으로 팔려갔음에 틀림 없다.

영숙은 그저께 정기 건강 진단을 받으러 갔다가 주차장에 나와 아무리 둘러보아도 자신의 차가 보이지 않았다. 넓은 주차장을 몇 바퀴 빙빙 돌고 나서야 자기가 잃어버린 베이지색 차를 찾고 있다는 것을 깨달았다. 그제서야 푸른 색 차를 타고 집에 돌아왔다.

자동차 보험회사에서 경찰 보고서 사본을 보내라고 했다. 미국 와서 오래 살았지만, 자동차를 잃은 것은 처음이고 경찰서에 가게 된 것도 처음이다. 알고 보니 경찰서는 집 근처에 있으며 자주 다니는 길목에 있었다. 널찍한 부지에 든든하게 지은 이 층 벽돌 건물인데 지금까지 눈 여겨 보지 않았을 따름이었다. 경찰관을 모집한다고 각종 언어로 큼직한 현수막을 걸어 놓았는데 스페인 어는 물론 한글 현수막도 보인다.

50대 흑인 여직원이 경찰 보고서를 준비하는 동안 영숙은 벽에 붙은 글을 읽는다. 흰 바탕에 검은 글씨로 굵게 쓰여 있다.

어제는 과거,
내일은 수수께끼.
오늘은 소중한 선물,

68

그러니까 현재를 "프레즌트"라고 하지.

그래, 그렇구나. 어제는 이미 지나간 과거, 내일은 수수께끼라고 한다. 며칠 전에 친구가 뜻밖에 교통사고로 죽었다. 콜레스테롤 수치가 높다면서 기름진 고기 안 먹고 달걀도 안 먹었다. 달걀은 완전식품이라 온갖 영양분이 다 들어있으니 꼭 먹으라고 영숙이 아무리 말해도 듣지 않았다. 오래 살겠다고 그토록 먹는데 주의하더니 어이없이 졸지에 가버렸다. 누가 내일을 아는가? 내일은 어떻게 될지 모르는 수수께끼라고 하지 않는가? 영숙은 지금까지 항상 내일만 생각하며 살았다. 현재가 이토록 소중한 선물, 즉 프레즌트 인데 오늘을 무시하며 살았다.

어머니도 오팔 반지도 이젠 과거가 되었다. 반지는 훔친 장물로 취급 받으며 부당한 대접을 받고 있겠지. 아까운 것. 불쌍한 것, 마치 자기 몸의 일부가 푸대접 받으며 바깥에서 떨고 있는 것 같다.

'남들은 하루 세 끼 먹는데, 니는 네 끼 먹나? 넌 왜 남이 안 하는 밤일까지 해야 하노?' 하시며 영숙의 야간근무를 걱정해 줄 엄마도 이젠 없다.

빛나는 내일을 위해 미국에 왔다. 주말에도 일하고 밤에도 일하며 힘겹게 살았다. 그러면서 학교에 다시 가서 공부하여 이제는 포드 군 보건 과에서 낮에만 일하니 편해졌다.

흑인 직원이 무표정한 얼굴로 3페이지나 되는 경찰 보고서를 작성해서 창구로 내밀어 준다. 영숙이 벽에 붙은 글귀를 눈짓하며 한마디 한다. "저거 아주 그럴듯한 문구네요. "오늘이 소중한 프레즌트"라고?"

지금까지 사무적인 태도로만 대하던 그 여직원이 태도가 부드러워진다. 경찰서에서 일하다 보니 찾아오는 사람도 가지가지라 일부러 사무적으로 대하다가 가끔 부드러운 자기 본연의 모습으로 돌아오는가 보다. 여직원이 웃으며 말한다.

"한 장 복사해 드려요?"

"네, 그렇게 해요. 냉장고 문에 붙여 놓고 현재를 소중하게 생각하며 살고 싶어요."

어머니 계실 때, 현재를 소중히 생각하며 말 한마디라도 다정하게, 좀 더 정성을 다해 모실걸……. 살아계실 때 왜 그런 생각을 못했을까?

한국에서 돌아온 지 두 주일이 지났다. 집에 자동 경보장치를 설치했고 앞문, 뒷문, 옆 문, 모든 열쇠를 바꾸었다. 그러노라 여러 사람이 집안을 드나들었다. 또 없어진 열쇠꾸러미에는 남편 자동차 키도 들어 있었으므로 자동차 키를 바꾸느라 왔다 갔다 했다.

오늘은 좀 한가한 날이다. 느닷없이 어머니가 지어주신 한복 생각이 났다. 커다란 플라스틱 상자를 열어본다. 남편의 옷이 제일 위에 있다. 모시 적삼과 바지, 보라색 양단 저고리와 옥색 바지, 그리고 검은 모직 두루마기. 영숙의 치마저고리 여러 벌이 그 밑에 있다. 어머니는 항상 '남자 옷은 위에, 여자 옷은 아래에'라고 하셨다. 영숙은 쓴웃음을 짓는다. 나도 그렇게 하고 있나? 물론 그럴 리가 없어. 어쩌다 보니 그렇게 된 거지.

자주색 조끼와 마고자도 있다. 빛나는 양단에 잔잔하게 기쁠 회(喜) 자가 수 놓였다. 어머니가 이 옷을 바느질 집에서 찾아와, 둘째 사위가 입은 모습을 상상하며 얼마나 만족해하셨을까? 미국에 살면서 이런 옷을 언제 입을까마는 큰마음 먹고 장만해 주신 옷이다. 앞으로 얼마 동안 이 옷을 간직하는지 알 수 없으나, 소중하게 넣어 놓고 가끔 들여다본다. 이 옷들은 영숙이 어머니께 사드린 오팔 반지와 같다. 아름답지만 거추장스럽고 자주 쓰지 않는 것들이다.

당시 어머니의 형편이 좀 나아져서 이런 옷을 장만하며 기분을 낸 것 같았다. 두 분이 연만하여 대구 교외에 있었던 과수원을 팔았을 때는 땅값이 많이 올라 있었다. 아들의 사업 자금으로 썼는데 사업이 잘되고 있다.

이 옷은 어머니가 영숙을 위해 장만하신 선물이다. 맏딸도 아니고, 아들도 아니고, 막내딸도 아닌 둘째 딸에게 주신 알뜰한 선물이었다. 어머니의 가슴 속에 영숙의 자리가 있었던 것이다. 다만 사랑의 빛깔이나 농도가 달랐을 뿐이었다.

조끼에는 납작한 금단추 여섯 개가 찬란하다. 마고자의 단추 두 개는 솔방울만 하다. 순금이라 몇 년이 지나도 그 빛이 변하지 않는다. 요즘처럼 금값이 비쌀 때는 꽤 값이 나가겠지. 이런 단추 두 개만 갖고 피난 갔더라면 한동안 쌀 걱정 안 해도 될 번했다. 둘째 딸과 사위를 위해 한복을 마련해 주셨던 그 기쁨, 그건 마치 영숙이 오팔 반지를 남편 인편에 보내놓고 만족해했던 것과 같지 않았을까? 말하자면 받는 쪽보다 주는 사람이 더 행복한 선물이었다.

오늘은 날씨가 쌀쌀하여 어머니가 오래 아끼며 입었던 캐시미어 스웨터를 꺼내 입는다. 이것은 어머니 침대 옆 옷걸이에 걸려있었는데 이번에 고이 접어 가져왔다. 쓰시던 방을 옛

모습대로 간직하고 싶어 했던 남동생의 뜻대로 일주기가 끝날 때까지 그 방에 그대로 두었던 물건 중의 하나였다.

올리브색 스웨터는 낡았지만 아직도 때깔이 좋다. 닳아서 구멍 난 자리와 풀어진 소매 끝을 바느질에서 손을 봤다. 낡아서 하늘하늘하게 얇아졌으나 아직도 따뜻하다. 누구의 체온인가?

이십 년 전이었다, 남편이 영국을 다녀올 때 스웨터를 사왔는데, 영숙의 것은 올리브색, 어머니 것은 회색이었다.

"야야, 나는 회색 안 입는다. 나이 든 사람이 그런 색 입으면 더 궁상스레 보인다."

"그럼, 바꿔 입어요, 내가 회색 입을게."

그때 어머니는 예순다섯이었는데 자신을 나이 든 사람이라고 했다. 이제 영숙이 그 나이가 되었다. 그때 어머니는 당신이 정말 나이 많다고 생각하셨을까? 아니었다.

어머니는 회색이 싫었고, 젊은 색깔을 입고 싶었다. 그때 바꿔 입기로 한 것은 얼마나 잘한 일이었던가? 영숙은 그 생각을 할 때마다 '후유' 하고 안도의 숨을 내쉰다.

이 스웨터가 어머니 맘에 꼭 들었던지 한국 갈 때마다 보면 항상 곁에 두고 입으셨다. 정하게 입고 낡은 곳은 손을 보아서 20년 이상 입었다. 스웨터 하나를 이토록 오래 입은 건 아마 신기록이 될 것이다.

세월이 흐르니 후회되는 일도 많지만 잘한 것도 있었다. 오팔 반지 선물은 실패했지만, 이 스웨터는 성공이었다. 오팔 반지가 부담스러웠다면, 이 스웨터는 마음 편한 선물이었다. 그리고 반지와는 달리 따뜻하게 입을 수 있어 유용한 선물이었다.

　매사에 적극적이던 어머니가 고마웠다. 그때 회색이 싫어 안 입고 말았더라면 또 실패한 선물이 되고 말았겠지. 싫은 것을 싫다고 말하셨고, 그래서 바꿔 입게 되었으니 얼마나 다행한 일이었던가.

　그래서 영숙이 지금도 이 스웨터를 추울 때 소중하게 입지 않는가? 손가락을 빨며 항상 포대기를 끌고 다니는 두 살짜리 같이 영숙도 이 스웨터를 끌고 다닌다. 오늘같이 쌀쌀한 날, 이것을 입고 있으니 아늑하고 따뜻하다.

　아, 이 편안함, 이 포근함, 당신의 체온인가?

두물머리

수진은 밤중에 잠이 깨었다. 그녀의 가슴에 얹힌 리차드의 손, 쾌적한 그의 체온, 밀착된 맨몸의 감촉이 만족스러웠다. 간밤의 그 비릿한 밤꽃 향기 같은 냄새가 아직도 침대주위를 감돌고, 깊이 잠든 그의 숨소리가 고르게 들렸다. 낮에 보면 찬란한 그의 금발이 은은한 달빛아래선 은빛이었다.

지난 2월 수진은 한국에서 돌아와 보스턴 시에 인접한 브루클린의 조그만 집에 세를 들었다. 새로 일을 시작한 실험실이 가까워 쉽게 출근할 수 있었고 당시는 1970년대라 집세가 저렴하여 그녀의 보잘것없는 수입으로도 감당할 수 있었다.

미국에서 공부가 끝난 후 모국에서 적어도 2년간 일해야 하는 장학금조건에 따라 수진은 리차드를 미국에 두고 혼자 귀국하여 모교에서 생화학을 가르쳤다. 리차드는 그동안 뉴욕에서 같은 작가 친구들과 어울려 보헤미안 같은 생활을 하다가 이제야 아내에게 돌아왔다. 수진은 그의 손에 가만히 키스하고 살그머니 침대를 빠져 나왔다.

부엌 쪽 전기 스위치를 더듬다가 창 밖에 무언가 후광처럼 빛나는 물체가 있었다. 하나가 아니라 여러 개였다. 초승달은 중천에 떴고, 희미한 달빛 아래 흰 풍선이 여러 개 떠있는 것 같았다. 자세히 보니 나무둥치 같은 것에 고정되어 있었다. 이웃집과 경계로 심어놓은 배나무들인가? 겨울 동안 앙상한 가지들이 추위에 떨고 있던 모습이 생각났다. 나무들이라면 왜 저렇게 희끄무레하게 빛나는 걸까? 그녀는 의아했다.

밤중에 한번 잠이 깨면 다시 잠들 수가 없었다. 낮에는 일에 쫓겨 한국에서 성 선생님과 함께 보낸 시간을 잊을 수 있었다. 소녀 시절부터 가졌던 그에 대한 염원은 오르지 못할 나무에 대한 좌절이었다. 그 소망이 한번 이루어지면 잊혀 질 줄 알았다. 바라던 것이 사실이 된 지금 성 선생님과 같이 보낸 시간이 더 선명하게 다가왔다. 리차드에게 말 못할 비밀을 가진 것이 마음이 편치 않았고 혼자 있을 때면 상념이 꼬리를 이었다.

이 상념은 똘똘 뭉쳐 가슴에 박혀 멍울이 되었다. 갑자기 그 딴딴한 멍울에서 메스꺼움이 올라와 화장실로 뛰어갔다. 마치 몸의 내용물을 다 쏟아내는 듯 한참 동안 토했다.

간신히 진정하고 싱크대에 머리를 숙인 채 문득 생리를 한지 한참 되었다는 사실이 머리에 떠올랐다. 아, 언제 마지막 생리를 했던가? 과학을 한다는 여자가 이토록 자기 몸에 대해서 무심하다니. 사실은 그녀의 주기가 불규칙했고 리차드와 함께 있을 때는 그가 알아서 처리했다. 그리고 지난 이년 동안 한국에 있을 때 마지막 며칠을 빼고는 집과 실험실만 오갔을 뿐이었다.

떠나기 직전 성 선생님과 함께했던 그 밤 때문에 어떤 의미에서든지 벌을 받아야 마땅했다. 리차드는 그들이 떨어져 있는 동안 그의 문란했던 뉴욕 생활에 대해 수진에게 고백했다. 자기 아내가 정절과 성실의 전형이라 생각하는 그에게 도

76

저히 고백할 수 없어 수진은 그만 기회를 놓쳤다.

　　성 선생님은 수진의 고등학교 담임 겸 생물 선생이었다. 그 초보적인 고등학교 실험실에서 빵의 발효에 쓰이는 효모균의 세포분열 과정을 현미경으로 보여주었고 살아있는 것에 대한 그때의 경이로움은 생명과학에 대한 수진의 호기심과 열정을 불러일으켰다.

　　성 선생님은 극도로 자제하는 분이라 사랑하는 제자에 대해서도 마찬가지였다. 수진이 미국 유학을 떠날 때 그가 자신을 붙잡아 주기를 바랐다. 그러나 그는 그녀의 학구적인 장래를 위해 유학을 권고했다. 수진은 일종의 모욕을 느끼고 그를 단념하다시피 하며 고국을 떠났다.

　　결국 미시간 대학에서 리차드를 만나 수진이 먼저 결혼했다. 성 선생님도 그 후 같은 학교 수학 선생과 결혼했다. 피차에 배우자가 있는 처지라, 수진이 귀국하여 같은 서울 하늘 아래에 있으면서도 그들은 만나지 않았다. 지난 가을 그녀가 논문을 발표하는 학회에 그가 찾아와 사흘 동안 공식 행사에서 만났다. 수진이 발표하는 날은 그가 맨 앞자리에 앉아 들은 후 "과연 수진씨는 앞으로 미국에서 정진해야 할 사람"이라고 하며 격려하고 그 자리를 떠났다.

　　2년간의 서울 계약기간이 끝나고 간신히 MIT에 임시 연구원 자리를 구해 미국으로 돌아올 준비를 하고 있었다. 그동안 모인 서류를 정리하며 버릴 것은 버리고 소포로 부칠 것은 따로 박스에 보관하며 짐 정리하고 있었다. 늦은 오후 실험실 창 밖에 눈이 흩날리기 시작했다. 창 밖에 눈이 오면 언제나 생각나는 것이 있었다.

수진이 열여섯 때였다. 수업이 끝난 오후, 여자 고등학교 교정은 조용했다. 차가운 유리 창문에 입김을 불어 김을 서리게 하고선 성 선생님의 이름 '성진호'를 크게 써놓고 눈송이 휘날리는 창문 밖 빈 교정을 내다보고 있었다. 그날 일직 당번이었던 그가 학교를 점검하다가 수진이 있는 교실에 들어왔다. 창문에 쓰인 자기 이름을 틀림없이 보았을 것이라 생각하며 수진은 얼굴이 빨개졌다.

십여 년 전 소녀 시절의 그 당황하고 무안했던 순간을 생각하며 수진은 미국으로 떠날 짐을 정리하고 있었다. 그때 실험실 문에서 노크 소리가 들렸다.

마룻바닥에 이리저리 놓인 박스를 지나 문을 여니, 뜻밖에 성 선생님이 문밖에 서 있지 않는가? 너무나 뜻밖이었다. 그의 검은 코트와 머리에 희끗희끗하게 눈송이가 앉아 있었다. 오랜 세월 자제만 하고 살아왔던 그였지만, 그녀가 한국을 떠나기 직전에 이렇게 찾아온 것이었다.

"미안해요. 이렇게 예고도 없이 찾아와서. 집에 전화했더니 할머니께서 실험실에 있다고 하기에."

"어서 들어오세요. 짐 싸느라 어수선해요."

난로에 물이 끓고 있어 두 사람은 창가에 앉아 차를 나누며 그가 말했다. "2월에 눈이 오는군요. 얼마나 많이 올까?"

"오래 전 그 첫눈이 오던 그날을 생각하고 있었어요. 11월 말쯤이었을 거예요. 기억하세요? 선생님이 당직으로 학교를 돌아보던 날."

"이심전심인가요. 나는 첫눈이 오면 언제나 그날을 생각해요. 수진씨의 그 소녀적 모습이 어제 같은데…….”

“네, 벌써 십여 년이 전 일이군요.”

어느덧 눈이 그쳤다. 느닷없이 그가 양평의 두물머리에 가자고 하면서 말했다. “항상 거기 가고 싶었어요. 오늘 같은 날은 참 아름다울 거예요. 두꺼운 코트를 입고 스카프를 단단히 준비해요.”

그들은 두물머리에서 택시를 보냈다. 눈 속에 잎 떨어진 자작나무들이 자생하여 새하얀 나무등걸이 석양에 빛나고 잔가지들이 가벼운 바람에 춤을 추었다. 오솔길을 걸으며 누가 먼저인지 모르게 손을 잡았다. 숲을 걷는 동안 다시 눈이 조금씩 오기 시작하더니 어느덧 진눈깨비로 변했다. 그가 우산을 펴 들었다.

“춥지?”하며 우산 밑에서 그녀를 안았다.

강가의 겨울 갈대가 이곳 저곳에 무리를 이루며 으스스 떨었다. 갈대의 흔들림과 같이 잔잔한 파도가 일었다. 불빛 아래, 젖은 코트, 진흙으로 범벅이 된 신발, 서로의 모습을 바라보며 둘은 갑자기 큰 소리로 웃었다. 항상 깨끗한 와이셔츠에 칼날같이 줄이 선 바지를 단정하게 입고 조용하게 말하던 분이 껄껄 웃는 것을 처음 보았다.

둘은 코트가 흠뻑 젖어 벌벌 떨며 비 피할 곳을 찾아 가까운 모텔에 들어갔다. 종업원이 재빠르게 슬리퍼를 갖다 주어 진흙 묻은 신을 벗고 갈아 신었다. 로비에 들어서자 밝은 불빛 아래 그의 얼굴이 백지장같이 창백했다. 집에서 기다리고 있을 자기 아내를 생각하는가?

객실에 들어와 수진이 먼저 샤워한 후, 그가 샤워하는 물

소리를 들으며 흰 타월로 만든 가운을 입은 채 창문을 통해 건물 뒤쪽에 있는 수목을 내다보았다. 비는 이제 주룩주룩 내리고 있었다.

한 때 그들은 스승과 제자, 그는 원칙에 벗어난 것을 하지 않던 사람이었다. 오랜 세월 그는 자기감정뿐 아니라 그녀의 감정조차 통제해왔다. 그러나 오늘 그는 사회의 규범을 무시했다.

그는 그녀의 가운을 벗기며 침대로 인도했다. 뜨거운 입김, 눈물에 젖은 얼굴, 처음에는 부드럽게 그리곤 격렬하게 십여 년 동안 쌓인 그들의 갈망을 불태웠다. 평생에 한 번은 있어야 할 일이었다. 그날 밤 수진은 그의 곁에서 만족했으며 편하게 단잠을 잤다.

수진의 구토가 간신히 멎었다. 만약 임신이라면 누가 아버지란 말인가? 자신은 어디에 속하는가, 리차드가 있는 미국인가, 아니면 성 선생님의 한국인가? 괴로움에 일그러진 눈이 거울에 비쳐 자신을 바라보고 있었다.

화장실을 나와 커피를 마시며 속을 가라앉히려 부엌 쪽으로 다시 가는데 창 밖에선 회부연 아침 빛이 서서히 스며들고 있었다. 싱크대 위 창문을 통해 뒷마당을 내다보는 순간 수진은 깜짝 놀랐다. 구름처럼 떠오르는 배꽃, 하얀 빛이 마당을 가득 채웠다. 희미한 초승달 아래 후광처럼 빛나던 물체가 바로 이 배나무 네 그루였다. 추운 겨울, 잎 떨어져 앙상하던 가지들이 지난 며칠 사이 날씨가 따뜻해져 수액이 올라, 잔가지마다 꽃 필 준비를 하여 밤사이에 마치 폭죽을 터뜨리듯 만발한 것이다. 흰 꽃구름 사이로 햇빛이 빗살처럼 스며들었다.

갑자기 만개한 배꽃을 보며 자신의 몸 속에서 일어나고 있는 변화를 새삼스럽게 느꼈다. 세포 두 개가 네 개로 분열하고 또 네 개가 여덟 개로, 그리고는 여덟 개가 열여섯 개, 기하급수적으로 자라고 있는 이 생명. 서른 살이 된 수진에겐 누가 아버지이든 간에 소중한 아이였다.

커피를 만들려고 하니, 어젯밤 자기 전에 잊어버리고 수도 물을 미리 받아 놓지 않았다. 수도 관 속에 고여 있던 물을 빼내기 위해 먼저 빨랫감을 넣고 세탁기를 돌렸다. 고였던 물이 어느 정도 빠져나간 후 새물을 받았다. 새 생명이 자라고 있는 지금, 수도관에서 녹아 나오는 납, 구리 등 중금속이 든 물을 될 수 있으면 피해야 했다. 무엇을 섭취하든 모두 아기에게 갈 것이란 사실 때문에 지금까지 해온 이 습관이 이젠 더욱더 중요하게 되었다.

구수한 커피 냄새가 집안에 퍼지자 이 층에선 리차드의 발자국 소리, 그리곤 그의 콧노래로 라벨의 '볼레로'가 들려왔다. 그 반복적인 음률에 맞춰 그녀가 어깨를 들썩이며 따라 흥얼거리곤 했던 그 멜로디를 리차드의 클라리넷 음률로 들으면 더 기가 막히게 좋았다. 사실은 그 잊혀지지 않는 멜로디에 빠져 영문학을 공부하던 그와 데이트하기 시작했다. 미국으로 유학 가라는 성 선생님에게 상처를 받은 후라 리차드에게 쉬이 마음이 기울기 시작한 것이다.

성 선생님과 같이 두물머리에 갔을 때 그가 당시의 자기 심정을 이미 늦었지만 말해 주었다. "좋은 장학금을 받게 되었으니 그 기회를 놓칠 수 없다고 생각했어. 공부하고 돌아오면 나중에 나와 결합하리라는 희망이 있었지."

리차드가 층계를 내려와 살그머니 부엌으로 오더니 등 뒤에서 껴안으며 자신의 턱을 그녀의 어깨에 얹었다. 바깥의 눈부신 배꽃 구름을 음미하며 그가 말했다, "당신이 넋 빠진 듯 내다보는 이유를 이제야 알겠어."

자기 나름대로 해석하니 얼마나 고마운가? 수진이 팔을 뻗쳐 리차드의 목을 어루만지며 부드러운 그 감성을 새삼스럽게 고마워 했다.

오월 초에도 입덧이 계속되었다. 아침 일찍 리차드가 일어나기 전에 출근해서 차가운 실험실 화장실에서 위 속에 있는 내용물을 다 토했다. 음식을 먹지 못하니 창백하고 야위어 갔다.

어느 날 저녁, 리차드가 그녀의 여윈 팔을 쓰다듬으며 말했다.

"힘이 하나도 없어 보여. 어디 아파?"

쌓이고 쌓인 이야기를 다 털어놓고 가벼워지고 싶었으나 간신히 참았다. 아내가 성실과 순결의 전형이라고 생각하는 그에게 어떻게 그 사실을 털어놓을 것인가? 자유분방했던 그의 과거 생활을 생각하면 어쩌면 생각보다 쉽게 받아드릴지도 모른다는 생각도 들었지만, 진흙탕에서 허우적거리는 그 괴로움을 덜어주고 싶었고 나중에 이야기를 해야 한다면 그때 말하기로 했다. 그러나 다른 말은 못해도 가을에 태어날 아이에 대해서만은 적당한 시기에 말해야 했다. 출산일까지 딴생각하지 않고 일에 전념하는 수밖에 없었다.

70년대 초, DNA의 분자구조가 그보다 10년 전에 이미 규명되었다. 당시 야심 있는 과학자들의 관심이 생명공학 쪽으로 쏠리고 있었다. 수진의 실험실에서도 DNA에 담긴 유전 정보를 전달하는 메신저 RNA에 관한 연구를 하고 있었다. 실험실 책임자 찰리를 위시해서 모두 일곱 명의 연구원이 있었으며 모두들 새벽에 출근해서 저녁 늦게까지 일하며 잠자는 시간 빼고는 실험실에서 살았다. 경쟁이 심한 분야여서 찰리가 네이처(Nature) 지에 자기 팀이 연구한 결과를 제일 먼저 발표하기 위해 서두는 중이었다. 그의 지도력과 앞을 내다보는 눈을 믿고 모두 열심히 일했다. 동료들은 자기 아내보다 수진과 더 많은 시간을 보낸다고 농담하곤 했다.

해가 길어졌다. 뒷마당의 배나무 잎에 윤기가 오르고 푸름이 짙어갔다. 어느 날 수진이 집에 오니 리차드가 뒷마당에서 앞치마를 두르고 닭고기를 굽고 있었다. 피크닉 테이블에 서류가방을 놓으며 오랫동안 벼르던 대로 말문을 열었다.

"리차드, 할 말이 있어."

"왜 그래? 괜찮아?" 미간에 걱정하는 빛을 보이며 그가 말했다.

"나 임신했어."

"정말?" 그는 수진을 껴안으며 활짝 웃었다.

"그래서 그랬구나. 나는 영문도 모르고 얼마나 걱정했는데. 당신이 요즘 이상했거든. 언제가 산월이야?"

"가을쯤."

그는 포도주와 유리잔 두 개를 갖고 나와 잔을 가득 채워 높이 들었다. "우리 아기를 위하여!"

수진이 잔을 반쯤 올렸다.

"우린 서른이 넘었잖아. 애 가질 때도 되었어. 더 이상 원치 않으면 더 갖지 않아도 돼. 이 아이만은 건강하게 기르자."

벌써 아버지가 된 듯 리차드는 심각했다. "밤일 좀 그만 했으면……. 부탁이야."

그의 말을 들으며 냉장고 안에 보관 중인 RNA 결정체를 생각했다. 알코올 용액에는 다이아몬드같이 생긴 결정체가 생성되고 있어서 그 중 가장 크고 잘 생긴 놈을 골라 고성능 현미경으로 검사해야 했다. 또 학교에서 몇 개밖에 안 되는 컴퓨터는 밤중이 아니면 차례가 오지 않았다. 당시 컴퓨터는 큰 공간을 차지하고 또 너무 비싸 개인이 소유할 수는 없어, 주로 대학교나 공공기관에서만 운용했다. 수진이 조심스럽게 말했다.

"밤에 컴퓨터를 써야 하는데……."

"당신 너무 하잖아?"

수진의 동료 하나가 이혼 수속 중인 것을 리차드도 알고 있었다. 최근에 또 한 쌍이 별거 중인데 남편이 밤낮으로 실험실에서 일하는 것 때문에 내외간에 싸움이 잦다는 말을 들었다. 리차드도 많이 생각한 듯 한마디 했다.

"당신 어머니가 자기 일에 미친 사람이라고 불평했지? 그 당시 특히 한국 사회에서는 드문 일인데. 모녀가 정말 비슷하구나."

느닷없이 어머니의 이야기를 꺼낸 리차드, 얼마나 속을 끓였으면 그런 이야기를 할까? 자기가 믿는 일, 자기가 하는 일 때문에 가족을 등한시하는 것이 모녀가 비슷하다고? 수진의 어머니는 당시 고등학교 교장이었다. 할머니가 아이들을 돌보고 살림을 도맡아 했다. 며느리가 직장일밖에 모르니 할머니가 집안 일을 하느라 힘들어 하시는 것을 보며 자랐다.

그 어머니에 그 딸인가?

그들의 RNA 프로젝트는 당시 알려지지 않은 분야였다. 수진이 이런 중요한 일에 관여하게 된 것만 해도 크나큰 영예였다. 산이 거기 있으니 산을 오르는 것이고, 천성적으로 이런 일을 하도록 태어났으니 열심히 일하는 것이었다. 누가 알겠는가? 이수진이란 이름이 유전학 분야에서 길이 빛나게 될지.

둘은 조용히 저녁을 먹었다. 리차드는 남을 비판한다든가 오늘같이 직설적으로 말하는 일이 드물었으므로 오랫동안 생각한 것이 분명했다. 일이 밀려 밤일을 안 할 수는 없지만, 그의 의사를 존중하는 의미에서 그날 저녁만은 나가지 않기로 했다. 식사 후 수진이 설거지를 하는데, 그가 등 뒤에 와서 껴안으며 물었다.

"화났어?"

"괜찮아. 당신 말이 맞아."

일 년 전, 서울 방문 중 한국인들이 절하는 것을 흉내 내어 수진에게 공손히 허리 굽혀 절한 뒤 그가 물었다.

"사랑하는 영부인을 모시고 강바람을 즐기며 보트 놀이를 하고 싶은데요?"

수진은 하는 수 없이 웃었다.

리차드는 보스턴 시와 케임브리지 시를 연결하는 하버드 다리 위를 자동차로 천천히 달렸다. 저 밑으로 찰즈 강의 잔잔한 파도가 초여름 저녁 마지막 빛을 반사했고, 열린 창문을 통해 상쾌한 바람이 그들의 티셔츠를 펄럭였다. 케임브리지 쪽 다리 밑으로 내려가니, 보트 하우스에 서너 사람이 기다리고 있었다.

리차드가 선착장에서 보트를 저어 나오고, 수진이 도와서 강 하류로 향했다. 오른쪽에는 강가의 공원이 영화장면같이 지나가고 있었다. 초저녁 하늘을 배경으로 왼편에 케임브리지 시의 불빛이 지나가고, MIT가 가까워지자 불 켜진 창문이 많아졌다. 수진의 칠 층 실험실에서도 동료들이 일하고 있어 불이 환하게 켜져 있었다. 잠시 후 다른 건물에 가려 보이지 않자 수진은 아쉬운 듯 시선을 거두었다.

"어서 우리 아기를 보고 싶어."

"난 아직 준비기 안 됐는데."

그 말에는 상관하지 않고 리차드가 하늘을 쳐다보며 말했다."하늘에 저렇게 별이 많은 줄 미처 몰랐네. 우리를 축하해 주러 모두 나왔구면."

겨우 살아가는 형편에 아이를 가진다는 사실이 걱정도 되련만, 그는 돈 걱정하는 사람이 아니었다. 수진의 수입은 식비와 집값을 내면 바닥이 났으며 리차드가 잡지사에 기고하여 받는 프리랜서 수입은 불규칙했다. 수진의 실험실 임시직은 언제 잘릴지 모르는 형편이었다. 다행히 찰리가 수진을 도와주겠다며 격려하고 있으니 일을 열심히 안 할 수도 없었다.

그들의 보트가 천천히 움직이고 있는 동안 리차드가 젓던 노를 옆으로 치우고 그녀를 뒤에서 안으며 티셔츠 안으로 손을 넣었다.

"사랑해."

보트가 흔들렸다.

"위험해!"

그는 하는 수없이 다시 뒤로 가서 노를 졌더니 그녀에게 물을 뿌리며 장난을 시작했다. 잠시 내버려두었다가 그가 방

심하는 사이 수진이 노를 크게 쳐서 뒤에 있는 그에게 물을 함빡 뒤집어 씌웠다. 그도 반격하여 큰 물싸움이 벌어졌다. 머리에서 발끝까지 흠뻑 젖어 그들은 마음껏 웃었다.

수진은 갑자기 웃음을 뚝 그쳤다. 그 눈 오던 날, 성 선생과 같이 걸었던 두물머리가 문득 생각났기 때문이었다. 그날 밤 눈은 비로 변하여 두 사람의 코트는 흠뻑 젖었고 신도 흙 투성이였다. 희미한 불빛 아래, 머리부터 발끝까지 흠뻑 젖은 모습으로 서로 쳐다보며 크게 웃던 그때 그 장면.

찰즈 강의 무성한 여름 갈대와 겨울바람에 으스스 떠는 두물머리의 마른 갈대는 둘 다 수진의 인생이었다. 미국에 있는 리차드가 그녀의 삶인 것처럼 한국에 있는 성 선생의 기억도 저버릴 수 없는 그녀의 일부였다.

일은 바로 구원이었다. 열두 시간 근무는 계속되었고, 바깥은 폭폭 찌는 여름이었으나, 세포 물질을 다루는 냉장실에서는 형광등 아래 두꺼운 파카를 입고 일했다. 풀리지 않는 상념의 실마리, 자신은 어디에 속하는가? 성 선생의 한국인가 리차드의 미국인가? 정체성의 혼란이었다. 벽에 머리를 찧듯 시달리는 내면의 싸움을 일에 열중하며 피하려 했다.

어느 날 늦은 오후, 효모균 속에 있는 RNA를 추출하기 위해 유리구슬을 넣고 믹서를 돌려 효모균을 분쇄하고 있었다. 수진은 기계가 돌아가는 소음에도 불구하고 시멘트 기둥에 기대어 서서 깜빡 잠이 들었다.

아기가 배 속에서 옆구리를 세차게 발길질하는 바람에 홀연히 잠이 깨니, 믹서는 여전히 맹렬히 돌아가고 있었다. 냉장실에서 더 오래 잤더라면 어떻게 되었을까? 시멘트 바닥에 넘어질 수도 있었잖아. 그 일을 경고 삼아, 또 리차드의 간절한 충고도 받아들일 겸 밤 근무를 줄였다.

구월이 되니 수진의 배가 앞산만 해졌다. 제때에 퇴근하니 리차드가 우선 안심했다. 배나무 잎이 황금색으로 물들더니 이젠 빨간 색깔로 하루하루 변해가는 뒷마당에서 고기를 구워 먹었다. 그는 어머니가 프랑스 태생이며 미식가였다. 요리사 못지않게 음식을 맛있게 만들어, 마치 수진의 심정을 아는 듯, 다정하고 참을성 있게 보살펴 주었다. 미국에선 갈비가 비싸지 않아 서울방문 중에 할머니에게서 배운 데로 리차드는 자주 갈비구이를 했다. 그러나 출산일이 다가오자 그를 대면하는 것이 점점 더 어려워졌다.

어느 토요일 리차드가 바깥에서 갈비를 굽는 동안 피크닉 테이블에 수저를 놓으며, '내가 어쩌다가 저토록 착한 남자를 만났을까?' 하고 생각했다.

구워놓은 갈비를 맛보며 수진이 한 마디 했다. "이 갈비 그저 그만이야. 양념뿐 아니라 당신은 굽는데도 전문이야."

"나 그 방면으로 나갈까? 아마 작가 수입보다 그쪽이 나을 걸."

홀로 여행길에 나설 계획을 하고 있는 그녀는 조심스럽게 말을 꺼냈다. "리차드, 나 어디 좀 다녀올게."

"당신만 괜찮다면 어디든지 데려다 줄게. 지금 단풍이 한창인데."

"혼자 좀 정리할 것이 있어."

"뭐? 그 상태로 혼자 떠난다고?" 그녀의 앞산만한 배를 내려다보며 기가 차다는 듯 말했다. "큰일 날 소리하네."

수진이 애원하듯 그를 쳐다보았다. 그녀의 이중성을 감지하는 듯 깊은 바다와 같은 그의 초록색 눈이 어두워지고 그의 반듯한 이마에 그늘이 졌다.

이튿날 리차드가 가까운 우체국에 산책 삼아 걸어서 뉴욕 에이전트에게 원고를 부치러 나간 사이, 수진은 뉴잉글랜드의 지도를 끄집어내어 부엌 테이블 위에 펼쳤다. 캐나다에 눈길이 갔다. 국경을 넘는 것을 상상해 봤으나, 출산일이 가까워져 오니 그건 좀 지나친 것 같았다.

바로 그때 버몬트 주에 있는 백강 합류점(White River Junction)란 지명을 발견했다. 지도로 봐서는 아주 작은 읍이며 화이트 강과 코네티컷 강이 만나는 두물머리라고 했다. 두 강이 만나 하나가 되어 흘러가는 그 지점에 가고 싶었다. 어떻게 만나 어떻게 흘러가는지 자기 눈으로 봐야 했다. 푸른 펜으로 그곳까지 줄을 그었다. 서너 시간 운전 거리이니 천천히 달려 그곳에 갔다가 하룻밤을 쉬며 생각을 가다듬고 돌아올 것이라고 리차드에게 짧은 노트를 남기고 최근에 산 중고차를 타고 두 강이 만난다는 그 지점을 향해 떠났다.

93 고속도로를 두어 시간 북쪽으로 달리다가 여행 안내소에 들렀다. 무거운 유리문을 한 손으로 밀고 또 한 손으로는 아픈 허리를 누르며 들어갔다. 통 유리를 통해 내다보이는 산골짜기의 전경이 눈앞에 펼쳐졌다. 빨강, 주황, 노랑의 잎사귀, 뉴잉글랜드 지방의 단풍경치가 유명하다고 하더니 과연 온 산천이 불타는 듯했다. 방문객 대 여섯 명이 감탄하며 그 파노라마를 내다보고 있었다.

선반에 진열된 책자를 읽어보니 백강 합류점은 19세기에 번성했던 나루터였다. 옛날, 배로 여행하고 수하물을 운반하던 시절, 두 강이 만나는 이곳에서 물주와 상인들이 모여들어 상거래가 이루어졌다. 강이 만날 뿐 아니라 철로들도 이곳에서 서로 연결되었으니 숙박시설은 물론, 각종 상점이 이곳에 많이 열려 그때의 번성했음을 알만했다. 그러나 제2차 대전 후 자동차와 고속도로에 밀려 이곳은 교통과 운송의 중심지로서의 구실을 잃게 되었다.

휴게소에서 쉰 것이 도움이 되어, 새로운 기분으로 다시 89 고속도로를 타고 북쪽으로 달렸다. 무거운 몸이라 요새는 자주 피로하고 요통이 심했다. 그러나 아름다운 가을 경치를 감상하며 운전하니 마음이 안정되었고, 배 안의 아기를 생각하니 힘도 솟았다. 드디어 "**Welcome to Vermont**"라는 표지가 보였다.

"아가야, 다 왔네."

버몬트 주 경계를 지나자마자, 백강 합류점(White River Junction)으로 나가는 출구가 보였다. 표지판을 따라 1킬로 정도 천천히 운전했다. 드디어 녹슨 철로가 방치된 한산한 동네가 나타났다. 1849년에 지은 쿨리지 호텔이 아직도 있어 강과 철로의 승객들이 붐비던 옛날의 영화를 엿볼 수 있었다. 근처에 명문 다트머스 대학이 있어서 학부형들이 이곳에 숙박하여 그런대로 호텔 경영이 되나 보았다.

몇 번 헤맨 끝에 드디어 두 강이 만나는 합류점을 찾았다. 비포장도로를 지나 나무 밑에 차를 세운 후 부드러운 풀밭을 가로질러 강가로 갔다. 백강(White River)과 코네티컷 강(Connecticut River)이 삼각지에서 소용돌이치며 합류하고 있었다. 마치 수진의 사랑하는 두 남자가 삼각지에서 만나 전신이 솟구치듯 분노하며 심장이 졸아들 듯 번민하다가 드디어 융화되어 유유히 흘러가듯 두 강은 하나가 되어 남쪽으로 흘렀다. 강의 합류점 (River Junction)이란 말에 끌려 이곳에 왔다. 와서 보아야 할 것을 본 것이다.

수진은 고국의 두물머리(兩水里) 옛 나루터를 생각했다. 미국으로 돌아오기 직전, 진눈깨비가 오던 날, 성 선생님과 같이 갔던 그 곳. 북한강과 남한강이 만나는 두물머리, 두 강은 한강이 되어 서울을 가로지르며 유유히 흐르다가 황해와 만난다.

그날의 그 광경이 뇌리에 깊이 새겨져 있어 멀리 이곳 백강합류점(White River Junction)을 찾아왔다. 이곳과 다른 점이 있다면 고국의 두물머리는 경사가 심하지 않은 지형이라 두 강물이 여유 있게 평화로이 만나는 듯이 보였다. 그러나 다른 토양을 흘러 내려온 두 물은 성분이 다르고 물 온도조차 다르다. 이런 두 물이 만났으니 그 속에 살고 있는 생물에게는 그 변화에 적응하고 살아남아야 하는 과정이 있다.

수진은 두 사람을 통해 각기 다른 것을 얻었다. 성 선생님은 청소년 시절 그녀에게 생명과학에 대한 열정을 심어주었고, 리차드는 관능의 기쁨과 생명의 아름다움을 보여주었다. 정신적으로나 육체적으로나 두 사람은 수진과 긴밀히 연결되어 하나 없는 다른 하나를 생각할 수 없었다. 한국에서 온 자신의 자질이 미국에서 성취하는 과정이었고 과거와 현재가 하나가 되어 자신을 형성했다. 두 사람이 다 같이 아버지가 되어 그들의 유전인자를 모아 아름다운 아이가 태어나는가?

수진은 강가의 모텔에 숙소를 정했다. 삐걱거리는 침대에 눕긴 했으나, 태산 같은 배를 안고 어떤 자세로 누워도 편치 않았다. 낡아 하늘하늘하게 얇아진 시트를 덮고, 억지로 잠을 청하니 조용한 시골 밤 귀뚜라미 소리가 더욱 크게 들렸다. 강물 흐르는 소리에 섞여 소쩍새가 "소쩍, 소쩍"하고 울었다. 정신이 더욱 초롱초롱해져 하는 수 없이 일어나 먼지 긴 창문을 여니 보름달이 나무 위에 높이 걸렸다. 소녀 시절, 성 선생님은 저 달만큼이나 멀어 가까이 할 수 없었던 분이었다.

새벽 두 시경, 허리에 심한 통증이 와서 잠이 깨었다. 최근에 손발이 붓고 얼굴도 부은 적이 있었다. 임신 중이라 신장이 아기의 노폐물까지 걸러야 하니 평소보다 신장의 부담이 큰 건 사실이었다. 전에도 요통이 있긴 했으나 이렇게 아파 보기는 처음이었다. 간신히 일어나 한발 한발 화장실을 향했다. 벽을 의지하고 고통으로 식은땀을 흘리며 간신히 소변을 본 후 화장실 바닥에 쓰러졌다. 아픈 중에도 마음에 평화가 있었다. 육체적인 고통이 마음의 갈등을 대신해 주었으면 했다. 사실은 이 과정을 거치고자 혼자 무거운 몸을 끌고 이곳에 온 것이다. 이건 어떤 누구도 도와줄 수 없는 것이었다.

초저녁에 모텔에 든 후 리차드에게 전화했더니 별말은 하지 않았지만 그의 기분을 알만했다. 고통이 심하다고 해서 지금 한잠이 들어있는 그를 깨워서 무얼 하겠는가? 산기(産氣)가 있는 건 아니니까 좀 가라앉을 때까지 기다려 아침에 집에 가기로 했다.

수진이 집에 돌아온 지 이 주일 후였다. 산기가 있어 메사츄셋트 재내랄 병원에 입원한 지 이제 15시간이 지났다. 주기적으로 밀려오는 진통에 지쳐 분만실에서 리차드의 손을 꼭 잡고 있었다. 출산을 같이 체험하겠다고 훈련까지 받은 그인지라 간호사를 도와 계속 힘주라고 말하며 시중을 들었다. 수진은 흡인 가스로 반 마취가 된 상태에서 초록색 수술 가운 입은 리차드를 쳐다보았다. 저 성의를 봐서라도 저 사람이 아버지라야 할 텐데 하고 가물가물하는 정신으로 생각했다.

진통이 더 잦아졌다. 밤인지 낮인지 분간 할 수 없는 형광등 아래 젖 먹은 힘을 다하여 밀어내는 순간, 물컹하고 덩어리가 빠져나가며 힘찬 울음소리가 들렸다. "딸이야!" 하고 리차드가 소리 질렀다.

수진은 아이가 자라 제 자식을 낳을 때 받을 고통을 생각하니 벌써 아이가 불쌍했다.

간호사가 아기를 말끔히 씻어 엄마에게 데리고 왔다. 건강한 8파운드 8온스, 수진의 섭생과 리차드의 끊임없는 보살핌, 밤일하지 말라는 충고의 덕택이었다. 엄마가 잘 길러 주리라 믿고 태어난 이 아기, 가슴에 안기는 그 귀한 무게를 꼭 안았다. 얼굴을 찡그리고 울며 배가 고프다는 듯 입술을 빨았다. 새빨간 얼굴, 짙은 머리, 잠시 성 선생님을 닮았구나 생각했다.

아기가 눈 뜨기를 기다렸다. 배꽃이 만개하던 지난봄부터 기다려온 순간이었다. 가슴이 뛰며 조마조마 하는 동안 수초가 지나갔다.

아기가 눈을 깜빡깜빡 했다. 한 가닥의 푸른빛을 보았는가? 한국 아기의 눈동자에는 있을 수 없는 푸른 빛. 리차드가 옆에서 지켜보는 가운데 수진은 아기를 내려다보며 두 볼에 눈물이 흘렀다.

　아기의 이름은 그레이스. 아이가 자라면서 푸른빛 눈동자가 짙어지면서 결국 깊은 바다와 같은 진한 초록빛, 아빠의 눈빛으로 바뀌었다.

기회의 땅

토요일 오후, 잠옷과 세면도구를 챙겨 친구 집으로 향한다. 12월인데도 날씨가 봄같이 화창하고 하늘은 마냥 푸르다. 한국에서 가져온 돈을 한 푼이라도 아끼려고 중고 도요타를 샀는데 다행히 말썽이 없다. 들판을 가로질러 13번 고속도로를 거침없이 달린다. 나의 인생도 이처럼 순조로이 진행되었으면 좋으련만…….

나는 한국에서 대학 입시학원 영어교사를 하다가 2년 전에 미국에 왔다. 나는 무남독녀로 자라 한 때는 행복하게 살았다. 그러나 남편이 암으로 세상을 떠나고 부모님도 귀한 사위가 갑자기 죽은 것에 충격을 받았던지 시름시름 앓다가 돌아가셨다. 줄 끊어진 연(鳶)과 같았던 나는 딸을 찾아 미국에 왔다.

외동딸 지영은 36살로 아직 미혼이며 명문 펜실베니아 대학에서 서양 미술사로 박사학위를 받았지만 아직 직장이 없다. 처음에는 대학에 자리를 구했으나 그게 바로 하늘의 별 따기라 이제는 미술관 안내원이라도 하려는데 영주권 없이는 그런 자리도 구하기가 어렵다고 한다. 직장이 있으면 영주권 받을 기회가 있겠지만, 911 사태 이후 이민강화 법으로 영주권 받기가 더욱 어려워졌다. 오죽 한이 맺혔으면 딸을 낳으면 '영주,'아들을 낳으면 '시민'이라 이름 짓는다 할까?

13번 도로 오른편에 허름한 임시 건물들이 띄엄띄엄 보인다. 동부 해안 지방인 이곳 델마바 반도에서 흔히 보는 양계장이다. 이곳이 미국 양계의 중심지이라, 농부들이 사료 배합, 항생제 투여 등 대기업과의 계약 조건에 맞춰 사육하여 정확한 시기에 도계장(屠鷄場)으로 보낸다. 한인사회에서는 도계장을 흔히 '닭 공장'이라고 한다. 나는 그 말에 익숙해지기까지 한참 시간이 걸렸다. 남미계 이민자들은 물론, 한인들도 영주권을 받기 위해 소위 닭 공장을 거쳐 간다. 많을 때는 한인가구가 100가구가 넘었다고 하나, 이제 한인 수가 많이 줄었다.

　　하나밖에 없는 딸이 한국에 돌아오지 않겠다고 하여 나는 할 수 없이 이민을 결심하고 미국에 왔다. 영주권 신청에는 직장이 있어야 하니까 김창수 이민공사 주선으로 닭 공장에 일자리를 얻었다. 2년 전에 수속비용 3,000만 원을 주었는데 된다 된다 하면서 질질 끌어오다가 어느 날 느닷없이 앞으로는 영주권 수속을 대행해 줄 수 없다는 편지를 보내왔다. 그렇지 않아도 요즘 들어 어려워진 절차 때문에 고객들의 불평이 많았고, 또 몇몇 이민 공사들이 파산한다는 소문도 나돌아 걱정하던 중이었다. 그러면 내 영주권 수속은 어떻게 되며, 나같이 순해 빠진 인간이 망해가는 회사로부터 어떻게 그 돈을 받아내나?

　　오늘 내가 가는 친구 집이 가까워온다. 숭자는 한 동네에서 자란 소꿉친구다. 의사 남편이 은퇴한 후 골프장 옆에 집을 사서 매일 골프를 친단다. 그 친구는 풀밭에서 공치며 소일하는데 나는 겨우 시간당 8불을 받으며 허구한 날 닭이나 잡으며 세월을 보낸다.

친구네 동네는 입구부터 연립주택들이 꽉 들어차 있으며 아직도 여기저기 집 짓느라 뚝딱거린다. 숭자는 남편이 자기 삼촌을 방문하러 가고 없는 주말에 여고 친구들을 부른다고 했다. 워싱턴 쪽에서 오는 영주는 컴퓨터 회사 사장, 볼티모어 쪽에서 오는 정혜는 약사다. 워싱턴은 이곳에서 서쪽에 있고, 볼티모어는 동쪽에 있는데 자동차로 각각 두어 시간 거리이다. 미국에서 오래 살아 안정된 생활을 하고 있는 저희들끼리 만나면 생활 감정이 더 잘 통할 텐데. 이곳 사정도 잘 모르고 형편이 어려운 나를 왜 구태여 오라고 하나? 내가 가까이 사니까, 나를 배려하여 숭자가 오라는 것이겠지만, 생활 정도가 다르니 같이 놀아도 마음이 편치 않을 것이다.

꼭 같이 생긴 집이 즐비하여 찾기가 어려운 동네 길을 몇 구비 돌아 겨우 친구 집을 찾아 초인종을 누른다.

"아이고 가시나야, 어서 들어 온나. 그 곱던 얼굴이 왜 이 모양이 됐노? 살이 쏙 빠졌네. 니는 차리고 나서면 근사했는데."

"니는 고생을 안 해서 여전하구나. 그래도 나이 든 티는 나네. 피부가 까칠하고."

"나이에 장사 없다. 우리도 이제는 환갑 진갑 다 지났다. 여기 좀 앉아라. 가시나들이 곧 올 끼다."

"같이 저녁 준비하자."

나는 코트를 벗고 소매를 걷어붙인다. 싱크대 옆에 도라지나물이 보여 소금을 넣고 빡빡 문질러 씻은 후 다진 마늘, 고추장, 식초, 깨소금 등 갖은 양념을 하여 무치기 시작한다. 시금치도 데쳐서 무치고 냉장고를 열어 김치도 꺼내 썬다.

"척척 알아서 해주니 쉽네."

"이거 다 닭 공장에서 단련된 솜씨다. 털 뽑아놓은 닭을 2초에 한 마리씩 빙빙 돌아가는 고리에 거는 게 내 일이야."

'야야, 2초에 닭 한 마리씩 고리에 거는 것이 말이 쉽지, 얼마나 힘든 일이고? 그것도 온종일 꼭 같은 동작으로.'

"그러니 손이 빨라야지. 고리에 걸면 자동으로 닭 한 마리가 여덟 토막으로 나눠지고, 포장까지 돼 나와. 거기서 단련된 내가 무언들 못하랴?"

익살을 부린다고 한 말인데 숭자의 얼굴이 심각해진다. "니가 왜 그렇게 힘든 일을 해야 되는지 나는 알다가도 모리겠다."

친구가 공연히 신경 쓰지 않도록 나는 이민공사에서 온 편지얘기는 하지 않기로 한다. 숭자가 알면 수선이나 떨지 아무 도움이 안 된다. "애, 걱정하지 마. 요새는 여자들한테 좀 쉬운 일을 시켜. 곧 딴 부서로 갈 거야."

"딴 아이들은 저녁때가 되어야 올끼다. 우리끼리 드라이브나 하면서 얘기 좀 하자."

우리가 오션시티 방향으로 달리는데 고물 차만 타던 내가 숭자의 벤츠를 타보니 과연 편하다. 친구는 무슨 중요한 얘기나 할 것처럼 망설인다.

"무슨 이야기인데 그렇게 뜸을 들이실까?"

"정임아, 이 말을 할까 말까? 많이 생각했다. 우리 그이가 자기 삼촌 만나러 갔다고 했지? 우리 시삼촌은 연세가 80인데, 워싱턴 근교 락빌에 혼자 살고 계시니까 우리 집에 자주 오셔. 노인이 장거리 운전을 못 해서 우리 그이가 싣고 다닌다. 오늘 밤은 두 분이 그 집에서 자고, 내일은 시삼촌을 우리 집에 모시고 온다. 그런데 이 노인네가 올 때마다 착한 여자 소개해 달라고 조른다."

"니 미쳤나, 그런 이야기 나한테 와 하노?"

"웃기는 것은 시집오고 싶어 하는 여자들이 많다는 거야. 그것도 60대 여자들이 줄을 서있데."

"뭐라고?"

"이런 숙맥! 그것도 몰라? 시삼촌이 미국 시민이거든. 대학교수로 은퇴했고 먹을 것도 있어. 게다가 이분이 돌아가셔도 배우자 혜택이 있거든. 방문 비자로 온 여자들이 그걸 노리고 관심을 보여. 너도 그런 분이 필요하잖아?"

"가시나, 농담도 분수가 있지. 영주권 때문에 내가 매춘이라도 하라는 거야?" 나는 모욕감으로 얼굴이 확 달아오른다.

"매춘은 무슨 매춘! 그리고 니가 뭐 봄이냐? 가을이지. 가을도 한참 지났지. 가을 추."

나는 묵묵히 앞만 보며 마음을 가라앉힌다.

"지금 우리가 가는 오션시티는 여름 휴양지야. 우리 아이들 자랄 때 자주 갔는데 남북으로 기다란 섬이지. 겨울 바다를 바라보며 차도 마시고 기분도 좀 내자. 응?"

그러나 정작 긴 다리를 건너서 섬에 도착하고 보니 겨울이라 피서객은 자취도 없고 가게는 전부 철시하여 차 한 잔 마실 곳도 없다. 하는 수 없이 우리는 차를 돌려 본토 쪽으로 향한다. 섬과 육지를 연결하는 기나긴 다리 위를 달리며 바라보는 저녁노을이 기가 막힌다. 아, 그래도 여기까지 온 보람이 있구나.

친구도 같은 생각인가 보다. "정임아, 저 노을 좀 봐라. 죽여준다. 아! 낙조의 현란함이여!"

친구가 잠시 쉬어가자고 하니, 나도 마음이 조금 풀어져 그러자고 한다. 다리가 끝나는 곳에 숭자가 차를 멈춘다. 반세기 넘도록 미운 정 고운 정 다 든 우리는 어깨동무하고 노을이 붉게 타오르는 서쪽 하늘과 바다에 반사되는 그 낙조를 넋 빠진 듯 바라본다. 나도 모르는 사이에 나는 탄식처럼 말한다. "우리 인생이 바로 낙조에 왔네."

다시 숭자네 집 쪽으로 달리는데 바다가 끝나고 들판이다. 수평선이 아니라 이젠 지평선 위로 노을이 계속 붉게 탄다.

"정임아, 우리의 마음은 아직도 이팔청춘인데……."

"그래, 육십이 넘었다는 게 정말 믿어지지 않아."

우리가 숭자 집에 돌아온 지 한 시간쯤 지나자 영주가 도착한다. 짧은 밍크 재킷을 입었는데 참으로 예쁘다. 옅은 회색이며, 얇고 가벼워 요새 입기에 꼭 알맞은 것 같다. 저 애는 어디서 저런 걸 샀을까? 싸구려 내 검정색모직 반코트는 저것처럼 맵시가 나지 않을뿐더러 오늘 같은 날씨에는 너무 뻣뻣하고 두껍다. 영주의 얼굴은 기름이 자르르 흐른다. 내외가 다 컴퓨터를 전공하여 같이 사업하다가 남편이 암으로 죽자 영주가 회사를 맡았는데, 사업이 더 잘된다는 소문을 들었다.

숭자가 반색한다. "사장 오나?"

80된 노인 이야기로 나는 아직도 마음이 심란한데 영주를 보니 내 처지와 비교되어 더욱 주눅이 든다. 그러나 용기를 내어 허세를 부린다. "오늘 우리 쌍 과부 만났네!"

영주가 제킷을 벗으며 내 말을 받는다. "가시나 논다." 제킷 안에는 빨간 카쉬미어 스웨터, 그리고 검정 실크 바지를 입었다.

"과부가 빨간색이 웬 말인고?" 숭자의 말.

"지랄하네. 그럴수록 밝게 입고 명랑하게 살아야지. 쭈구리고 있이만 누가 쳐다보기라도 하는 줄 아나? 니는 서방 있는 년이라 우리 과부 사정 모린다."

집주인 숭자는 영주를 데리고 응접실로 간다. 숭자는 피아노를 전공했고, 돈 잘 버는 의사 남편을 만나 손끝에 물이나 튀기며 살아온 사람이라 부엌일은 뒷전이다. 친구들을 불러 놓고 준비해 놓은 반찬이 없다. 음식도 안 해놓고 드라이브하자던 그 배짱이 어이가 없다. 팔자는 길들이기 나름이라더니 오나가나 제 몸 하나는 편하구나. 할 수 없이 나는 냉장고를 뒤져 부추 전을 부치고, 상도 차리며 반찬 준비하다 보니, 부엌일은 슬며시 내 차지가 되어 버렸다.

마지막으로 정혜가 도착하여 우리 넷은 식탁에 둘러앉는다. 정혜의 첫마디. "배고파 죽겠네. 나 온종일 약방에서 일했다. 이거 순 풀밭이네. 남의 살 좀 내놔라."

그러고 보니 식탁에 고기가 없다. 고기 반찬도 없이 친구를 부른 숭자의 뱃장이 새삼스럽게 기가 찬다. 나는 멸치볶음을 냉장고에서 찾아내 놓는다. "옜다, 남의 살 여기 있다.'

원만한 영주 사장이 한마디 한다. "시끄럽다, 가시나야. 나물이 몸에 좋다. 우리 언제 고기 묵고 자랐나? 금방 구운 부추전이 별미네. 끝내준다."

고기 있네 없네 하던 것은 공연한 소리이고 모두 걸신 들린 듯 먹는다. 숙명여대 약대를 나온 정혜는 항상 표준말만 쓴다. "오늘 약방에서 일어난 일이야. 내가 일하는 곳은 양로원의 노인 약만 취급하는 특수 약국이야. 그래서 치매, 혈압, 콜래스테롤, 당뇨 약 등, 성인 약만 취급한다. 그런데 난데없이 바이아그라 처방전이 들어왔어. 환자는 82세."

"야야, 그 나이에도 그걸 하나?"하고 승자가 심각하게 묻자, 모두들 배를 잡고 웃는다.

"양로원에는 할매들이 훨씬 더 많아. 할배들이 인기가 있어 항상 불려 다닌다."

"노인 약만 취급하는 느그 약방에도 그런 약 갖춰 두나?"

"과연 넌 사장이라 다르구나. 재고(在庫)에 관한 질문을 하네. 그 약 되게 비싸거든. 특별 주문해서 노인한테 보냈지. 그런데 그 놈의 약이 오늘 되돌아온 거야. 어떻게 되었느냐고 전화했더니 그 할배가 심장마비로 갑자기 죽었대. 의사한테 졸라서 겨우 그 약 처방 받아놓고 한번 써보지도 못하고."

저녁 식사가 끝나자 정혜가 설거지하겠다고 자원한다. 약방에서 온종일 일하여 고단해 보이건만, 승자는 두말하지 않고 맡긴다.

나는 정혜에게 빨간 고무장갑을 준다. 저녁준비는 나 혼자 도맡아서 했는데 설거지까지 할 수는 없지. 정혜를 생각하면 찜찜하지만 내 몸도 생각해야지.

모두 거실로 자리를 옮기고 나서 영주 사장이 탁자 위에 다리를 길게 뻗으며 하는 말. "신문에 김창수 이민공사 얘기가 났더라."

이곳 한인 신문에 대문짝만 하게 기사가 났으니 친구들은 이야기 삼아 떠들고 싶겠지만. 나는 피하고 싶은 화제다. 승자가 아는 체한다. "몇 년 전에 이곳 한국 신문에 났더라. 닭 공장 노동이 소위 말하는 3D 직종이거든. Difficult, Dirty, Dangerous. 어렵고, 더럽고, 위험해서 아무도 안 하려는 일. 그 힘든 일을 하는 한국인 중에 상당수가 한국에서 화이트칼라

출신이었대."

영주의 말. "야, 그 사람들은 그래도 초기에 그런 걸 겪고 영주권을 땄으니 그래도 괜찮아. 문제는 911사태 후 심사가 까다로워져 요새 어정쩡하게 걸린 사람들이다."

듣다못해 내가 한마디 한다. "야, 가시나들아, 시끄럽다. 내가 그렇게 어정쩡하게 걸렸다. 너그들 백 번 떠들어도 나한테 아무 도움이 안 된다."

설거지하며 듣고만 있던 정혜가 일을 끝내고 손을 닦으며 거실로 와서 화제를 바꿔준다. "얘들아, 치매 예방법이 50가지나 있는데 가르쳐 줄까?" 하더니, "첫째 매일 친구를 만나라,"하고 시작한다. "둘째 활발한 두뇌활동을 하라, 셋째, 주3회 걷기운동."

정혜가 50 가지 치매 예방법을 하나하나 계속하는데 나는 잠이 쏟아진다. 매일 꼭두새벽에 일어나 일하러 가야 하므로 초저녁에는 세상없어도 자야 한다. 꾸벅꾸벅 졸고 있는데 숭자가 내 어깨를 툭툭 친다.

"야야, 정임아, 자러 가거라."

"비몽사몽이네."

숭자에게 끌려서 저희 내외가 쓰는 커다란 침대에 벌렁 드러눕는다. 내가 자리를 비키면 닭 공장 얘기로 돌아가 저희 끼리 깨가 쏟아지게 얘기 하겠지 하는 생각이 든다.

새벽에 깨어 보니 숭자가 내 옆에 자고 영주와 정혜는 카펫 깔린 방바닥에 이불 하나를 깔고 또 하나는 덮고 곤히 잠들어 있다. 옷 입은 채로 잠이 들었던 나는 살그머니 거실로 나온다. 탁자 위에는 땅콩 부스러기, 빈 포도주병 또 소주병까지 있어 꽤 어지럽다. 새벽 4시라 바깥은 아직 칠흑인데 뭘 하며 시간을 보낼까?

집 안을 둘러보다가 현관 옆 서재로 가서 불을 켠다. '넷트 터너의 고백'이란 책이 눈에 띈다. 오래 전에 미국에 사는 영문과 동창이 보내주어서 감명 깊게 읽은 것이다. 승자의 의사남편이 소설읽기를 좋아한다더니 그의 책인가 보다.

나는 책상에 앉아 그 책을 드려다 본다. 노예들을 해방한 '남북전쟁'이 일어나기 30년 전, 그러니까 1831년에 일어난 사건을 그린 실화소설로 노예인 넷트 터너의 입장에서 쓴 것이다. 저자는 백인작가 윌리엄 스타이론이다.

주인공 넷트 터너는 어릴 때 집안 심부름을 하며 주인의 총애를 받아 그 당시 노예로서는 드물게 읽기와 쓰기를 배웠고 성경에도 상당한 지식이 있었다. 농장이 경영난에 빠지자 그는 딴 노예들과 함께 다른 농장으로 팔려갔다. 그 후 또 주인이 바뀌어 굶주리며 뙤약볕 아래서 혹사당했다.

한 번 읽은 이야기인데도 다시 읽으니 전혀 지루하지 않다. 나도 모르게 주인공 넷트 터너와 나 자신을 비교하며 공감하고 있다. 닭 공장에서 자동 포장기의 노예가 되어 분초를 다투며 남미 사람들 틈에서 작업하는 나 자신이 뙤약볕 아래서 혹사당한 주인공과 다를 게 없다. 다른 점이 있다면 뙤약볕 아래 일하는 대신, 나는 형광등 불빛 아래 기계 소음 속에서 일한다. 그가 주인에게 배반당한 것과 같이 나도 이민공사에서 3,000만 원을 떼이고 이년을 닭 공장에서 허송했다. 게다가 그 주인공과 나는 머리 속에 든 것이 있어 생각이 많다.

다른 노예들은 혹사를 당해도 배고픔만 해결해주면 순종했지만, 주인공은 이를 악물고 참으며 더 나은 세상을 꿈꾸었다. 마지막에 만난 주인은 약속한 햇수를 채우면 노예 신세에서 해방해 주겠다고 약속했으나 그가 빚에 몰리자, 냇트 터너는 또 다시 노예상인에게 팔리게 되었다. 그 사태에 절망한 냇트 터너는 다른 노예들을 선동해 주인과 그의 가족, 또 이웃 농장주인 등 백인 17명을 죽였다. 그 때문에 더 나은 세상에 살기는커녕, 주인공은 결국 32세의 한창나이에 처형당했다.

창 밖이 밝아 온다. 책을 덮고 머리를 쉴 겸 반코트 차림으로 조용히 집을 나와 회부연 여명 속에 집 뒤 오솔길을 따라 걷는다. 골프 코스가 내려다보이는 산책로를 한참 걸어가다가 숲과 연못이 보이는 길옆 나무 의자에 앉았다.

몸은 아픈 데가 없는데 가슴이 왜 이토록 답답한가? 젊었을 때는 아침에 깨면 걱정할 것이 없었다. 남편은 착했고 또 부지런해서 생활 걱정이 없었다. 지영이는 공부를 잘했고 성격이 까다로웠지만 크게 속 썩이는 일은 없었다. 게다가 부모님께서 옆에 계셔서 물심양면으로 도와주셨다. 위장이 안 좋아 제산제를 자주 복용하던 남편이 어느 날 위암 진단을 받았다. 그가 암으로 죽으리라고는 꿈에도 생각지 않았다. 암이란 다른 사람들이 앓는 병이라고 생각했다. 유행가 가사에 '영원을 태우리……'하더니 영원이 어디 있냐?

자식 위주로 살고 자식 위주로 인생을 계획하다가 여기까지 왔다. 나락을 헤매는 내 혼란의 원인은 지영이다. 남자를 몇 번 사귀었는데 내가 아는 것만도 세 번이다. 처음 둘은 한국 아이, 그 다음에는 백인이었다. 실패하면 여자의 상처가 더 큰 법. 올해 36살인데 예뻤던 모습은 사라지고 이제는 나이 든 티가 난다. 허구한 날 방구석에 처박혀 있는 꼴을 안 보려고 친구 집에 왔는데 나는 여전히 그 애 생각을 떨쳐 버리지 못한다. 깨어 있는 동안 내 의식 밑바닥에는 항상 그 애가 있다.

아무도 없는 골프장을 내려다보다가 "엄마!"하고 소리 지른다. "엄마! 아부지! 여보, 나 어떻게 해?"

미국이 기회의 땅이라고? 기회 좋아하시네. 이게 뭐야? 이 나이에 이게 뭐야? 계속 목청이 터지게 소리 지른다. 그리고 엉엉 울기 시작한다.

여기 온 후로 한 번도 이렇게 큰 공간에서 내 감정을 발산할 여유가 없었다. 소리 지르며 감정을 발산하는 것은 큰 사치였다. 더구나 최근에 지영이 직장을 구하지 못해 나한테 온 후로 나는 딸 눈치 보느라 큰 소리 한번 내지 못했다. 오늘이 순간이 내게 유일한 기회다. 나는 배에 힘을 주며 목청이 터지게 일갈한다. "그래, 소리 한번 질러보자!"

정신을 가다듬고 눈물을 닦으며 손목시계를 보니 8시 반, 친구들 아침 먹을 시간이다. 할 수 없이 숭자네 집 쪽으로 향한다. 소나무 샛길을 따라 골프장의 못을 몇 개 지나며 하염없이 잠에 취한 사람처럼 걸어간다. 저만큼 동네가 보인다. 지금쯤 모두 깨어 있겠지. 친구 집이 가까워진다. 거실 창문 커튼이 환히 열려 있고 친구들이 잠옷 입은 채로 왔다 갔다 하는 모습이 보인다. 사람이 별로 다니지 않는 한적한 오솔길이고 또 이른 아침이라 커튼을 열어 놓은 모양이다. 뒤쪽 베란다 쪽으로 다가서는데 유리문을 통해 숭자의 목소리가 들린다.

"우리 시삼촌이 오늘 우리 집에 온다. 나만 보면 착한 여

자 소개해 달라고 조르네. 이 할배가 자기 나이는 생각지도
않고 젊은 여자만 찾는다. 너그들 좋은 생각 없나?"

망할 가시나, 또 그 소리. 나는 혀를 찬다.

"정임에게 소개해 주라마." 영주의 말에 모두 깔깔 웃는
다.

친구들에게서 받는 모욕과 패배감으로 나는 담벼락에 기
대어 털썩 주저앉는다.

"영주야, 너도 과부 아냐? 생각 있어?" 정혜의 목소리.

"내가 뭐 답답해서 꼬랑네 나는 할배 양말 빨라 카겟노?
착한 여자 소개해 달라고 하는 걸 보니, 밥술이라도 끓여 줄
사람을 구하는 모양인데 나는 귀찮다. 7년 연하 남자 만나 집
안일이나 시키고 나한테 잘해주겠다면 모릴까. 팔십 노인 데
려다 양로원 차릴 생각 꿈에도 없다."

"점입가경이네. 얼굴은 반반하지만, 니도 60줄이다. 7년
연하 남자가 돈 보고 오지, 니 보고 오겠나?"

"솔직히 말해서 젊고 늙고 간에 다 귀찮다. 남편 병구완해
봐서 아는데, 죽는 게 예삿일이 아이더라. 남편 죽는 거 한 번
보지, 두 번 볼일은 아이다. 나는 이제 늙을 준비, 또 내 죽을
준비해야지. 인제 와서 다른 인연 맺을 생각 추호도 없다."

"정임이 이 가시나는 도대체 어디 가서 아직 안 오노? 할
수 없다. 야들아, 아침 먹자." 숭자의 목소리다.

얼마 동안이나 담벼락에 기대고 앉았을까? 엉덩이가 축축
하게 젖어 슬며시 일어선다. 지금 내 이야기를 하고 있는 친
구들 앞에 불쑥 나타날 수 없어 뒤쪽 베란다 유리문을 통해
들어가려던 애초의 생각을 버리고 앞문 쪽으로 간다. 핸드백
이랑 내 물건을 갖고 나왔더라면 지금 당장 차 몰고 떠나버리

108

런만. 그러나 어쩌랴? 하는 수 없이 앞문으로 가서 초인종을 누른다.

"너 흉보고 있는데 오네." 정혜가 문을 열면서 하는 말.

"나 같은 여자, 흉볼 게 뭐가 있다고."

아침부터 밥을 먹을 모양인지 콩나물 삶는 냄새에 된장찌개 끓는 냄새까지 요란하다. 거실에 들어서니 숭자가 나를 반긴다.

"정임아, 니 어디 갔다가 인제 오노? 니가 없으니 우리 약쟁이가 풋고추 빡빡하게 썰어 넣고 빡빡 장 끓이고 있다. 보리밥하고 같이 묵으면 둘이 묵다가 하나 죽어도 모린다."

"그래?"하고 얼버무리지만, 어려운 처지에 있는 나를 그 노인에게 견주며 재미 삼아 지껄인 것이 괘씸하다. 그런데 풋고추 썰어 넣고 끓이는 그 된장 냄새가 나의 위를 자극하여 걷잡을 수 없이 배가 고프다. 마음이 착잡했던 것은 뒤로하고 육신의 욕구가 먼저다.

모두 둘러앉아 된장찌개에 보리밥 비벼 맛있게 먹는다. 나는 마치 아무 일도 없었던 것처럼 그들과 같이 앉아 고추를 빡빡하게 다져 넣은 그 빡빡 장을 먹는다. 이렇게 맛있는 된장찌개는 처음이다.

"너희들 밥해 먹이기 쉽네. 돈도 안 들고." 집주인의 말.

"늙은 년들이 게걸스럽게도 먹어댄다. 그 재미밖에 없는 모양인지." 영주가 하는 소리.

"시장이 반찬이다." 정혜의 말에,

"좋은 친구도 반찬이고," 나도 한마디 해준다.

섭섭함을 품고 있으면 나 자신을 끊임없이 갉아먹으니 차라리 이렇게 말하고 잊어버리자.

오후에는 집이 먼 친구들이 먼저 떠난다. 나는 가까이 사니까 좀 더 있다가 가라고 숭자가 붙잡는다.

"가시나, 붙잡는 데는 뭐가 있네. 고사리만 볶아 주고 나는 갈란다."

"저녁 묵고 가라."

"싫다."

고사리나물 맛을 보며 숭자가 하는 말. "니가 한 음식은 어째 이렇게도 맛 있노? 너는 옛날부터 맘이 넓어서 남 위해 해 주고 또 해 주고. 니 가진 것 남한테 잘 줬지. 이 세상에 니 같은 사람만 있으면 좋겠다."

"비행기 태우지 마라. 돈은 줄 거 없다. 한국서 가져온 돈 곶감 빼먹듯 한다."

"그래서 하는 말인데, 우리 시삼촌 어떠노?"

"또 그 소리!"나는 소리를 팩 지른다.

"그분 심성이 괜찮고 니가 필요한 거 다 갖추고 있다. 그분이 필요한 건 너 같은 사람이다. 오겠다는 사람 있어도 한치 사람 속을 몰라 용단을 못 내리더라. 막말로 그 분 돌아가셔도 배우자 혜택이 있을 끼다."

"시끄럽다. 니가 뚜쟁이냐? 경우를 바꿔 생각해 봐라. 니는 그런 말 들으면 기분이 좋겠나? 운전해드리고 밥해 드려야 하는 니 짐을 나한테 맡기겠다는 심산이지. 누가 모를 줄 알고."

숭자는 대답하지 않고 무채만 썬다. 나는 그것을 받아 볶아서 뜨물을 붓고 소금 간을 맞춘다. 이제 집에 가야 한다. 내일 아침 일찍 일하러 갈 준비도 해야 하고 또 지영이가 뭘 하고 있는지 가봐야 한다. 갈 준비를 하려고 나의 소지품을 챙기고 있는데 문소리가 난다.

숭자가 쫓아 나가더니, "아주버님 오십니까?" 어쩌고 저쩌고 하고 있다.

이 늠의 가시나. 고의로 시간을 끌었구나. 자리 피하기에는 이미 늦었다. 나는 혼자 혀를 끌끌 찬다.

숭자 남편이 먼저 들어온다. 얼굴이 불그레하고 체격이 좋다. 호남 형인데 나를 처형이라 부르며 능청을 떤다, "아이고, 처형이 와 계시네요.

저희 내외가 미리 짜고 하는 것이 뻔 하건만 마치 아무것도 모르는 사람처럼 행동한다.

뒤따라 들어오는 노인은 회색 양복에 빨간 줄무늬 넥타이를 맸다. 마른 편이다. 그 나이에 이직도 머리가 검다.

두 사람이 일찍 들이닥치는 바람에 금방 떠날 수 없어 우물거리다가 그들과 같이 이른 저녁을 먹게 되었다. 나는 왜 이렇게 맺고 끊는 데 없이 사람이 물러 터졌나? 내가 생각해도 화가 난다.

식탁은 조촐하지만 맛깔스럽다. 베란다에서 가스 불에 구운 고등어, 새하얀 뭇국과 나물 등. 노인이 자기가 가져온 청주를 내 잔에 가득 채워준다.

"이렇게 맛있는 뭇국은 처음 먹어. 고사리나물도 기가 막히네. 이게 바로 천상의 맛이야. 이런 음식은 돈 주고도 못 사 먹어." 노인이 거듭 감탄한다.

정성스레 만든 음식이 얼마나 먹고 싶었으면 저러랴. 불쌍한 생각이 들어 얼굴을 처다보다가 그의 눈과 마주친다. 그 선한 얼굴, 우리 아버지가 생각난다.

"어째서 아주버님은 정임이 만든 것만 갖고 그러십니까?"

"누가 뭘 만들었는지 내가 알아야지."

어둡기 전에 가야 한다는 핑계를 대면서 저녁 숟갈 놓자마자 나선다. 숭자는 나를 더 붙잡지 못하고, 노인은 못내 아쉬워하는 눈치다.

13번 도로를 달리는데 내 신세가 처량하다. '해는 져서 어두운데……'하는 현제명의 노래가 있었지.

오늘도 들판에 해가 진다. 아니, 저녁노을로 들이 활활 타고 있다. 어스름에 양계장마저도 가을 추수하여 들판에 쌓아 놓은 낟가리같이 보여 '만종' 그림에 보았던 저녁 무렵 같아서 정취를 더한다. 어제 숭자가 "낙조의 현란함이여!"하고 감탄하더니, 나도 남은 인생을 현란하게는 못 살망정 지영이를 위해 또 나 자신을 위해 의미 있게 살고 싶다.

낡고 좁은 아파트에 돌아오니 딸은 거실 소파에 누워 있다. 어제 내가 떠날 때도 누워 있었는데. 어둑한 이 시간에 저녁을 먹었는지 아니면 점심을 늦게 먹었는지 싱크대에 접시가 쌓여 있다. 이건 틀림없이 마음에 병이 든 거다. 처음 보는 것도 아닌데 가슴이 철렁 내려앉는다. 책임감이 강하던 우리 지영이, 직장을 구하지 못하면 추방당할 판이니 전들 얼마나 괴로울까?

오늘은 목요일, 온종일 닭 공장에서 정신 없이 일하여 진이 빠져 거실 소파에 털썩 몸을 던진다. 지영이가 구직 때문인지 컴퓨터 앞에 앉아 있어 텔레비전 켜는 것도 삼가 하고 있다가 소파에서 깜박 잠이 들었다.

전화 소리에 잠이 깨니 숭자의 목소리. "정임아, 부탁이다

. 우리 시삼촌이 너한테 좋은 인상을 받았다고 하면서 한 번 더 만나보고 싶단다. 장거리 운전을 못 하니 니가 한번 그분한테 가줄래? 락빌이란 곳인데 워싱턴 교외다. 여기서 두어 시간쯤 걸릴 거다."

"내가 미쳤냐? 내가 왜 그 먼 곳을 찾아가냐?"

"거절해도 좋으니 한 번만 더 만나보고 결정해라. 나를 생각해서라도, 응? 누부 좋고 매부 좋고. 안 그래?"

승자의 애원에 마음이 약해진다. 처음에는 그 애가 괘씸하고 어쩌고 했지만, 사실은 우리 모녀의 사정이 절박하다. 승자도 양쪽 사정을 참작하여 말을 꺼낸 것이 아닌가? 영주권만 아니라면 한마디로 거절했겠지만, 신분 문제가 해결될 수 있다는 것은 참 귀중한 조건이다. 추운 닭 공장에서 형광등 아래 온종일 단순작업을 반복하는 것이 점점 더 어려워진다. 영주권 수속을 하며 언제 끝이 날 것이라는 기약이 있을 때는 견딜 수 있었으나 지금은 사정이 다르다. 승자네 집에 다녀오고 나서 지난 며칠간 곰곰이 생각했다. 한 번 더 만나서 그분의 조건을 다시 알아보고 결정해도 손해 볼 것 없지 않은가? 결국, 만나기로 승낙했다.

잠시 후 노인이 들뜬 목소리로 전화하여 토요일 11시 반 락빌에 있는 삼우정에서 만나기로 했다.

토요일 아침, 12월 날씨가 따뜻하고 하늘은 잉크를 풀어놓은 듯 푸르다. 어디 멀리 여행이라도 떠나는 기분으로 마음을 비우고 운전대를 잡는다. 어젯밤 락빌로 가는 길을 지도로 꼼꼼히 익혀 두었다. 그곳에 가자면 서쪽으로 50번 도로로 가다가 체사픽 만(灣)을 건너는 긴 다리를 건너게 된다.

아파트를 떠난 지 한 시간쯤, 나는 어느덧 그 높디높은 체사픽 다리를 건너고 있다. 끝없이 푸른 바다가 가슴이 떨리도록 좋은가 하면, 시퍼런 바닷물이 까마득히 내려 보여 오금이 저리도록 무섭다. 나는 원래 높은 데 올라가는 것을 두려워했고, 깊은 물도 무서워했다. 그런 내가 다리 한가운데에서 앞으로 나가자니 부들부들 떨리고 그렇다고 멈출 수도 없다. 그냥 엉금엉금 천천히 가는 수밖에 없다. 더군다나 지금부터는 내리막길이라 더욱 무서워 쩔쩔매고 있는데 뒤차들이 빵빵거리다가 옆 차선으로 추월해서 빠르게 지나간다.

싫으나 좋으나 삶을 계속해야 하는 또 한시도 마음 놓을 수 없는 나의 미국 생활이 지금 이 순간과 같다는 생각이 든다. 우리 모녀가 언제쯤 편안히 살날이 오려는가? 노인의 제안을 그만 받아 버려? 그분이 도와주면 지영이는 독립해서 자기 삶을 찾을 수 있을까? 그래, 걱정한다는 것은 살아 있다는 증거야. 죽으면 걱정할 일도 없지. 운전에 집중하자. 나는 마음을 가다듬으며 천천히 앞을 보고 전진을 계속한다.

간신히 락빌에 도착하여 삼우정을 찾아 주차한다. 유리문을 열고 들어가니, 뷔페 음식이 즐비하게 진열되어 있다. 노인이 미리 와 앉아 있다가 손을 흔든다. 그가 일어서서 나를 맞는데 보니 오늘은 노란 넥타이를 매고 고동색 양복을 입고 있다.

인사를 하고 맞은편에 앉으니 노인이 안주머니에서 명함을 꺼내 바싹 마르고 까칠한 손으로 내 앞에 놓는다. 명함에는 영어로 김준식 박사(Joonsik Kim Ph.D.)라 쓰여 있다.

마침 노인이 창문 쪽을 향해 앉아 있어서 얼굴을 자세히 관찰할 수 있다. 이마와 볼에 검버섯이 좀 있다, 그러나 연세치고는 주름살이 별로 없다.

"뭘 드시겠습니까?" 그는 메뉴를 주면서 먹고 싶은 것을 고르라고 한다.

뷔페가 1인 당 12 불 가량, 이 정도면 피차에 큰 부담이 안 될 것 같다. "저는 뷔페로 하겠어요."

"네, 그렇게 합시다."

노인이 앞장서서 음식 차려 놓은 곳으로 간다. 그의 뒤를 따르면서 쳐다 보니 머릿밑이 새하얗게 흰머리가 자라고 있다. 젊은 여자를 원한다더니 염색한 모양이지, 나는 혼자서 피식 웃는다. 우리는 호박죽과 음식 접시를 들고 자리에 앉는다.

"두 분 모녀의 사정을 자세히 들었어요. 얼마나 힘드세요. 한국서 영어를 가르쳤다고 하던데 말이 쉽지 닭 공장 노동이 좀 어려워요? 우리 사이의 일을 떠나서라도 내가 도울 수만 있다면 도와드리고 싶어요. 또 따님 취직도 여기저기 알아볼 게요."

"감사합니다. 부끄럽습니다."

"뭘요. 나도 처음 미국 와서 힘들었어요. 우리 시대에 유학 온 사람들은 식당에서 접시 씻는 일부터 시작했지요. 나는 충남 공주에서 자랐습니다. 20대에 미국 와서 뉴욕서 공부했지요. 아내가 암으로 고생했는데 3년 전에 상처했어요. 뉴욕에는 아들이 살고 있습니다. 그 애도 이제 쉰다섯 살입니다. 내가 사는 모양도 볼 겸 우리 집에 잠시 들릴까요?"

알 건 알아야 하고 볼 것은 봐야 하지 않겠나? 생각하며 "네. 그렇게 하지요."하고 선선히 대답한다.

"이곳 지리를 모르시니, 일단 내 차로 같이 갔다가 여기에 다시 모셔다 드리지요. 여기서 가까워요."

"그게 좋겠네요."

점심 후 우리는 그의 베이지색 렉서스 차를 타고 어느 한적한 중산층 주택가로 들어선다. 이곳은 내가 사는 구질구질한 아파트 촌과는 다르다. 이런 곳이 바로 미국인가 보지. 동네 안에 들어서니 집 모양이나 벽돌 색깔이 옆집과 조화를 이루고 겨울 잔디가 새파랗다.

"정원 가꾸기를 좋아해서 아직 노인 아파트에 들어가지 않았습니다."

"그게 건강에도 좋지요."

노인이 흰 벽돌로 된 단층집 앞에 주차하고 나를 안으로 안내한다. 집안은 노인이 혼자 사는 집답게 소박하지만, 집 뒤가 숲을 면하고 있어서 경치가 그만이다. 거실 햇볕 바른 창문을 통해 내다보니 소나무가 드문드문 겨울 나목 사이에 섞여 있고 작은 계곡이 있어서 맑은 물이 흐른다. 앞에서 보면 단층집인데 뒤쪽 지대가 낮아, 큼직한 통 유리문을 통해 햇볕이 잘 드는 아래층이 있고 유리 문 앞에는 판석을 깔아 만든 사각형 파티오도 있다.

우리 지영이가 독립할 때까지 조용하고 햇볕 잘 드는 저 아래층에 기거할 수 있겠네.

내가 창문 곁에 서서 아래층을 유심히 관찰하는데 노인이 다가와 내 어깨에 손을 얹는다. 꾹 참으며 가만히 내버려둔다. 이것이 바로 동상이몽인가? 노인이 다시 내 귀를 만지고 내 목을 가만히 쓰다듬는다. 나의 목선이 아름답다고 죽은 남편이 말하곤 했는데…….

나는 치매 끼가 있던 아버지를 한국에서 돌보던 생각이 난다. 어머니 돌아가신 후 아버지를 모시는 동안 일하는 아줌마를 귀찮게 하고 유방을 만지려 하던 생각이 난다. 얼마나 징그럽고 힘들었을까? 그 아줌마의 인내심을 두고두고 고맙게 생각했다. 내 필요에 의해서 지금 남의 집에서 와 있으니, 내 처지가 그 아줌마와 별로 다를 것이 없다. 우리 아버지가 맑은 정신으로 지금의 나를 본다면 그 이상의 비극이 없겠지. 부모님이 안 계시니 차라리 내 처신이 자유스럽다. 눈물이 핑 돈다.

　　이분은 따뜻한 사람의 체온이 그리운 게다. 인간에 대한 사랑은 어떠냐? 내가 베푼 따뜻함으로 노인이 행복해지고 또 내 딸이 혜택을 입어 원하는 대로 직장을 구할 수 있다면 무언들 못하랴?

　　지영을 위해 볕 바른 아래층 방을 유심히 관찰한다. '기회의 땅'이라고 하더니 이것도 기회인가? 이건 꿈에도 생각지 못했던 일이다.

✦

건너야 할 강

교 수 회의가 끝나자마자 나는 학장실로 돌아왔다. 창 밖에는 나뭇잎이 우수수 떨어지고 서편 하늘에는 노을이 붉다. 학생들이 바쁘게 오가던 캠퍼스는 이제 정적이 흐른다. 퇴근 전에 밀린 우편물을 정리하던 중 학술잡지 등 수많은 인쇄 우편물에 섞여 푸른 볼펜으로 차분하게 주소를 쓴 항공 우편이 눈에 띈다.

보낸 이는 라이언 존즈(Ryan Jones), 그 이름을 보고 나는 가슴에 비수가 꽂히는 듯한 아픔을 느낀다. "친애하는 닥터 김"으로 시작하여 컴퓨터로 쓴 편지 끝에 푸른 볼펜으로 사인했다. 라이언이 나를 닥터 김이라 부르다니……. 너무나 의례적인 호칭이라 마음에 걸린다. 그러나 그 애가 어떻게 나를 달리 부를 수 있는가?

"엄마의 장례식을 한 달 전에 치렀습니다. 닥터 김에게 이 사실을 알려야 할지 생각하다가 이제야 편지합니다. 유방암 때문에 약물치료로 고생하다가 돌아가셨습니다. 엄마 나이를 기억하실지 몰라도 이제 겨우 50입니다……."

나는 무의식 중에 '헉'하며 앞으로 고꾸라진다. 지금까지 나 자신의 일이 아니면 모두 무심하게 지나쳐 온 나다. '가슴이 무너진다.'라는 말을 한 번도 써본 적이 없었으나, 지금 바

건너야 할 강 119

로 그런 심정이다.

나는 정신을 가다듬고 일어나, 라이언이 한 달 전에 혼자 치렀다는 메기 존즈 장례식 식순(式順)을 다시 들여다본다. 식순은 자신이 컴퓨터로 직접 고안한 것 같다. 4페이지로 되어있으며 천연색 첫 페이지 표지에는 힘차게 쏟아지는 폭포, 하얗게 부서지는 물살, 폭 넓은 강 위로 지붕 덮인 긴 다리가 놓여 있다. 그 경치를 배경으로 크게 웃고 있는 중년의 메기. 살이 조금 오른 것 같으나 처녀시절의 모습이 그대로 남아 있다.

표지의 배경이 눈에 익어 자세히 보니, 옛날 메기가 살던 미국 남부 조지어 주(州)에 있는 코머(Comer)의 긴 다리이다. 특이하게도 지붕이 덮인 다리였다. 이런 종류의 다리로는 조지어 주에서 가장 길다고 했다.

아, 생전에 좋아했던 그곳을 표지로 했구나. 얼마나 오랜만에 보는 풍경인가? 왓슨 밀 (Watson Mill) 다리와 폭포, 그리고 폭 넓은 강, 그 공원은 메기 집에서 가까웠다. 브로드 리버, 이름조차 폭 넓은 강이라고 했다. 강을 따라 울창한 숲을 배경으로 산책길이 끝없이 이어진 곳이었다.

30년 전, 내가 애틀랜타 시내에 있는 조지어 텍 대학원에서 공부하던 시절, 주말에 거길 가면 우리는 시간 가는 줄 몰랐다. 코머는 애틀랜타 시내에서 동북쪽으로 약 두 시간 떨어진 곳이었다. 고등학교를 갓 졸업한 메기는 그곳 출신이었으며 내가 있던 생화학과의 비서였다. 메기의 모친은 보스턴 대학에서 영문학을 공부하다가, 메기 아버지를 만나 떠돌이 생활을 하다가 그와 헤어지고 난 후 조지어 주에 정착했다. 거기서 메기를 낳아 기르며 슈퍼마켓에서 일했다. 자기 부모가 한 때는 히피족이었다고 메기가 웃으면서 말한 적이 있다. 메기는 가난 때문에 일찌감치 대학을 포기하고 일을 시작했다. 워낙 부지런하여 사무실 일이 끝나면 내가 있던 실험실에 와서 시험관이며 비커 등을 깨끗이 씻어주었다.

메기는 언어감각이 뛰어났으며 작가가 되기를 원했다. 내가 쓰고 있던 박사 논문, 한국인이 쓴 어색한 영어를 일일이 고쳐주었을 뿐 아니라, 논문구성이며 앞뒤 서술 형식까지 바꿔주었다. 우리 세대는 선다형 객관식시험 등 그 당시의 한국식 교육으로 글 쓰는 훈련이 안 되었던 터라 나는 고등학교를 나온 시골 아이로부터 논문작성에 큰 도움을 받았다.

항상 남 도와주기를 좋아했던 메기는 동양인인 나에게 호기심이 많았다. 혼자 있는 나를 위해 음식도 가져오고 과자도 구워 주곤 했다. 하루는 왓슨 밀 다리 이야기를 하면서 자기 어머니가 거기서 가까운 곳에 살고 있으니 주말에 한번 가보자고 했다. 그 후 그 어머니가 가끔 나를 점심에 초대해 주었다.

미국에서 공부하는 동안 동양인을 무시하는 백인 여자들을 자주 보았으며 특히 남부지방이라 인종편견이 심했다. 보수적인 그들의 눈에 메기는 가난한 백인 쓰레기(white trash)였다. 그러나 미국 동부 출신 어머니 밑에서 자란 메기는 생각이 자유롭고 편견이 없었으며, 남부 사투리를 쓰지 않고 올바른 영어로 말했다.

나는 조지어 택에서 아내를 만나 결혼하고 같이 공부하다가 아내가 먼저 학위를 받았다. 첫돌 지난 아들을 데리고 한국으로 먼저 돌아간 후 나 혼자 대학원에 남아 있을 때였다.

우리 내외는 동갑인데 나는 군 복무 때문에 늦게 미국에 와서 아내보다 일 년 더 머물게 된 것이다.

한국에 가족이 있고 또 나이가 열 살이나 더 많은 걸 알면서도 메기는 내게 관심을 보였는데 나는 그것이 싫지 않았다. 한국 남자로서는 큰 키에 뚜렷한 이목구비, 용모에는 자신이 있었고, 생전 처음 백인 여자를 상대하니 마음이 붕 떠 있었다. 어느덧 논문도 거의 끝나고 마음에 여유가 생겼으므로 그 터질듯한 젊음에 자유분방한 아이의 초대를 마치 보너스라도 받는 기분으로 주저하지 않고 받아들였다.

여름날 오후, 우리는 강가로 갔다. 아름드리 큰 플라타너스 한 그루가 강 위를 가로지르며 쓰러져 있었다. 메기와 나는 강에 떨어지지 않게 조심하며 걸어가 강물 위에 비스듬히 누워있는 나무등치 위에 걸터앉았다. 짙은 나무 그늘, 발 밑으로는 강물이 유유히 흘러가고, 바람이 시원했다. 빛나는 금발, 그녀의 눈은 깊은 바다와 같은 초록빛이었다. 몸에 꼭 끼는 청바지에 목이 깊게 파인 흰 블라우스, 체격이 빈약한 아내와는 대조적이었다.

나는 여간 해서는 남에게 내 속을 드러내지 않는다. 혼자 힘으로 유학 오고 또 이름 있는 집안의 딸을 유학 중에 만나 결혼하는 동안 내 마음의 고삐를 단단히 쥐고 살아왔다. 그러나 그날 나는 메기와 편모슬하에서 어렵게 자란 나의 과거를 얘기했고 서툰 영어로 나의 속 마음을 털어놓았다. 가정교사 노릇을 하며 공부하던 중 가르치던 아이가 대학에 떨어져 그 집에서 당장 쫓겨난 이야기를 했더니 메기가 한없이 따뜻한 눈으로 나를 바라보았다.

'아름다운 시절'이란 말을 들으면, 으레 그 한적한 여름 오후, 쓰러진 나무 등치 위에 앉아 그녀와 보낸 시간을 떠올리곤 한다. 그 해 여름은 내 인생의 여름이었다. 일생 중에 그때가 유일하게 거리낌 없이 생각하고 행동한 시절이 아니었을까? 메기와 나는 주말마다 그 공원에 가서 아무도 없는 언덕 위로 갔다.

내가 나무등치에 기대앉으면 그녀는 내 앞에 올라앉아 두 팔로 나의 목을 감았다. 땀으로 끈적이는 그녀의 젖 무덤, 내 혀끝에 말려드는 젖꼭지의 감촉, 나를 원해서 능동적이었고 나를 가져서 황홀해하는 메기가 사랑스러웠다. 그녀는 나에게 용기를 주었다. 늘 차갑게 느껴온 아내에게서 경험하지 못했던 회열이었다. 눈을 감고 그날을 생각하니 지금도 메기의 입김을 느끼는 듯하다.

장례식 식순을 다시 들여다본다. 표지를 넘기니 둘째와 셋째 페이지에 장례식의 순서가 적혀 있다. 나는 어느덧 시골 교회에서 치러지는 조촐한 장례식 앞자리에 앉아 오르간 장송곡을 들으며 그녀의 마지막 시간을 생각해 본다. 약물치료로 머리칼이 빠지고 먹지 못해 초췌해진 메기의 모습, 어려움을 당하면서도 나에게 연락하지 않았다. 그것은 메기의 자제력이었고 자존심이었다.

마지막 페이지 유가족 난에는 아들 라이언, 며느리 케스린, 손자 에디라고 적혀 있다. 또 시(詩) 한 수가 적혀 있는데 마지막 대목이 이러하다.

"…….
내가 죽어

가슴 아프고 외로울 때
넌 친구들을 위해 좋은 일을 하며
네 슬픔을 묻어다오.

나를 사랑하여 살아있길 바라지만
나를 떠나게 해줘."

지금 심정으로 도저히 집에 가서 아내를 대면할 수 없어
전화한다. "여보, 나 오늘 저녁 먹고 들어갈 거야."

"응, 그래. 잘 됐네. 나도 오늘 아주 바빠. 우리 부서에서
10월 월말보고서를 준비하고 있어. 내가 지켜봐야 해."

경영학을 공부한 아내는 삼성 계열 회사의 중역이다.

어젯밤 회사에서 늦게 들어온 아내가 곤히 자고 있다. 토
요일 아침이라 나는 가벼운 하이킹 차림으로 일찍 집을 나섰
다. 지하철 2호선으로 충정로 역에서 내려 약현성당 쪽으로
간다. 우리나라에서 가장 오래된 성당으로 1891년에 지었다
고 한다. 주위에 고층 건물이 없었던 시절엔 언덕 위 성당첨
탑이며 아름다운 벽돌 건물을 멀리서도 볼 수 있었지만, 지금
은 성당을 찾는 데 한참이 걸려 겨우 본당으로 향하는 오솔길
을 오른다.

서소문 근처에 살던 어린 시절 어머니 손을 잡고 자주 오
던 곳으로 소박하나 아름다운 이 성당은 내가 유아세례를 받
은 곳이기도 하다. 우리는 요즘 가까운 청담동 성당에 다닌다
. 나는 이런저런 핑계로 일요일 미사도 빠질 때가 잦지만, 아
내는 성당 일이라면 아주 열심이다. 나는 평소에는 소홀히 하

고 있다가 어려울 때는 어머니의 추억이 어린 이곳을 찾는다.

30년 전, 메기가 임신했다는 편지를 받고 제일 먼저 찾은 곳이 여기였다. 그 당시 학교에서 전임강사 자리를 얻으려고 여념이 없을 때였다. 같은 자리를 노리는 경쟁자에게 혹시 이 사실이 알려질까 두려웠고 아내가 알까 봐 전전긍긍했다. 괴로웠지만 메기에게 답장조차 하지 못했다. 그러다가 간신히 고해성사를 받았지만, 메기에게 아무런 도움을 주지 못한 내가 고해성사를 해서 뭘 하는가? 그 후 성당에 다니는 그 자체마저 위선이라 오랜 세월 동안 일요일 미사도 소홀히 해왔다. 그런데 그녀가 세상 떠났다는 소식에 접하여 자석에 끌리는 쇳조각처럼 나는 다시 이곳에 왔다.

본당으로 올라가는 "십자가의 길"에 단풍이 들기 시작했다. 예수님이 사형선고를 받은 후, 십자가를 지고 골고다 언덕에 이르기까지 일어났던 중요한 사건들을 돌에 새겨 열네 군데에 세워놓았다. 수난과 죽음 사이에 일어났던 그 사건들을 하나씩 묵상하며 나는 간절히 메기를 위해 기도한다. 일생을 소박하게 살며 고생만 하다가 외롭게 죽은 그녀는 독한 약물에 시달리면서도 나에게 알리지 않았다.

예수님이 기력이 떨어져 십자가를 지고 쓰러지는 장면에서 나는 오래 서 있다. 죽음을 당한 때가 30대 초반, 나는 그 나이에 남의 어려움과 고통에 무관심했을 뿐만 아니라 나의 출세와 안락을 위해 남을 이용만 했다. 메기도 이용당한 사람 중의 한 사람이며 영어 회화 연습을 위해 자주 만나다가, 나의 "아름다운 시절"에 희생되어 라이언을 낳았다. 작가의 꿈을 접고 생계를 위해 학과장의 비서로 남의 뒤치다꺼리만 하다가 세상을 떠났다. 그러나 나는 대학에서 가르치는 사람으로서 남에게 대우를 받으며 내가 하고 싶은 연구를 하며 살아 왔다.

정신 없이 앞만 보고 달려오던 나는 순간 딱 멈추게 되었다. 시간을 거꾸로 돌려 메기를 다시 만날 수만 있다면 지금 당장에라도 달려갈 것 같다. 지금까지 이루어 놓은 업적을 마무리하려고 앞으로 몇 년 더 일할 계획이었으나 이제는 그런 것들이 하나도 중요하지 않다는 생각이 든다.

어제 라이언의 편지를 받고 비수에 찔린 듯했던 것은 또 다른 이유가 있었기 때문이었다. 2년 전에 라이언이 내게 이-메일을 보내왔다. 그때는 메기가 살아 있었고 내가 한국에서 무엇을 하는 사람이란 것을 알았기 때문에 나의 메일 주소를 알아낼 수 있었을 것이다. 그 메일을 깊숙이 컴퓨터에 숨겨 놓고 그동안 회답하지 않고 있다가 그것을 오늘 프린트하여 안주머니 깊숙한 곳에 숨겨 가져왔다. 예수님이 기력이 떨어져 십자가를 지고 쓰러지는 장면 앞에서 그걸 끄집어내어 읽는다.

친애하는 닥터 김,

저는 라이언입니다. 제가 누구인지 설명이 필요 없겠지? 저의 성은 존즈, 길러 주신 아버지 성입니다. 어머니보다 20년 연상이었고 작년에 돌아가셨습니다. 저의 아버지가 제게 쏟은 정성을 잊을 수 없습니다. 보이스카우트, 야구 연습 등에 항상 저를 데려다 주셨지요. 사랑과 절제를 통해 저를 단련시켜 주신 분입니다.

그러나 저는 생부가 어떤 분인지도 알고 싶습니다. 특히 저는 작년에 결혼하여 곧 첫아기가 태어납니다. 유전적으로 유의할 사항이 있는지 궁금합니다. 생부가 어떤 분인지 알면 아기 기르는 데 도움이 되겠습니다. 건강한 아기가 태어나도록 같이 기도해 주십시오. 연락 바랍니다.

　　라이언 드림

　　그는 연락 바란다고 했다. 아기 때문에 만나고 싶다고 했지만 사실은 라이언 자신도 생부가 어떤 사람인지 궁금했을 것이었다. 왜 그렇지 않겠는가?

　　그러나 나는 그때도 사정이 있었다. 그 즈음 나는 자연과학대학 학장에 선임되었다. 은퇴하기 전에 학장이 되는 것이 나의 목표였으며 큰 실수 없이 이끌어 온 내 출세에 금상첨화였다. 그전 해에 우리 내외는 여성잡지에 이상적인 부부로 선정되어 표지에 사진이 나오고 긴 기사가 실렸는데, 생화학 부문에서 이룬 나의 학술적인 업적이며, 아내의 신분과 성당에서의 활동 등이 상세하게 기사화되었다.

　　그때 인터뷰에 언급한 성당 간부의 말을 인용하면 아내는 "하나도 버릴 데가 없는 사람'이었다. 한번 잡지에 나니까 텔레비전과 신문에서도 인터뷰를 요청해 우리는 화려하게 매스컴을 탔다. 그럴수록 나는 라이언의 이메일을 깊숙이 컴퓨터 속에 숨겨놓고 있었다.

　　우리 아들 진수의 얘기를 빼놓을 수 없다. 라이언보다 두 살 위라 서른둘인데 아직 결혼하지 않았다. 화려한 부모 그늘에서 자란 탓으로 남과 경쟁하지 못하여 어렵사리 얻어준 직장에서 오래 배겨내지 못한다. 지금 우리가 주는 생활비로 오피스텔에서 살고 있다.

이튿날 일요일, 아내가 성당 봉사활동을 마치고 다섯 시경에 집에 돌아왔다.

"여보, 이리 좀 와요. 긴히 할 말이 있어요."

"주말에 읽어야 할 사업실적 보고서가 있는데······."

"언제까지 그렇게 아등바등하면서 살 거요? 여보, 이리 와요. 지금까지 말하지 못하고 미뤄 온 이야기가 있소."

그제야 아내는 긴장하며 내 옆에 앉는다. 조용하게 메기와 라이언에 얽힌 나의 과거를 얘기하는 동안 아내는 석고상같이 하얗게 질린 얼굴로 듣고 있다.

"미안해요. 당신한테 이런 고백을 하게 되어······. 오랜 세월 괴로웠소. 이제 학교에서도 은퇴하겠소. 그리고 미국에 며칠 다녀와야 해요."

아내가 조용히 일어나 화장실로 가더니 변기에 토하는 소리가 들린다. 자기감정을 쉽게 드러내는 사람이 아니지만, 이런 일을 당하면 신체적인 증상으로 나타난다. 열이 난다든지 구토를 한다든지.

사업을 크게 일으킨 부친의 성격을 닮은 아내는 연민의 정을 일으키기에는 너무나 강한 사람이다. 그러한 아내가 두려워 지금까지 감히 말하지 못했는데, 지금 충격의 늪에서 허우적거리고 있다. 아내의 강직한 성격을 생각하면 앞으로 우리 결혼 생활에 큰 파탄이 올 것 같다.

그 이튿날 아내가 출근하지 못하고 누워 있다가. 삼 일째 되는 날 짧은 편지를 한 장 써놓고 출근했다. 자신과 그 백인 여자를 위해 한마디 하겠다고 전제하고 나서, 자기 목적을 위해서는 남을 배려하지 않는 사람인 것은 이미 알았지만, 정을 주었던 여지에게 이토록 매정하게 또 경박하게 처리할 줄 몰

랐다고 했다. 너무나 실망하여 앞으로 같이 산다는 것이 불가
능하다고도 했다.

앞으로 무슨 일이 일어나든지, 한 인간으로서 지금 내가
해야 할 일은 해야 한다. 아내에게 시간과 공간을 주는 것도
좋을 것 같다. 곧 여행사에 연락하여 애틀랜타로 가는 비행기
를 예약했다.

삼일 후, 인천 공항을 출발해서 현지 사각으로 아침 9시
반 경 애틀랜타 공항에 도착했다. 인천서 직행으로 13시간,
대한항공이 애틀랜타 공항을 비롯하여 미국 중요 도시에 직
행한다는 것은 바로 국력을 의미한다. 30년 전 내가 처음 이
곳에 왔을 때 두 번이나 비행기를 갈아타며 그 두 배의 시간
이 걸렸던 것을 생각하니 감회가 깊다.

애틀랜타는 영화 '바람과 함께 사라지다.'에 소개되었던
옛 도시였다. 1996년 올림픽 이후 당당한 국제도시로 변모했
으며 시내에서 가까운 조지어 텍 대학 캠퍼스에 올림픽 선수
촌을 지어 지금은 학생들의 기숙사로 사용하고 있다. 이 대학
은 바로 나와 아내가 공부했던 곳이기도 하다. 한국인 인구도
많아 인천에서 이곳까지 오는 비행기에 빈자리가 없었다.

공항 지하전철역에서 라이언을 만나기로 되어 있다. 남쪽
역으로 오라고 했으므로 나는 그 방향으로 걸어간다. 5일 예
정으로 오니까 손가방 하나뿐이라 짐을 찾을 필요도 없다. 라
이언과 케스린, 그리고 아기에게 줄 선물만은 명심하고 챙겼
다. 그 애들을 생각하면 가슴이 뿌듯하지만, 라이언이 나를
어떻게 받아들일지 의문이다. 그가 2년 전 이메일을 보냈을
때 연락조차 하지 않다가 사람이 죽고 나서야 겨우 찾아온 나

다.

공항 지하철 남쪽 역에 내려, 라이언에게 휴대폰으로 전화한다. "나 지금 에스컬레이터를 타고 출구 쪽으로 올라갈 거야."

"오케이."

잔잔하고 확실한 대답, 처음 들어보는 음성이다. 에스컬레이터를 오르며 위를 쳐다보니 아기를 안은 젊은 남자가 다른 손으로 휴대폰을 들고 있다. 서로 간의 교감이라고 할까? 안고 있는 아기가 아니더라도, 또 손에 들고 있는 전화기가 아니더라도 나는 알았을 것이다. 손을 흔드니 라이언이 알은체한다.

우리는 에스컬레이터 앞에서 만났다. 라이언은 백인에 더 가깝다. 진한 꿀 빛의 머리카락. 초록빛 눈, 그리고 나보다 더 큰 키, 살결은 백인의 그 창백할 정도로 흰 살결이 아니라 동양인과 백인 혼혈에서 흔히 보는 상아 빛이다. 준수한 용모에 마른 편이고 눈빛이 잔잔하다. 덜렁대지 않고 행동에 흐트러짐이 없다. 사람들은 나에게서 그런 인상을 받는다고 했다.

"아기 이름이 에디라고?"

"네, 한 살 반이에요."

에디는 엄지손가락을 빨며 다른 손은 아빠의 목을 꽉 잡고 있다. 작은 손이 터질 듯 젖 살이 올라 있다. 빨간 셔츠에 청바지를 입고, 바짓가랑이가 당겨 올라가 통통한 다리가 정강이까지 노출되어 있다. 숱이 적은 금빛 머리카락이 피부에 찰싹 들러붙어 있다. 나는 아기를 만져보고 싶고, 또 바짓가랑이를 내려주고 싶으나 참는다. 지금까지 남의 아이들을 보았지만, 이토록 귀엽다고 생각한 적이 없었다. 에디의 코와

둥그런 볼에 돌아가신 내 모친의 모습이 있다. 이 아이를 보니 마치 나 자신을 보는 것 같다. 서로 닮았다는 것이 이토록 사람의 마음을 움직이는구나. 왜 귀하지 않겠는가? 처음으로 보는 손자 놈인데.

라이언이 내 가방을 자동차 트렁크에 넣는 동안, 나는 에디를 뒷좌석 카시트에 앉히고 벨트를 고정한 후 그 옆에 앉고 싶어서 뒷좌석에 내 자리를 정한다. 낯선 사람을 보고 울지 않는 것만도 다행인데 손가락을 빨며 나를 쳐다보고 씩 웃기까지 한다. 메기의 친절한 성격을 닮았나 보다. 한국서 가져온 폭신한 베이지색 아기 곰을 손가방에서 꺼내 주니까, 빨던 손가락을 얼른 빼고 두 손으로 덥석 받는다.

라이언이 운전대를 잡으며 묻는다. "오늘 특별히 가고 싶은 곳이 있습니까? 어디든지 모셔다 드릴게요. 일요일이라 시간이 있습니다."

"왓슨 밀 다리(Watson Mill Bridge)에 가고 싶은데."

"좋아요. 케스린이 이번 주말엔 당번이라 제가 아기를 봅니다. 우유랑 기저귀도 충분해요."

우리는 애틀랜타 시내를 빠져 나와 85 고속도로 북쪽으로 달린다.

"케스린은 무슨 일을 하니?"

"간호사입니다. 저는 컴퓨터 공학을 전공했고요."

"아기 키우며 내외가 바쁘겠구나."

"요새같이 경기가 나쁠 때 직장이 있는 것만도 고맙지요."

에디가 곰을 떨어뜨리고 "에에…"하면서 손가락질한다. 곰을 집어주며 나는 기어이 아기의 다리를 꽉 잡아본다. 터질 듯 탱탱하면서도 보드라운 그 피부의 감촉을 내가 온몸으로 느끼고 있데 라이언이 백미러로 훔쳐본다.

"우유 먹일 시간입니다. 가방을 열어봐요."

에디는 아기 곰을 나에게 맡기고 우유병을 두 손으로 꽉 잡더니 힘차게 빨기 시작한다. 만족한 듯이 다리를 흔들거리면서.

"어머니가 에디를 아주 귀여워했겠네."

"그럼요. 엄마에게 희망을 주었어요. 에디가 태어나서 엄마는 한동안 아주 행복했어요. 그러다가 왼쪽 유방에 붉은 반점을 발견했습니다. 엄마의 암은 희귀한 급성이라 우리가 알았을 때는 이미 늦었더군요."

일찍 세상을 떠나려고 메기가 그토록 성급했던가? 그녀는 우리 관계에서 항상 나를 이끌었다. 그러나 결국 하나가 될 수 없었던 우리였기에 귀국할 때쯤 나는 그녀에게 냉정했다. 비겁한 줄 알았지만, 우리 두 사람을 위해 그래야만 된다고 생각했다. 나는 모친과 내 가족이 있는 한국에 가야 했으며, 메기는 자기의 인생을 찾아야 한다고 생각했다.

지금, 라이언과 에디를 보니, 메기의 어렵던 시절에 도와주지 못한 것이 한이 된다. 그때는 아내와 사회가 두려웠다. 또 30년 전에는 한국이 가난하여 미국으로 송금하기도 어려웠다. 그리하여 나는 내 아이를 메기의 가냘픈 손에 맡겼고 메기가 결혼했다는 말을 그곳에 사는 친구를 통해 알았다. 라이언이 양부(養父) 이야기를 할 때는 그의 얼굴 표정이 부드러워진다. "우리 아빠가 계셨더라면 엄마를 잘 보살폈을 텐데……" 하면서.

뻐꾹새는 산란기가 되면 다른 새의 둥지에 알을 낳는다. 어미 뻐꾹새는 저보다 작은 새가 알을 품고 있으면 우는 소리나 둥지의 형태를 관찰하여 새끼가 자라기에 적당한 환경이라 생각되면 작은 어미 새가 잠시 나간 틈을 타서 남의 보금자리에 있는 알을 한 개 땅에 떨어뜨리고 가장 따뜻하고 안전한 가운데 자리에 제 알을 낳고 떠난다. 작은 새는 그것도 모르고 남의 새끼를 품어 부화시키고 열심히 먹이를 물어다 주며 기른다.

뻐꾸기는 산란기에 12개 내지 15개의 알을 낳는데 남의 둥지에 제 알 한 개씩만 맡기는 것이 보통이라고 한다. 나는 그런 식으로 내 아이를 남에게 맡겨 기른 양체이다.

에디가 젖병을 떨어뜨리며 잠이 든다. 동양인에 가까운 코, 둥그스름한 볼, 파란 눈을 감으니 에디는 영락없는 내 새끼다. 딴 아이들과 섞어놓아도 쉬이 찾을 것 같다. 라이언이 운전하는 동안 잠든 에디가 편안하게 기댈 수 있도록 내 손으로 머리를 받쳐준다. 에디의 달콤한 젖 냄새를 맡으며 나는 행복에 젖는다. 내가 이토록 행복하다고 느낀 적이 언제였던가? 그런 때가 있기나 했던가? 내 아들 진수를 키울 때는 우리 내외가 바빠서 보모 손에 아이를 맡겼다.

드디어 왓슨 밀 다리가 보인다. 70미터나 되는 긴 다리에 지붕이 덮여 있는 풍경이 눈에 익다. 조지어 주에서 지붕 덮인 다리 중에서 가장 길며 미국 전역에서도 몇 번째라고 옛날에 메기가 말한 적이 있다. 이제 우리의 차는 지붕 덮인 다리 위에 들어섰다. 지붕과 벽에 가려 다리내부는 어둠침침한데 차가 침목 위를 덜컹거리며 지나간다. 다리 끝에 보이는 햇빛 밝은 곳을 향해 한참 가다가, 다리가 끝나는 곳에서 갑자기 사위가 밝아지면서 오른쪽에 차 예닐곱 대를 댈만한 강기슭의 주차장이 보인다. 다리가 끝나자 라이언이 차를 세우면서 말한다. "여기서 에디와 내리세요. 제가 차를 세워놓고 올게요."

내가 카시트를 풀고 자고 있는 에디를 안으니 잠을 깬다. 차에서 내리고 싶어서일까? 아니면 나를 믿어서일까 아빠가 가도 울지 않는다. 아이를 안고 강 가에 있는 풀밭으로 간다.

아직도 잠이 더 깨 눈을 비비고 있는 아이를 추스르며 나는 다리의 유래가 적힌 표지판을 읽는다. 19세기 말엔 물레방아 동력으로 강가에서 목재소를 운영했다고 한다. 목재수송을 위해 강 위에 다리를 건설하고, 다리 침목을 보호하기 위해 지붕을 덮었다. 20세기에 들어서자 전기가 이 시골까지 들어와 물레방아 동력이 필요 없게 되자 그 시설은 한동안 버려져 있다가 사람이 많이 드나드는 이 지점으로 옮겨 지붕 덮힌 옛 모양대로 다리를 재건축했다고 쓰여있다.

다리는 1,000에이커가 넘는 방대한 이 공원의 중심이 되어 아름다운 모습을 보여준다. 30년 전 내가 처음 보았을 때는 갓 보수하여 새 재목으로 벽을 만들고 지붕을 얹었으나, 지금은 나무에 연륜이 쌓여 짙은 고동색으로 더욱더 장중하고 역사에 걸맞은 모습이 되었다.

이제 그 긴 다리와 폭포를 배경으로 빨간 티셔츠에 앙증맞은 청바지를 입은 에디가 웃으며 넓은 풀밭을 뛰어 다닌다. 라이언이 이쪽으로 걸어온다. 낡은 청바지에 흰 와이셔츠를 입고 잔잔한 눈빛, 우뚝한 코, 쉬이 가까이할 수 없는 예리한 인상을 준다. 비행장에서 본 첫인상과 같이 행동거지에 흐트러짐이 없다. 나의 첫인상이 바로 저렇다고 하던 사람들의 말이 다시금 생각난다. 에디가 제 아비를 보고 쫓아가서 덥석 안긴다. 아이는 돌아가신 내 어머니 모습과 메기의 성격을 닮

왔으며 나를 쉽게 받아들이는 반면에 라이언은 그렇지 않음을 느낀다.

"라이언, 강가를 좀 둘러볼게."

"그러세요. 마음 놓고 천천히 둘러보고 오세요." 라이언이 차분하게 말한다.

나에게 원망스러운 감정이 있겠지만, 라이언은 조금도 그런 내색을 하지 않는다. 구질구질하기 싫은 미국아이의 자존심, '너는 너, 나는 나' 하는 그의 분명함이며 또 냉정함이기도 하다.

폭포를 지나 강 상류로 올라가니 물결이 잔잔하다. 아름드리 플라타너스가 강물 위에 쓰러져 있던 곳이 이 근처일까? 메기와 나는 강물에 쓰러져 있는 아름드리 나무둥치 위를 조심조심 걸어갔었지. 마주 보며 걸터앉아 모친이 삯바느질하며 가난하게 자란 내 과거를 이야기했다. 메기 앞에서는 이야기가 쉽게 풀려 나와 언어가 문제 되지 않았다.

처음에는 영어회화 연습을 위해 메기를 자주 만났다. 그녀는 어색한 표현을 늘 지적해주었고 나의 발음을 고치고 반복시켰다. 다행히 메기 어머니가 미국 동부 출신으로 교육을 받은 분이라, 모녀가 남부 사투리를 쓰지 않았다. 내가 지금 이만큼이라도 영어를 하는 것은 순전히 메기덕택이며 영문학을 공부했던 그 히피 어머니의 덕택이다. 샌드위치 점심을 대접하며 나와 이야기를 나누었던 그 분은 그 나이에도 참으로 순수하고 인간적이었다. 왜 그 착한 사람들이 이토록 가난하고 고통스럽게 살아야 했는지?

크나큰 나무둥치가 쓰러져 있던 그 자리를 끝내 찾지 못하고 돌아섰다. 그것이 아직도 거기 있으리라고 생각하지 않

왔지만 보이지 않으니까 서운하다. 강가를 거닐다가 돌아오
니 라이언이 풀밭에 타월을 깔아놓고 에디의 기저귀를 갈아
주고 있다. 일회용 젖은 수건으로 사타구니를 꼼꼼히 닦아준
다. 나는 저토록 정성스럽게 내 아들 진수를 돌봐 준 적이 없
었다. 통통한 두 다리 사이에 있는 예쁜 고추를 물끄러미 내
려다본다.

"라이언, 엄마 묘지에 한번 들렀으면."

"그럼요. 여기서 멀지 않아요. 그러지 않아도 거기 모시고
가려 했어요."

우리는 침례교회 뒤에 있는 교회묘지로 갔다. 묘지에는
평평한 땅에 메기 존즈라고 새긴 작은 동판에 생년월일과 죽
은 날짜가 적혀있다. 그것을 내려다보며 새삼스럽게 메기가
너무나도 일찍 가버렸다는 생각이 든다. 그러나 어찌하겠는
가? 라이언이 만든 장례식 프로그램조차 날 사랑하여 내가 옆
에 있어주기를 바라더라도 날 떠나게 해줘 라고 하지 않았던
가?

"이 교회가 바로 장례식을 치른 곳이구나."

"네, 그래요."

우리는 계단을 올라가 육중한 교회 문을 열고 들어간다.
장례식 프로그램을 생각하며 앞자리에 가서, 나도 모르게 무
릎을 꿇는다. 지난 30년, 잊으려고 무한히 노력했고 그래서
잊고 살았다. 그러나 라이언과 에디를 눈앞에 보니, 그 애들
이 바로 나의 현실인데 잊으려고 했던 것이 얼마나 부질없는
짓이었던가? 물론 한국에서 배신감으로 괴로워하고 있는 아
내도 나의 현실이다.

착잡한 마음으로 교회를 나오는데, 라이언이 말한다. "엄

마가 살던 집이 여기서 가까워요."

"그래, 가보자." 나는 다시 라이언에게 관심을 돌린다.

"팔려고 내놨어요."

"그럼 그렇게 해야지. 정리할 것은 정리하고. 산 사람은 살아야 하니까."

어느덧 우리는 부동산세일 푯말이 서 있는 집 앞에 왔다. 소박한 단층집, 대지가 넓고 뒤에 숲이 있는 집, 옛날에 내가 다니던 바로 그 집이다. 모친으로부터 물려받았구나. 가을 햇볕에 양지바른 거실이 눈에 익다. 고객에게 언제라도 보여줄 수 있도록 집은 말끔히 정돈되어 있다. 여기서도 라이언의 성격을 엿볼 수 있다.

"좁은 아파트에 살다가 이곳에 오면 에디가 아주 좋아해요. 여긴 제가 갖고 놀던 장난감은 물론 엄마가 어릴 때 쓰던 것들도 있거든요."

집 안으로 들어가자마자 에디는 장난감 상자 쪽으로 쫓아간다. 라이언이 나무로 만든 강아지를 꺼내 단추를 누르니까 음악 소리가 나면서 강아지는 아장아장 걸어간다. 신 나게 강아지를 따라 한참 쫓아다니는데, 음악이 멎으며 거실 한가운데에 뚝 선다. 에디가 나를 끌고 가 단추를 꾹 누르라고 시늉한다. 아직 제 혼자서는 누를 수 없나 보다. 라이언이 부엌에서 덜그럭거리는 동안 나는 에디와 놀았다. 한 살 반짜리치고는 눈치가 있고 붙임성이 있다.

라이언이 점심 준비가 되었다면서 오라고 한다. 나무로 된 하이체어는 자기가 어릴 때 쓰던 것이라며 에디를 거기에 앉힌다. 라이언이 따끈한 피자를 찬 콜라와 함께 내놓는다.

"피자가 웬 거냐? 먹을 만하구나."

"냉동 피자를 오븐에 구웠어요."

어느새 자기 몫을 다 먹은 에디가 "모아(more)" 하면서 접시를 내민다.

'모아'라는 말을 배웠구나. 나는 웃으면서 조그맣게 잘라 접시에 담아준다. 이 아이를 보면 절로 웃음이 난다.

"이 집은 얼마나 받을까?"

"15만 불에 내놨는데 통 소식이 없네요. 경기가 나빠서."

한국 돈으로 1억 5천만쯤 되는구나. 시골 집이라 그렇구나. 어서 이것을 팔아 보태어 애틀랜타에 집을 하나 샀으면 좋으련만. 좁은 아파트에 산다니 군색해 보인다. 집 장만하는 데 보태주고 싶으나 미국 아이들의 독립심을 생각하면 라이언이 용납하지 않을 것이다. 말 한마디라도 조심해야 할 처지인데, 거절할 것을 알면서 그런 말을 해서는 안 된다. 더군다나 초면에 그런 말을 하면 라이언이 모욕을 느낄 것이다.

점심 후, 라이언이 집을 보여준다. 메기가 쓰던 침실에는 퀸 사이즈 침대가 아직도 그대로 있고 작은 탁자 위에는 메기 내외의 결혼사진이 놓여 있다. 내가 알고 있는 젊은 시절의 아름다운 메기와 중년이 훨씬 넘어 머리가 희끗희끗한 미스터 존즈, 아버지와 딸 같다. 라이언의 어릴 때 사진이 여러 장 탁자 위에 진열되어 있고 에디 사진도 있다. 얼굴이 몇 번씩 바뀐다고 하더니 라이언이 어렸을 때는 통통하게 살이 쪄서 지금 에디와 같구나. 라이언이 나를 작은 방으로 인도한다.

"이 방은 엄마가 처녀 시절에 쓰던 방이에요."

창문을 통해 숲이 보인다. 그래, 이 방이지. 내가 처음 이 집에 왔던 날, 점심으로 샌드위치를 먹고 나서 메기가 이 방으로 살며시 나를 데리고 와서 나에게 매달리며 키스를 하던 곳. 그때를 생각하니 온몸이 나른해진다.

오후에 애틀랜타로 돌아왔다. 예약한 호텔로 데려다 주면서 라이언이 말한다. "내일은 제가 좀 바빠요."

"월요일이니 당연하지. 나는 학생시절 옛 친구를 만날 거야. 이곳에 계속 눌러앉아 사는 친구가 있거든."

내가 여러 날 이곳에 머물면서 라이언과 사귀고 싶지만, 눈치를 보아하니 그의 의사는 그렇지 않은 것 같다. 바쁜 아이에게 밉상을 보이기 전에 며칠 안으로 이곳을 떠나는 것이 좋을 것 같다.

"난 목요일쯤 떠날까 하는데 어떨까?"

"그렇게 하세요. 그 전에 제가 다시 들를게요. 화요일과 수요일엔 낮에 시간을 낼 수 있어요. 아무 때나 연락하세요."

"그래, 잘 됐구나. 화요일에 만나자," 하고 나는 기회를 놓칠세라 얼른 대꾸한다.

케스린을 만나고 싶으나 라이언이 먼저 제의하지 않으니, 다음 기회로 미룰 수밖에 없다.

목요일 아침에 라이언이 아틀란타 비행장까지 나를 데려다 주었다. 인천행 대한항공이 11시 55분에 출발하니 시간이 넉넉하여 라이언과 나는 공항 내 맥도널드에서 아침 커피를 나눈다.

"커피 맛 좋은데."

"그럼요, 맥도널드 커피라고 무시할 게 아녜요. 스타벅스 커피는 비싸기만 하고 저에겐 너무 진해요. 저는 이게 더 좋아요."

우리가 같은 커피를 좋아하는구나. 서로간의 공통점을 발견하며 서로 이해하는 과정이다.

라이언은 내가 한국서 가져온 주황색 소매 긴 셔츠를 입고 있다. 나의 기분을 생각해서 이 미국 아이가 예의로 입고 나온 줄은 안다. 오기 전에 롯데 백화점에서 이것을 샀는데 라이언의 피부 색깔에 맞는다. 특이한 색깔로 메기가 내 생일에 셔츠 한 개를 사주면서 번트 오렌지(burnt orange)색이라고 한 적이 있다. 오렌지를 태운 색깔? 했더니 그녀가 웃으며, 빨강과 노랑의 중간색이라고 했다. 여러 해를 그녀 생각하며 입었는데 내용을 모르는 아내는 내게 어울리는 색깔이라고 했다. 나에게 맞는 색깔이면 라이언한테도 어울리겠지 하고 샀는데 과연 보기 좋다.

아내가 괴로워하고 있을 때, 나는 이 식구들의 선물을 사겠다고 백화점을 몇 군데 돌아다니며 시간을 보냈다. 30년 전에 지은 죄 때문에, "해도 죽일 놈, 안 해도 죽일 놈"이 되어 내 인생이 아주 복잡해졌다.

라이언은 고맙게도 어제와 그저께 양일간 나를 만나주었다. 어제는 애틀랜타 시내 한국 식당에서 점심으로 갈비 정식을 나누며 우리 집안 얘기를 했다. "당신의 아버지는 왜 그토록 일찍이 세상 떠났습니까?"하고 라이언이 물었다.

당신의 아버지? 그 호칭에 움찔했다. 그러면 이 애가 우리 아버지를 어떻게 달리 부를 수 있나? 그러한 나의 심정을 내색하지 않고 담담하게 말해줬다.

"장티푸스로 돌아가셨다. 당시 유행했던 전염병이었거든. 유전적인 문제가 아니었어."

라이언이 안심하는 눈치였다. 에디의 아비로서 중요한 질문이었고, 또 나를 만나려는 이유였다. 그런 까닭이 아니면 오랜 세월 상처 받은 마음을 다스려가며 구태여 나를 만나야 할 필요가 없었으니까.

떠날 시각이 가까워 온다. 라이언이 손목시계를 보며 말한다. "와주셔서 감사합니다."

"오랫동안 미룬 것이 후회돼. 너와 엄마한테 미안해."

"다 지나간 일이에요. 지금 와서 원망하지 않아요."

"그렇게 말해주니 고마워."

라이언이 가방에서 은색 사진액자 한 개를 꺼내어 나에게 준다. "이 사진은 엄마가 한 번씩 꺼내보던 것인데, 인제는 돌려 드리고 싶어요."

메기가 왓슨 밀 공원에서 찍은 컬러 사진인데 내가 등산 조끼를 입고 숲을 배경으로 웃고 있는 사진이다. 지금과 같이 단풍이 찬란하던 계절에 인물 위주로 찍어서 나의 모습이 잘 나온 것이다. 숱이 많은 검은 머리, 주름살 하나 없이 매끈한 피부, 지금 라이언과 같은 나이였다. 빛나는 젊음, 나도 이런 때가 있었지. 나는 사진을 그에게 도루 내민다.

"네가 가지렴."

"It's okay."하며 괜찮다고 한다.

그는 내 사진을 간직할 의사가 없다는 듯 그것을 받지 않는다. 나의 손이 무안하게끔.

라이언이 "다 지나간 일이에요. 지금 와서 원망하지 않아요." 라고 했다.

그 말은 나를 너그러이 봐준다는 뜻이기도 하지만, 나에게 아무런 애착이 없다는 말이기도 하다. 모자가 나를 필요로

할 때는 나는 그들을 외면했다. 무슨 애정이 있겠는가?

제 아이를 위하여 주로 유전적인 측면에서 내가 어떤 사람인지 궁금했을 뿐이었다. 그의 입장에선 더 이상 상처를 받지 않으려면 나를 사무적으로 대하는 것이 상책일 것이다.

내 마음의 평화를 위해 이제야 찾아온 나, 그는 나를 믿지 않는다. 일정한 거리에서 나를 관찰하려는 것 같다. 우리 사이에는 큰 강이 있다. 다리가 놓여 있으니 그래도 희망이 있는 것일까? 게다가 침목이 썩지 않게끔, 그 폭 넓은 강에 놓인 다리는 지붕이 덮여 있지 않은가? 기다려 보자. 시간이 약이라고 했다.

떠날 시간이 되어 우리는 일어섰다. 에디를 한 번 더 내 품에 꼭 안아본다. 나의 살, 나의 피, 세상에 이렇게 귀한 것이 있는 줄 몰랐다. 아이를 라이언에게 주고 출구 쪽으로 나간다. 에디가 갑자기 팔을 뻗치며 나에게 오겠다고 한다. 그러나 나는 출구 쪽으로 나가며 그들 부자에게 손을 흔든다.

작품집 II 한국에서

-참꽃-

철원의 하루

어둠 속을 전진하는데 인근 산 중턱에서 포탄이 터졌다. 번쩍이는 섬광 아래 무언가 섬뜩하여 뒤돌아보았다.

뒤따라오던 사병 하나가 나에게 총을 겨누고 있는 것이 아닌가? 산 도둑놈 같은 얼굴에 부리부리한 눈이 나를 노려보며 그가 방아쇠를 당겼다. "으악"하며 나는 뒤로 나자빠졌다.

"여보! 여보! 또 그 사람 꿈이야? 이 땀 좀 봐."

옆에 자던 아내가 나를 흔들었다. 아내가 주는 수건을 받아 얼굴을 닦으며 나는 어제 오후에 이 중사의 부고를 받아 그런 꿈을 꾸게 되었는가 하고 생각했다.

"이 중사가 죽었대. 아들이 속달로 부고를 보냈더라. 당신이 어제 밤에 늦게 와서 그 얘기 못했네."

아내가 찔끔해 했다.

"그 진드기?"

"그렇게 말하지 마. 나완 인연이 깊은 사람이야."

"깊은 게 아니라, 질긴 거지, 뭐. 당신 보다 세 살 많다고 했지?"

"응."

동녘이 회붐하게 밝아 왔다. 이 중사의 생각을 떨쳐 버리려는 듯 아내는 일어나 샤워를 시작하고, 나는 부엌에서 아침 준비를 했다. 지금 출근하면 저녁 8시가 지나서야 퇴근하는 아내에게 아침마다 신선한 오렌지나 자몽 주스를 짜준다. 마흔여섯에 직장에서 파면 당하고 지난 30년을 아내가 번 돈으로 살아온 나였다.

화장을 말끔하게 한 아내 앞에 자몽 주스와 따뜻한 계란찜을 놓아 주었다.

"든든히 먹고 가."

아내 영희는 출근 전에 신문을 대강 훑어보는 것이 습관이었다. 심장내과 전문의이며 보건소 소장이라 세상이 어떻게 돌아가는지 알아야 했다. 쑥색 니트 재킷과 바지를 입었는데 그 명품 옷은 큰 키에 어울리고 얼굴 색깔에도 맞았다. 젊었을 때는 가련해 보일 정도로 말라서 오드리 헵번 같았다. 영희는 아직도 얼굴이 뽀얗고 짧은 머리는 잘 손질되어 있다. 나이가 드니 적당히 살이 올라 복스럽게 보였다.

나보다 12살 아래로 64세이며 친구들이 "네 주제에 어떻게 저런 색시를 얻었냐?"하며 부러워했다.

나는 아내에게 조심스럽게 운을 뗐다. "나 오늘 철원에 가려고 해. 한 이틀 걸릴 거야."

"이 중사가 부산에 산다고 했잖아? 그 사람 장례식엘 가지 않고?"

"나 없어도 이 중사 아들이 장사를 잘 치를 거야. 난 철원에 갈래. 나 죽기 전에 가보고 싶어. 10월이 되니 그때 일이 자꾸 생각나. 사실은 반세기가 넘는 그 세월에 한번도 잊은 적이 없어. 내 마음 속 이 앙금을 어떻게 해서든지 씻어내고 싶어."

"정 그렇다면 가야지, 뭐."

"이것 봐. 이 중사가 죽기 전에 이 사진을 내게 보내주라고 하더래."

이 중사와 내가 막사 앞에서 찍은 사진을 아내에게 보여주었다. 우리가 백마고지에 투입되기 직전인 모양인데 그 전시에 어떻게 이런 사진을 찍었는지 기억할 수 없으나 이 중사는 하고 싶은 것이 있으면 어떻게 해서든지 해내는 재주꾼이었다. 전쟁에 관련된 것을 거의 다 없애버린 나로서는 이런 것이 아직도 남아 있다는 사실이 신기했다. 누렇게 바랜 사진을 자세히 보면 키가 작은 이 중사의 얼굴이 내 어깨 소위 계급장 옆에 있다.

아내는 내 사진을 한 손에 들고 유심히 들여다 보고 있었다. 희멀쑥한 내 허우대에 반했던 아내, 젊은 시절의 내 모습이 아련하게나마 떠오르는가? 혈혈단신에 불알 두 쪽밖에 없었던 나를 보고 처가에서는 실망이 대단했다. 용모 단정한데다가 공부까지 남부럽지 않게 시킨 딸이었다. 무엇이 부족하여 저런 빈털터리에게 관심을 두느냐고 부모님이 한사코 반대했으나 그것이 오히려 영희의 결심을 굳혔다.

아내의 출근시간이 가까워오고 나도 길 떠날 채비를 해야 했다. 나는 조심스럽게 한마디 더 했다. "어제 통장에서 돈 좀 꺼냈다."

"언제는 허락 받고 돈 썼나?"

감상에 젖었던 것은 잠시, 돈 이야기가 나오자 아내는 통명스럽게 한마디하고는 마당에 세워둔 까만 그랜져를 타고 출근했다. 돈 한 푼 벌지 못하면서 통장에서 꺼내가기 만하니 꼴 보기 싫겠지. 그러나 이게 뭐 하루 이틀 된 일인가?

그렇지만 내가 놀고먹는 것은 아니었다. 우리 집은 대구 시 삼덕동 조용한 주택가에 있으며, 적산가옥이던 것을 허물고 이 층 벽돌집을 올렸다. 물론 아내가 번 돈으로 집을 지었지만 내가 모든 일을 관리했다. 또 아이 둘 기른 것도 나였다. 나의 도움 없이 아내가 어떻게 자기 일에 전념할 수 있었겠는가? 오늘은 파출부가 오기로 되어 있어 빨래거리를 내어놓고 아래 위층 물걸레질, 그리고 창문도 닦으라고 쪽지를 써놓았다.

아내는 매일 늦게 들어오고, 집에 와서도 주로 컴퓨터 앞에서 일만 하니 집안일과 화단 정리는 나의 소임이었다. 10월이라 앞마당에는 터질 듯 붉게 익은 석류가 주렁주렁 달렸고, 누렇게 익은 모과가 주먹만 했다.

'철원은 여기보다 추울 거야…….'

등산할 때 입는 검은 바지와 쑥색 상의를 꺼내 입었다. 상하 한 벌을 삼만 원 주고 샀는데 안감이 합성섬유이지만 융이라 촉감이 좋고 신축성이 있었다. 아내는 대구 백화점 단골이지만 나는 반월당 지하상가에서 주로 옷을 사 입었다. 배낭에 여분의 양말과 내의를 넣고 출발했다.

동 대구역은 아침 인파로 붐볐다. 8시 발 서울행 KTX표를 끊고, 국민은행 현금 인출기에서 돈을 더 찾았다. 그 전날 찾은 것만해도 내겐 큰돈이었지만, 평생 가슴을 짓누르고 있는 이 무거운 바위를 밀어내자면 더 필요할 것 같아서였다. 에스컬레이터를 타고 내려와 13호 차 창가 좌석에 앉았다.

기차는 정시에 출발했다. 차창으로 지나가는 풍경을 보니 새삼스럽게 내가 여행을 떠나는구나 하는 감회에 젖었다. 친구들과 등산하러 다녔으나, 이렇게 혼자 여행하는 일은 드물었다. 더군다나 마음에 정리할 것이 있어 오늘과 같이 혼자 길 떠난 적은 더욱 없었다.

기차가 왜관을 지나며 철교 아래로 도도히 흘러가는 낙동 강 물을 내려다 보았다. 6·25 전쟁 때 처절했던 왜관 전투의 현장이었다. 눈을 감고 좌석 등받이에 머리를 기대니 그때 일들이 주마등같이 내 뇌리를 지나갔다. 그 끔찍한 일은 바로 한 달 후인 9월에 우리 가족에게 닥쳤던 참혹한 사건의 전조였다.

1950년 8월, 왜관 서북쪽에 인민군 4만 명이 집결하여 총공격을 준비하고 있다는 정보가 한국군 쪽에 들어왔다. 왜관 바로 남쪽에 위치한 중요도시 대구가 풍전등화같이 위급한 상황에 놓여있어 무슨 수를 써서라도 대구시를 방어해야 했다. 그래서 낙동강 방어선에 있던 모든 교량들은 적들의 남하를 막기 위해 폭파되었다.

일본에서 출발한 보잉 B29 폭격기 98대가 출동하여 26분 동안 융단폭격을 감행하여 왜관 서북쪽에 주둔하고 있던 수많은 인민군이 바로 그 자리에서 죽었다. 저편 군사이긴 해도 상상할 수도 없는 비극이었고, 6·25의 전세를 바꾼 혈전이었다. 이제 전세가 바뀌어 남쪽으로만 내려가던 전선이 서울을 향해 북상하기 시작했다. 그리하여 왜관 주위의 산천은 초토화되었지만 대구는 방어되었다.

그 해 9월 나는 19살의 대학생으로 공산치하 서울에서 사촌 누이의 다락방에 숨어 지냈다. 동장이 나를 인민군에 보내려고 몇 번 우리 집을 다녀가고 나서 아버지가 급히 취한 조처였다. 몰래 라디오를 듣고 있던 중 아현동 근처에 심한 미군폭격이 있었다는 것을 알았다.

내가 놀라서 그곳으로 달려가니 아현동 우리 동네는 연기가 무럭무럭 나는 잿더미였다. 우리 집터에서 부모와 동생의 그을린 시체를 찾아냈다. 남들이 서울탈환을 기뻐하고 있을 때 나는 실성한 사람처럼 거리를 헤맸다.

그러던 어느 날 불심검문에 걸려 군대에 끌려가 전방에 배치되었다. 여름에 시작된 전쟁은 겨울로 접어들었다. 눈이 길길이 쌓인 산중에서 38선을 뺏고 뺏기며 전선은 일진일퇴를 거듭하고 있었다.

한동안 나는 자포자기의 상태에 빠져 있었다. 그러던 어느 날, 가족 중에 나 홀로 남았는데 나라도 살아남아야지 이름 없는 이 산중에서 개죽음을 당할 수는 없다는 생각이 들었다. 그래서 장교를 양성하는 보병학교에 지원했다. 전쟁 중에 소대장이 제일 많이 전사한다는 것을 알았지만, 6개월 훈련받는 동안만은 전투에 안 나가도 되니 그만큼 목숨이 연장될 것이었다.

1952년 가을, 나는 제9보병사단의 한 소대장으로서 395고지 전투에 투입되었다. 높이가 395 미터라 그렇게 명명된 이 고지는 작전상 중요한 위치라 며칠째 뺏고 뺏기는 터였다.

10월 10일 밤, 여러 날의 격전에 지쳐 모두 잠에 빠져 있었다. 밤에 또 전투가 있으면 잠이 든 채로 총을 쏘곤 했다. 나도 꾸벅꾸벅 졸고 있다가 포 소리와 총성이 멎고 조용해지면 오히려 잠이 화들짝 깨곤 했다. 주로 야간 공격만 하던 중공군이 그 날 새벽, 새로 투입된 정예 부대로 집중 포격을 감행하여 피아에 많은 사상자를 내었고 아군은 395 고지를 빼앗긴 상태였다.

밤 열 시경, 고지 탈환을 위해 일제히 출동한다고 지휘 본부로부터 무전연락이 왔다. 나는 지체하지 않고 "전진!"을 외쳤으나 사병들이 따라오지 않았다. 무조건 소대장을 따라가다가는 총알받이가 되기 십상이었다. 죽어나가는 전우들을 수없이 많이 본 부하들이 앞장서려 하지 않았다. 그러나 나는 명령을 수행하기 위해 부하들의 위험을 무릅쓰고 앞으로 나갈 수밖에 없었다. 다행히 이 중사와 김 하사의 도움으로 사병들을 독려하며 전진했다.

그때 인근 산 중턱 쪽에 포탄이 터졌다. 그 불빛 아래 무언가 섬뜩하여 문득 뒤돌아보니 따라와야 할 사병 하나가 따라오는 대신 나를 향해 총구를 겨누는 것이 아닌가? 내가 갑자기 뒤돌아보았으므로 그쪽은 놀라서 총대를 떨어뜨렸다. 내가 착각을 하고 있나? 하는 생각도 했지만 그 조준하는 각도는 나를 향한 것이었다. 또 놀라 총대를 떨어뜨린 점으로 보아 내 직감이 맞는 것 같았다. 사리를 따질 여유가 없어 포탄 불빛 아래 그 얼굴이 최영팔 일등병이라는 것만 머리에 새겼다. 사병이 제 목숨을 보전하기 위해 따라오라 외치는 소대장을 뒤에서 쏜다는 얘기를 들었으나, 그때는 있을 수 없는 일이라 생각했었다.

그날 밤 자정 경, 우리는 드디어 395 고지를 탈환했다. 잠시 한숨을 돌리는 사이 나는 이 중사를 가만히 불렀다.

"최 일병 그 자식 말이야."

"네. 자기 총 잃고 남의 것을 훔친 그 새끼 말이죠."

"응, 그 놈한테 쥐도 새도 모르게 당할 뻔 했어. 아까 전진하던 중 기분이 이상해서 돌아보니 그 새끼가 내게 총구를 겨누고 있잖아. 눈 여겨봐."

"네, 알았습니다."

이튿날 아침 최 일병에게 그 전과 똑같이 대하였으나 그는 나를 똑바로 보지 못했다. 내가 아는 것을 눈치 챈 것 같았다. 그 날 오후 5시경, 처절한 백병전 끝에 아군은 또 고지를 빼앗겼다. 이 전투에서 부하를 여러 명 잃었으나, 최 일병은 여전히 살아남아 거무튀튀한 그 모습을 드러내었다. 부하가 전사하기를 바라는 것은 소대장으로서 있을 수 없는 일이었지만, 최 일병이 차라리 눈에 보이지 않기를 바랐다.

그날 밤 전투가 잠시 중단된 틈을 타서 이 중사를 다시 불렀다. 지난번에 총기 도난 사건이 일어났을 때 체구가 작은 이 중사가 최 일병의 따귀를 때리고 발로 걷어차던 중 곰 같이 큰 최 일병에게 밀려 여러 사병 앞에서 넘어졌다. 일등병이 중사를 밀었다기보다는 최 일병의 완강한 몸집에 밀려 제 풀에 넘어졌을 것이었다. 그러나 이 중사에게는 그것이 잊을 수 없는 치욕이었다. 작은 고추가 맵듯이 한 번 그의 눈 밖에 나면 가차 없었다. 내가 입도 떼기 전에 그가 속삭였다. "소대장님, 저 자식 아직 살아 있네요."

"그래서 부른 거야."

"늦기 전에 해치웁시다. 녀석이 또 어떤 짓을 할지 모르니까요."

"자세히 봐. 저기 허연 바위 보이지?" 나는 어둠 속을 손짓했다.

"네, 바위 보입니다."

"그 밑으로 내려가면 계곡이 있지?"

"네, 있지요."

"김 하사와 거기서 기다릴 테니 그 녀석 잘 구슬려 데려와. 쥐도 새도 모르게 해야 돼."

"네, 그렇게 하겠습니다."

김 하사와 물가 바위 뒤에서 기다리고 있는데 밤공기가 찼다. 395 고지 탈환 작전을 시작했을 때는 둥근 달이었으나 지금은 반달이 중천에 걸렸다. 어디서 귀뚜라미가 "귀뜨르르" 하고 가냘프게 울었다. 산천초목이 포연에 타서 풀벌레들이 다 타 죽었을 텐데⋯⋯. 가을이면 서울 우리 집 뒤뜰에서도 귀뚜라미가 울었다. 잿더미 속에서 찾은 부모의 시체, 그리고 동생, 가슴이 꽉 막혔다. 2년이 지났건만 어제 일 같았다.

드디어 발걸음 소리가 나며 이 중사의 말소리가 들렸다.

"최 일병, 그동안 수고 많이 했어. 소주 한 병 숨겨놓은 것이 있는데 전투가 다시 시작되기 전에 화해주나 하자고. 힘내, 응?"

내가 들을 수 있도록 일부러 똑똑하게 말하고 있었다. 최 일병이 술을 좋아한다는 말은 들었지만, 식량 보급도 원활하지 않은 이 전쟁터에서 무슨 얼어 죽을 놈의 술타령이야? 긴장한 중에도 웃음이 났다.

김 하사가 최 일병의 뒤로 가만히 접근하여 미리 준비한 수건으로 최 일병의 입을 막자 그가 놀라서 뒤돌아보았다. 이 중사가 그의 다리를 걸어찼다. 고꾸라진 그의 앞에 내가 나타났다. 희미한 달빛 아래 드러난 내 모습을 알아보고 최 일병이 어깨를 움찔하더니, "끄으윽"하고 목쉰 신음소리를 내었다.

"개 같은 자식." 나지막한 나의 음성은 내 귀에 조차 음산하게 들렸다. 공포에 질린 최 일병의 눈이 달빛에 번득였다.

"소대장에게 총을 겨눠?" 이 중사가 한마디 내뱉었다. 그는 가져온 밧줄로 김 하사와 같이 그를 나무에 묶고는 총구를 겨누었다.

"아니야, 내가 처치해야 해." 나는 재빨리 그의 가슴에 명중하도록 조준했다.

최 일병의 큰 체구가 나무에 묶인 체 몸부림치며 곤두박질하듯 했다.

이 중사가 총 개머리판으로 그의 머리를 쳤다. "가만있어, 이 새끼야."

희미한 달빛 아래 한 발의 총성. 그리고 그의 심장에서 솟는 피가 잿더미 같이 허연 산자락으로 흘러내렸다.

그와 나는 동갑이었다. 내가 왜 이런 일을 해야 하나? 이 일로 인해 나의 인생에 다가올 검은 그림자? 그런 생각도 잠시였다. 세 사람은 재빨리 뒤처리하고 제각기 자기 위치로 돌아가야 했다.

그날 밤 한 시경, 정상을 눈앞에 두고 적의 기관총 발사로 더 전진할 수 없게 되자, 내 친구 강 소위가 병사 둘과 같이 수류탄을 뽑아 들고 육탄 공격을 감행하였다. 기관총 진지를 폭파하고 그 삼총사는 그 자리에서 장렬하게 전사했고 고지는 탈환되었다.

최 일병도 그날의 전사자로 처리되었다고 이 중사가 나한테 와서 가만히 말해줬다. "소대장님, 최 일병의 고향은 철원입니다. 그쪽으로 전사통지서가 갈 것입니다."

"그래, 수고했어."

그 이튿날 오후, 아군 부대가 진지를 교대하는 중에 적이 다시 역습하여 피아에 더 많은 사상자를 내었다. 이 전투에서 수건으로 최 일병의 입을 막았던 김 하사가 전사했다. 내 말이라면 콩으로 팥죽을 쑨 데도 믿던 김 하사였다. 보고를 받고 이 중사와 나는 묵념을 올렸다.

이제 그 사건은 이 중사와 나, 둘만의 비밀이 되었다. 전쟁 중에 이유가 있으면 지휘관이 부하를 사살할 수도 있다는 것은 알고 있었으나 최 일병의 유가족들이 무서웠다. 가족이라는 울타리가 없었던 나는 그것이 그토록 무서웠다. 끝까지 나와 같이 있어주었던 이 중사가 전투 마지막 날 다리에 관통상을 입고 병원으로 후송되었다.

10월 6일부터 15일까지 열흘 동안 스물네 번이나 주인이 바뀌며 국군과 중공군 총 13,400명의 사상자를 내었던 395 고지 전투는 우리 쪽의 승리로 드디어 막을 내렸다. 이는 한국 전쟁 중 가장 치열했던 고지 탈환 작전이었다. 끊임없이 계속되었던 포격 때문에 산은 민둥산이 되었고 또 그 높이조차 1미터 낮아졌다. 혈전 사투가 끝나 포연이 걷히고 나서 허연 재에 덮인 산 모양이 흰 말이 드러누운 형상이라 하여 미군들이 "White Horse Hill"라 부르기 시작하여 우리조차 백마고지라 부르게 되었다.

1953년 7월에 휴전이 되었다. 그때 내 나이는 스물 두 살이었다. 보병학교 훈련 기간 6개월을 제외하고는 지난 삼 년간 전방에서만 근무했다. 조상님이 도왔던지 나는 결국 살아남아 부모님의 제사봉사를 하게 되었다.

서울에서 자랐지만 고향이 경상남도여서 어린 시절, 방학 때 할아버지 집에 가서 낙동강 하구, 강과 바다가 만나는 그

늪지대에 자주 갔다. 조부님은 아들식구들의 참혹한 죽음에 충격을 받고 시름시름 앓다가 내가 전방에 있을 때 돌아가셨다.

조부모님이 안 계셔도 고향은 고향이었다. 제대한 후 자주 그곳에 가서 바람에 물결치는 을숙도의 갈대밭, 왜가리들의 군무, 그리고 하늘 높이 비상하는 철새들을 바라보며 외톨이로 남은 나 자신을 달래곤 했다.

내 나이가 33세 되던 해, 아내와 데이트 하던 시절이었다. 3급 공무원 시험에 막 합격하여 몸조심하며 안정된 가정생활을 꿈꾸었다. 여름 햇살이 뜨거운 어느 날, 서문 시장에 들러 시원한 모자를 살까 하고 나는 노점을 기웃거렸다. 길 한쪽에 전을 벌리고 있던 새까맣게 그을린 남자가 낯이 익다고 생각한 순간, 그가 먼저 나를 알아봤다. 순간 최 일병의 "끄으윽"하던 그 목쉰 신음소리가 들리는듯하여 나는 움찔했다. 시침을 떼고 반가운 척 그의 손을 잡으며, "어이구, 이 중사, 얼마만이야," 하며 과장된 몸짓으로 그를 얼싸안으며 대포 집에 들어갔다.

이 중사는 나의 아래위를 훑어보더니 무슨 직장에 다니느냐고 물었다. 연거푸 술잔을 비우더니 한마디 했다. "소위님은 잘 나가고 있군요."

그의 말이 어쩐지 내 귀에 빈정거리는 말로 들렸다. 이 중사가 세 살이 위였으므로 나는 깍듯이 존댓말을 쓰며 "소위님, 소위님 하지 마세요."하고 말했다.

"나를 보고 '이 중사, 이 중사'하는데, 그럼 나는 어떻게 불러요?"

술에 취하자 혀 꼬부라진 소리로 하소연했다. "상점 입주금이 없어 길바닥 노점 신세. 비가 오면 거두고 순경이 오면 쫓겨나고……."

나는 영희와 사귀며 노총각 신세를 면하려고 열심히 돈을 모으고 있었다. 부잣집 딸이라 좋은 레스토랑에서 식사하고 주말에는 바다로 산으로 다니다 보니 데이트 비용이 상당히 들었다. 혈혈단신에 나이가 많다고 영희의 부모님이 꺼리고 있었지만, 우리는 벌써 호텔 방에도 드나들고 있었다.

3급 공무원 자리를 탈 없이 유지하자면 이유야 어떻든 나의 과거로 인한 말썽이 없어야 했다. 게다가 경쟁이 심하여 내 자리를 노리는 사람들이 많았다. 나는 할 수 없이 내 귀한 저금통장 일부를 떼어 상점대여에 보태 쓰라고 주었다.

영희가 경북대학교 의과대학 3학년 때 임신하자 부모님도 어쩔 수 없이 허락하여 우리는 드디어 결혼했다. 처음에는 영희가 공부하느라 돈 관리 할 시간이 없었다. 그러다가 인턴과 레지던트 과정을 끝내고 살림에 관심을 보이기 시작했다. 어느 날 우리 저금통장을 내 코앞에 들이대며 따졌다. "이게 무슨 지출이에요? 한두 번이 아니네."

나는 할 수 없이 10월의 그날 밤, 초토에서 귀뚜라미 한 마리가 살아남아 "뀌뜨르르……"하던 그날 밤 일을 영희에게 고백했다.

지금 생각하니 일찍 관운이 틔었던 것이 문제였다. 업자들이 젊은 나를 가만히 두지 않고 기회만 있으면 금일봉을 주려고 했다. 처음에는 꺼렸으나, 하도 끈질기게 주는 바람에 몇 번 받았다. 그것을 아는 이 중사는 사업 자금이 필요할 때마다 내게 왔다.

내가 46세 되던 해 봄, 도청에서 건설국장으로 있을 때였다. 호텔 신축공사 뇌물 사건에 연루되어 내 얼굴이 신문에 연일 대문짝만 하게 나자, 한창 잘 나가던 공무원 생활을 그만두게 되었다. 할 줄 아는 것은 그 일밖에 없었으나, 공직에 다시 들어간다는 것은 생각조차 할 수 없었다. 자영사업을 시작할 자신도 없었다. 어린 나이에 너무 험한 일을 많이 당해 그런지 또는 신문에 대서특필되어 사회로부터 매장된 것에 질렸던지 모든 일이 무섭고 엄두가 나지 않았다.

하루는 이 중사가 자주 만나던 서문시장 대폿집으로 나오라고 했다. 순대 썬 것을 앞에 놓고 술이 거나하자 이 중사가 혀 꼬부라진 소리로 한마디 했다. "이 소위님, 그 와이로 묵은 거 말이오. 나도 같이 묵었으니 체할까 봐 겁나요. 그래서 술 한 잔 살려고 불렀소."

"그 새끼가 개울가 그 잿더미 위에 나둥그러진 순간부터 우린 벌써 한배를 탄 거요. 술이나 더 가져와요."

그전에는 한 번도 그 죽은 사람 이야기를 입 밖에 내놓고 이야기한 적이 없었으나, 그날은 진탕 마시며 거침없이 최 일병 얘기를 했다. 무직인 나의 처지가 좋은 점이 있었다면 이 중사에게서 해방된 것이었다. 그의 내복가게는 이제 자리가 잡혔고, 그의 얼굴에는 윤기가 돌고 신수가 훤해졌지만, 나는 쭈그러들었다.

시간이 남아돌아가니 잡념이 많아졌다. 달빛 아래, 공포에 떨던 그 얼굴, 고꾸라진 그 모습이 자주 눈앞에 어른거렸다. 세월이 지났지만 그때 내가 짊어진 멍에는 그대로 남아 있었다. 내 손으로 죽인 목숨, 피를 흘리며 나둥그러진 그 모습을 뇌리에서 지울 수가 없었다. 또 내가 잘못 본 것일까? 그가 정녕코 나에게 총을 겨누었을까? 하는 의혹도 나를 괴롭혔다.

철원에 간다고 했을 때, 아내는 백마고지를 제일 먼저 생각했을 것이다. 그러나 나는 최 일병의 고향에 한번 가보기로 오랫동안 벼루고 있었다. 요즘은 컴퓨터로 유가족의 신상을 알아낼 수 있어서 조사를 해보니 그의 어머니 이순녀 씨는 현재 94세이며, 아직도 강원도 철원군 무네미 마을에 살고 있었다.

서울역에서 내려 철원 군청까지 버스로, 그리고 군청에서 택시로 무네미 마을로 오니 오후 3시경이었다. 물 너머 마을이 무네미라고 하더니 과연 개울 넘어 나지막한 산 밑 동네가 있었다. 한 육칠십 가구가 될까? 들에는 누런 벼가 탐스러웠다. 비무장 지대가 가까워 철원 쌀이 오염이 덜하다고 하더니.

허름한 잠바 입은 남자가 뒷모습을 보이며 앞에 걸어가고 있었다. 나는 택시에서 내려 그에게 가까이 가서 공손히 "말씀 좀 묻겠습니다." 하고 시작했다. 남자의 얼굴은 햇볕에 그을려 소가죽 같고 주름살이 깊은데 내 나이쯤 되어 보였다.

"90대 노인이 사는 최씨 댁이 어디 있습니까?"

"날 따라오세요."

그와 나는 나란히 걷고 택시는 우리 뒤를 천천히 따라왔다.

"초면에 이거 실례합니다."

"괜찮아요. 저기 저 양철 집이 보이지요? 저 집인데 노인이 손수 밥을 해먹고 있어요. 정신이 아직도 말짱해요. 큰아들은 6·25때 전사했어요. 작은아들이 한 번씩 다녀갑니다. 그런데 댁은 뉘신데 이렇게 찾아가십니까?"

"그 집 큰아들과 아는 사이였습니다. 그 어머니를 찾아 뵈려고 오랫동안 별렀지요."

"그래요? 나는 그 집 큰아들과 같이 자랐어요. 영팔이 그 녀석 덩치가 커다란 것이 의외로 꾀가 많고 내숭스러웠어요. 그런 꾀로 어디 가나 제 몸 하나는 건사할 줄 알았는데……. 어이없이 전사하고 말았으니. 사람 일은 알다가도 모르겠어요."

"노인이 생활은 어떻게 합니까?"

"영팔이 유가족 수당으로 살아가는 모양이오. 그 녀석이 죽어서 효자 노릇합니다. 이런 말하기 좀 뭣하지만, 살았더라도 이토록 오랜 세월을 매달 한 번도 거르지 않고 꼬박꼬박 돈을 드리기란 쉽지 않지요."

그 말이 묘하게 들렸다. 최 일병이 살았더라면 이만큼 못했을 거란 말인가? 꾀가 많고 내숭스럽다고? 혹시 자라면서 둘의 사이가 나빴던가?

"이 집이요. 들어가 보시오."

나지막한 양철 집 녹슨 철 대문 앞까지 나를 데려다 주고 그는 가던 길을 갔다. 열린 대문을 들어서니, 노인이 낡고 때 묻은 허연 수건을 머리에 쓰고 지팡이를 짚은 채 먼 산을 바라보고 있었다. 인기척에 얼굴을 돌리더니 "어떻게 오셨수?" 하고 갈라진 목소리로 물었다.

새까맣게 그은 얼굴, 주름지고 앙상한 팔은 나무 등걸 같았다. 나의 어머니가 그때 폭격에 돌아가시지 않았더라면 이 노인과 비슷한 나이 일 것이었다. 등은 굽었으나 노인의 체구를 보니 최 일병처럼 몸집이 컸던 것을 알 수 있고 또 눈두덩이 두툼한 것도 그를 연상시켰다. 우리는 전생에 무슨 인연으로 이렇게 얽혔을까?

"큰 아드님과 같은 부대에 있었습니다."

"우리 영팔이와 같은 부대에 있었다고?" 노인은 힘겹게 더듬더듬 지팡이에 의지하며 마루에 걸터앉았다. "댁도 거기 앉으시우."

노인의 말을 따라 나도 앉았다. 냉장고가 마루 한구석에 있고 전기밥솥에 불이 켜져 있었다.

"휘…… 우리 아이가 죽었을 때 가까이 있었수?"

"네, 가까이 있었습니다."

"편하게 갔수?"

"……."

"어이구, 물으나 마나. 총알 맞아 죽은 놈이 어찌 편하게 갈 수 있나? 내 가슴에 얹힌 이 집채만 한 바위."

쭈글쭈글한 두 볼에 눈물이 주르륵 흘러내렸다.

바위라고 하니 395 고지의 그 허연 바위가 생각났다. 그 넘어 개울 가로 최 일병을 유인했던 그날 밤, 허연 잿더미 위로 왕성했던 그의 심장에서 콸콸 쏟아지던 피, 나는 진땀을 흘리고 있었다.

이 자리를 빨리 떠나야 했다. 나는 느닷없이 "어떻게 생각하실지 모르나, 제가 돈을 좀 준비해 왔습니다. 겨울이 가까워 오니 월동 준비라도 하십시오. 이거 오천만 원인데 쓰기 쉽게 현금이 백 만 원이고 나머지는 수표로 준비했습니다."

나는 현금 때문에 터질 듯이 불룩한 누런 봉투를 앙상하게 마른 노인의 손에 쥐여 주었다.

"내가 왜 댁한테서 돈을 받수?"

"아드님한테 진 빚이 좀 있어서요."

"내 아들 죽은 지 50년이 넘었소."

"네, 그렇습니다."

"그때 내 나이 서른아홉, 눈앞이 캄캄하다는 말뜻을 그때 알았지. 남편을 잃어도 그렇지는 않았소. 이 구차한 목숨, 이렇게 살아남았소."

나는 등에 식은땀을 흘렸다. 노인이 어느 순간 입에 거품을 물고 소리지르며 내게 덤벼들 것만 같았다. '그까짓 돈 주고 네 마음이 편해지겠다고?'

나는 그 자리를 어서 빠져나가야 했다.

"이거 받아도 되는지 모르겠네……."

나는 기어들어가는 소리로 간신히 말했다. "네, 받으십시오. 그건 아드님 것입니다. 그럼, 안녕히 계십시오."

"멀리서 왔는데, 벌써 가려고?" 노인이 미진한 듯, 그렇게 생각해서 그런지 몰라도 더 할 말이 있지 않느냐 하는 눈빛으로 나를 쳐다보았다.

"네, 가야 합니다."

나는 찌그러진 양철 대문을 허겁지겁 나와서 기다리고 있는 택시 뒷좌석에 기어올랐다.

"철원호텔로." 나는 택시 뒷좌석에 머리를 기대며 기진맥진한 목소리로 간신히 말했다.

그 이튿날 아침, 백마고지에 가기로 되어있어 같은 기사가 호텔로 왔다. 먼저 철의 삼각지 전적 기념관에서 모여 군인들의 호송을 받으며 대형버스 한 대와 승용차들이 뒤를 따랐다. 자동차의 행렬은 폐허가 된 월정역을 천천히 지나고 있었다. 서울과 원산항 사이를 달리던 경원선 열차가 6·25 때 폭격을 받아 지금은 녹슬고 앙상한 골격을 드러내며 전시되어 있었다. 원래 경원선은 철원의 농산물과 원산의 해산물을 서울로 수송하고 서울서는 생활용품을 가져가던 산업철도였다.

드디어 백마고지 전투 전적비가 있는 주차장에 도착하여 능선을 천천히 올라갔다. 한번은 와야 할 곳이었다. 가장 높은 곳에서 주위 지형을 보려고 영령들의 넋을 기리는 상승각 쪽으로 올라갔다.

저 아래 광활한 철원 평야 넘어 백마고지 전경이 내 눈앞에 펼쳐졌다. 고지라고 했지만 사실은 해발 395 미터의 야트막한 산이었다. 우리가 최 일병을 유인한 그 계곡은 어디쯤일까? 고지 점령하기 전, 삼분의 이쯤 되는 중턱이었다.

그 당시 바위와 나무로 덮였던 산등성이가 끊임없는 포격으로 무릎까지 폭폭 빠지는 초토 (焦土)로 변했다. 그러나 반세기가 훨씬 넘은 지금은 울창한 수목으로 다시 덮인 그 산을 바라보고 있는데, 기러기 떼들이 편대를 이루며 북방한계선 쪽으로 날아갔다.

돌아오는 길에 앙상하게 골격만 남은 노동당 당사를 지났다. 그 당시 규모로서는 상당히 큰 시멘트 골조였다. 얼마나 많은 청년이 그곳에서 고문을 받았으며 또 얼마나 많은 젊은이들이 억울하게 죽임을 당했을까? 이 땅에 벌어진 일대 수난의 시기를 우리 세대가 도맡아 치른 것이었다.

나는 택시 기사에게 말했다. "도피안사 (到彼岸寺)가 어디 있나요? 절 이름이 마음에 들어서 가보고 싶어요."

"여기서 멀지 않아요. 그리로 모시겠습니다.."

도피안사 (到彼岸寺)라고 하니 모르긴 하지만 영원한 안식처인 피안 (彼岸)에 이르러 지극히 평화롭고 행복한 경지에 이른다는 뜻이 아닐까?

절이 가까워졌다. 전에는 민간인 통제구역으로 출입이 제한되었으나 민간인 통제 선이 더 북쪽으로 올라가는 바람에 자유로이 이곳을 드나들 수 있었다. 가을로 접어드는 청명한 날씨에 아름다운 산하가 안식처로써 손색이 없으나, 이곳은 남북 분단의 냉엄한 현장으로 아직도 수없이 많은 지뢰가 매장되어있는 곳이기도 했다.

택시를 세워놓고 아무도 없는 한적한 경내에 들어서니 화강암으로 된 삼층석탑이 고즈넉이 서 있었다. 통일신라 후에 처음 지었다가 몇 번 보수했다는 아담한 절이었다. 유명한 국보 철조 비로자나불이 봉안 되어 있는 대적광전을 먼저 들렀다.

금박이 찬란한 불상만 보아온 내게 이 철불은 서민적이고 소박하며 친근감을 주었다. 게다가 갸름한 얼굴, 단정한 눈매, 미소 띤 입술, 무엇보다도 전체적인 그 조화에 나는 넋을 잃고 바라보았다. 가지런한 상의의 옷 주름, 그리고 독특한 손 모양, 양손을 가슴에 올려 오른손으로 왼손 엄지를 잡고 높직한 연꽃무늬 대좌 위에 앉아 있는 이 불상이 한없이 평화로워 보였다.

이 소박한 비로자나불 좌상 앞에 나는 고개를 숙였다. 중생이 가지고 있다는 108번뇌를 생각해보았다. 갈 날이 얼마 남지 않은 내 나이 76세, 이제 인생의 번뇌에서 벗어나고 싶었다. 불교신자는 아니지만, 나는 불전을 넣고 비로자나불 좌상 앞에 두 손을 모으고 무수히 절했다. 최 일병과 이 중사의 영혼, 그리고 후에 나의 영혼도 영원한 안식처에 안주하기를 빌며.

✦

해로

계절은 어김이 없어 올해도 봄이 찾아와 따뜻한 아침 햇살이 창문을 비친다. 내일은 우리 내외의 70주년 결혼기념일이다. 화창한 봄날 경상북도성주군 한개 마을에서 신랑은 사모관대하고 나는 족두리 쓰고 조상 대대로 내려온 우리 집 안마당에서 혼례를 올렸다. 신랑은 21살이었고, 나는 20살, 하객들이 만혼이라고 수군거렸다. 그때는 열대여섯 살이면 시집장가 보내던 시절이었으니까.

나는 딸 하나, 아들 둘을 두었는데 각기 자기 생활에 바쁘고 이젠 저희도 손자들이 생겨 우리 늙은이의 결혼기념일을 챙겨 주리라 바라지도 않았는데 어제 맏딸 수연이가 전화했다. 70주년 결혼기념일은 특별한 날이라고 하며 오늘 오후에 기차로 오겠다고 했다.

일 주일 후면 나의 90회 생일이 되니 그때까지 우리와 같이 있겠단다. 아흔이란 나이가 너무나 황당하여 내 나이 같지 않다. 내가 나이에 비해 마음이 젊다고 남들이 말한다. 사실은 내가 한 육십쯤 된 기분이다. 몇 살이라 따지지 말고 그냥 내 생일에 온다고 했으면 좋겠다.

내 딴에는 시대에 따르노라 또 지금 내게 남아돌아가는 것은 시간밖에 없으니 돋보기를 쓰고 신문을 빠짐없이 읽는

해로 167

다. 집안 관리와 도와주는 사람들, 그리고 돈 관리는 아들과 의논하여 처리하고 있다.

창 밖을 바라보니 아침 햇살 아래 탐스러운 모란꽃이 환하게 미소 짓는다. 며칠 전부터 꽃봉오리가 부풀어 오르더니 오늘은 자주 꽃과 흰 꽃이 여러 송이 피었다. 마치 우리의 70주년 결혼기념일을 축하하듯 큰 접시만한 꽃들이 다투어 얼굴을 내민다. 흰 모란은 꽃잎 밑동이 새빨갛고, 꽃술이 노랑이라 그 강한 색깔들이 순백의 꽃잎과 대조를 이룬다. 청초하면서도 매혹적인 그 모습이 천하일색 미인과 같아 마당에 나가 그 싱그러운 꽃잎을 만져보고 싶다.

그러나 나는 거실 창가에 침상을 갖다 놓고 누워있는 몸이다. 이 년 전, 화장실에서 넘어져 뼈가 삐끗하면서 주저앉고 나선 다시 걸을 수가 없다. 이 나이에 뼈가 재생하여 남들처럼 걸을 수 있을까? 내가 바깥에 나가려면 누가 나를 휠체어에 태우고 또 현관에서 마당까지 내려가는 그 번거로움을 생각하면 나가고 싶어도 쉽게 나가자고 할 수 없다.

칠 년 전 봄이었던가? 그때는 내 몸이 온전하여 자유로이 나다녔다. 친구 집에 가니 뜰에 핀 모란이 하도 아름다워 가을에 뿌리를 조금 끊어 달라고 했다. 친구는 가을까지 기다릴 게 뭐 있느냐 하면서 그때 준 것이 이렇게 크게 자랐다. 사람의 일이란 내일을 모른다고 하더니 봄에 모란 뿌리를 끊어 줬던 친구가 그 해 여름에 갑자기 심장마비로 죽었다. 영감이 자기보다 열 살 위라 먼저 보내야 한다고 주문처럼 외더니 남편이 죽은 지 몇 달 후 그 친구는 아무 걱정 없이 떠난 것이다.

모란꽃이 피면, 아무 미련 없이 떠난 그 친구가 그립다. 우리 딸들이 중학교 다닐 때 서로 알게 되어 자주 왔다 갔다

168

하다 보니 엄마들도 친해졌다. 그때가 벌써 오십 년이 넘는 옛이야기구나. 얼굴이 곱고 교양 있는 사람이었다. 내가 외로울 때 말벗이라도 되어 주었으면 좋으련만. 영감 먼저 보내고 건강하게 살다가 갑자기 죽었으니 그 친구는 죽는 복이 있었다. 나는 우리 영감 때문에 마음대로 죽을 수도 없다.

지금은 열한 시, 영감이 거처하는 안방에서 이 기사가 바지를 갈아 입히는 모양이다. "사장님, 이쪽 발도 끼웁시다. 예, 인제 됐어요. 일어서이소."

30년 전에 우리 회사에 취직하여 지금까지 일해 온 이 기사는 아직도 그를 사장님이라 부른다. 영감은 최근 들어 보행이 더 힘들어졌고, 정신도 희미해져 그토록 사랑하던 막내아들도 알아보지 못한다.

남편은 부림 홍씨(缶林 洪氏)이며 경상북도 군위군 부계면 한밤이 고향인데, 여섯 살 때 28세였던 어머니를 장질부사에 잃었다. 동네를 휩쓸었던 돌림병으로 세 살짜리 여동생은 벌써 그 며칠 전에 숨을 거두었다. 고열에 시달리며 의식이 오락가락하는 중에 어린 아들의 손을 잡고 앞날을 걱정하며 눈시울을 적시던 젊은 어머니가 눈에 선하다.

"요새 같았으면 항생제로 쉽게 치료할 수 있었을 텐데." 하고 의사인 막내아들이 말했다.

부인이 죽은 지 석 달도 안 되어, 가난한 집에서 17살의 처녀를 재취로 얻었다. 어린 계모는 그 여섯 살짜리를 보살피기는커녕 식구들의 밥 시중에도 쩔쩔매는 판이었다. 어미 잃은 아이는 큰 집에서 조부의 보살핌을 받으며 어린 시절을 보낸 후 대구에서 교육을 받았다.

공부가 끝나고 혼인 자리를 물색하는데, 70년 전 그 당시 6년제 중고등학교를 나왔으니 시골서는 드물게 고등 교육을 받은 청년이었다. 인물도 준수하여, 나의 친정, 콧대 높은 성산 이씨 가문에서도 탐낼만했다. 본인들은 한 번도 보지 못하고 어른들끼리 선을 보아 혼사가 이루어졌다.

그 해 10월에 한밤 마을로 내가 신행 가는데, 가마 문틈으로 내다보니 동네 초입에 아름드리 소나무들이 큰 솔밭을 이루어 경치가 아주 좋았다. 가마에서 장시간 앉아 있었으므로 다리도 뻗고 그 소나무 사이를 좀 걸어 다녔으면 좋으련만 새색시라 감히 그럴 수가 없었다. 가마가 한밤 동네로 들어서는데 오래된 기와집과 돌담길이 내가 자란 한개 마을을 연상시켜 우선 마음이 놓였다. 돌담 위로 가지가 휘어지게 열린 새빨간 산수유 열매가 70년이 지난 지금도 내 눈에 선하다.

내가 옛일을 생각하고 있는데 영감 방에서 이 기사 말소리가 또 들린다. "사장님, 사모님한테 가보입시다."

이 기사의 부축을 받으며 주춤주춤 걸어오는 영감을 보며 나는 침상에서 힘들여 일어나 앉는다. 저런 사람을 두고, 내가 어떻게 먼저 죽나? 저 사람을 먼저 보내놓고, 내가 가야지.

"이 할마씨는 누고?" 하며 가까이 오는데 그의 얼굴에는 장난기가 가득하며 나를 알아보면서 모르는 체한다. 젊었을 때 짓궂은 짓을 많이 했는데 그때 그대로다. 그러나 그 잘 생겼던 사람도 이젠 얼굴에 살이 빠지고, 이가 몇 개 남지 않아 입이 합죽하다. 나이 이기는 장사 없다더니…….

그러나 그는 아직도 몸집이 크고 기운이 세다. 남자 말을 더 중하게 여기는 것도 여전하여 남편을 돌보기 위해선 우리 집에 남자가 필요하다. 가끔가다 영감이 억지를 부리다가도 이 기사 하는 말은 잘 듣는다. 위급할 때는 병원에 가야 하니 요즘 우리가 이 젊은 사람에게 많이 의존한다. 침상 옆 소파에 영감을 앉혀놓고 이 기사는 수연을 마중하러 동 대구역으로 나간다.

맏딸 수연은 올해 67세이며 부산에서 조그만 찜질방을 경영한다. 그것도 혼자 할 형편이 안 되어 40대의 젊은 내외와 동업하고 있다. 이화여대 불문과를 나온 딸이 왜 찜질방을 경영하느냐고 묻겠지만, 그게 바로 내가 알고 싶은 것이다.

딸은 미술을 전공한 동갑내기 녀석과 결혼해서 시댁이 있는 부산에 정착했다. 사위 감이 도대체 미덥지 않아 우리내외가 반대했으므로 사위와 우리 사이는 처음부터 껄끄러웠다. 딸이 초산으로 쌍둥이 딸을 낳자 더욱 생활이 찌드는 듯했다. 그러더니 아기들이 두 돌도 되기 전에 식구들을 버리고 사위는 불란서 파리로 훌쩍 떠나 버렸다. 내 딸이 불어를 전공했는데, 왜 사위가 불란서에 가는지 어이가 없었다. 거기서 보낸 그의 인생도 신통치 않아서 몽당이인지, 몽마르뜨인지 하는 길거리에서 초상화를 그리다가 작년에 세상을 떠났다는 소문을 들었다. 내 딸이 고생하니 사위가 미워서 한 때는 그 예쁜 쌍둥이 손녀들조차 귀엽지 않던 생각이 난다. 그 손녀들도 이제는 40세, 아이 딸린 엄마들이 되었다.

점심 준비하느라 부엌에서 달그락거리던 선이가 거실로 나온다. 우리 외손녀가 열 살도 되기 전에 우리 집에 왔으니, 30년 이상 우리와 같이 살았다. 이제는 이 사람도 예순이 넘었고 여기저기 아프다고 한다.

"어무이요, 언니 오는데 뭐 해주까요? 육개장은 이미 끓여눴고, 칼치나 한 동가리 구울까요?"

"니가 만든 것은 뭐든지 다 잘 먹으니 알아서 해라."

우리가 얘기하는 동안 영감이 머리를 긁으면서 한마디 한다. "아침은 언제 주노? 배고프다."

선이가 하는 말, "아부지, 아침은 벌써 자셨고, 언니 오면 점심을 디릴께요. 올 때까지 기다립시다."

"지금 밥 도고."

그들이 실랑이하고 있는데 바깥에서 딸의 목소리가 들리더니 곧 수연이 거실로 들어선다. 몸에 꼭 끼는 분홍색 셔츠와 청바지를 입고 있다. 가슴과 엉덩이 부분이 팽팽하여 터질 듯하니 누가 저걸 67세의 할머니라고 하겠는가? 내 딸이 예쁜 것은 사실이나 나이에 맞게 옷을 입어야지, 스무 살 먹은 계집아이도 아니고 저게 뭔가? 보기에 민망하다. 하기야 흰 머리는 염색하면 되고, 옛날처럼 이 빠진 합죽 할머니가 될 필요가 없으니, 요새는 여자들이 화장하고 나서면 나이를 알 수가 없다.

나는 딸이 못마땅하지만 아무 말 하지 않는다. 솔직히 말하자면, 그렇게 기분이 나쁜 것은 아니다. 저 애가 철딱서니 없던 시절 나는 40대였다. 말하자면 그때가 우리 모녀의 전성 시절이어서 그 시절로 되돌아간 듯한 착각에 빠지곤 한다.

"아부지, 저 왔어요."

수연은 아버지의 볼에 제 볼을 비비며 아양을 떤다. 재롱 떨려고 온다 하더니, 제 말마따나 귀엽게 구네. 67세의 할미이긴 해도 우리 새끼임에는 분명하다. 딸의 아양에 처음에는 영감이 싫지 않은 듯 웃더니, "도대체 댁은 뉘신대 나한테 이러시오?" 하고 묻는다.

"아부지!"

수연은 모처럼 동업자의 양해로 일주일 휴가를 얻어 부산에서 힘든 걸음을 했다. 지금까지 하나뿐인 딸을 알아보았는데 이제는 이 모양이라 나는 어이가 없어 혀를 찬다,

"엄마, 아부지가 왜 이래?"

"이제는 딸도 몰라보네. 기가 찬다."

점심 후, 수연이 두류공원에 바람 쐬러 가자고 성화하며 이 기사와 같이 나를 차에 태운다. 차 타고 다니는 것은 좋으나, 휠체어에 무거운 나를 태워 자동차에 올렸다 내렸다 하는 번거로움을 생각하면 어디 가자고 쉬이 말할 수 없으나, 오늘은 딸이 왔으니 집 밖으로 나갈 평계가 생긴 것이다.

문 밖을 나서니 이렇게 좋구나. 새로 지은 지하철은 승강기가 곳곳에 설치되어 승객들을 실어 오르락내리락 한다. 지하철은 어떻게 생겼을까? 나도 그걸 한번 타 봤으면…….

우리는 어느덧 두류공원에 왔다. 차 타고 이 근처를 지나가기는 했어도 이렇게 공원에 들어와 보기는 처음이다. 옛날에는 공원도 없었고 좀 후미졌던 곳이었는데 이 부근이 많이 발전했구나.

"세상이 하루하루 달라지네."

"거봐, 엄마. 나오니까 좋지? 여기 문화시설도 잘 되어 있어. 큰 극장도 있고 연극공연도 해요. 저쪽에 있는 인물동산으로 가요. 거기 가면 대구가 낳은 시인 이상화의 동상이 있어."

"니는 여기 살지도 않으면서 어떻게 그걸 다 아노?"

"인터넷에 다 나와 있어, 엄마."

딸이 휠체어를 자신이 밀겠다고 해서 박기사는 좀 떨어져 걷고, 우리 둘만 있으니 오붓하다. 바람이 시원하여 속까지 후련하구나. 아, 이토록 넓은 곳에 와 본 것이 얼마 만인가? 오월의 신록, 플라타너스 잎이 싱그럽구나. 전지한 나무에 새 줄기가 나오고 아기 손만 한 잎들이 다투어 올라온다. 나이는 구십이지만, 내 마음은 청춘, 새잎이 돋는 것을 보니 마치 나 자신도 재봉춘 하는 것 같다.

그러나 이러한 즐거움은 잠깐, 오솔길이 고르지 않아 딸이 휠체어를 끄는데 힘이 드는 것 같다. 밤낮없이 찜질방에 매달려 입장료 받고 수건과 가운을 고객에게 챙겨주며 더러운 수건을 세탁기에 돌리고 개키면서 자랄 때 하지 않던 진일 마른일 다 해야 하는 내 딸에게 휠체어를 끌게 하다니!

내 몸이 이렇게 되기 전, 부산에 가서 딸이 사는 모습을 보고 돌아오는 기차 안에서 얼마나 울었던가! 하루 세끼 밥 먹는 것이 그렇게도 고달픈 이 아이, 그 무거운 짐을 내가 대신 져줄 수가 있다면 얼마든지 하련만. 옛날 쌍둥이가 어렸을 때는 매달 보태주었으나 좀 살 만하니까 수연이 받지 않겠다고 했다. 우리가 돈을 줄 테니 동업하지 말고, 사람을 고용하여 혼자 사업하면 어떠냐고 했더니 몸으로 때우는 사업이라 직접 하지 않으면 밑지며 또 혼자 경영하기가 벅차다고 했다.

나의 어두운 마음을 모르는 수연은 어느 동상 앞에 휠체어를 세운다. 사십 대의 잘생긴 남자가 두루마기를 입고 앉아 있는 모습이다. "엄마, 이게 대구가 낳은 시인 이상화의 동상이야. '빼앗긴 들에도 봄은 오는가?'를 쓴 분."

"점잖게 생겼네."

"사진을 보면 인물이 아주 좋았어요. 사십 삼세로 해방 직전에 대구에서 죽었어. 이게 그 시의 첫 구절이야. 읽어봐요. ”

나는 딸과 같이 화강암에 새겨진 글을 천천히 소리 내어 읽는다.

“지금은 남의 땅, 빼앗긴 들에도 봄은 오는가?
나는 온몸에 햇살을 받고,
푸른 하늘 푸른 들이 맞붙은 곳으로,
가르마 같은 논길을 따라 꿈속을 가듯 걸어만 간다.”

“엄마, 일제에 빼앗긴 이 강산을 읊은 시, 우리 집에서 가까운 수성 들판이 이 시의 현장이래.”

수연이 그 다음 구절부터 스마트 폰으로 찾아 그 시를 낭송하기 시작한다. 내가 눈을 감고 조용히 듣는 동안 아래 구절이 내 가슴에 와 닿는다.

“내 손에 호미를 쥐여 다오.
살찐 젖가슴과 같은 부드러운 이 흙을
발목이 시도록 밟아도 보고, 좋은 땀조차 흘리고 싶다.”

나도 수성 들판에 가서 논길을 따라 한없이 걸어가고 싶다. 또 부드러운 흙을 발목이 시도록 밟으며 땀을 흘리고 싶다.

수연은 낭송을 마치고 그 잘생긴 동상의 얼굴을 쓰다듬고 또 시 구절이 새겨진 비문도 어루만진다. 문학을 하면 밥 못먹는다고 이과를 가라고 권했으나 제 고집대로 불문과를 갔다. 졸업 후 일자리가 마땅치 않았다. 차라리 영문과를 갔으면 고등학교 영어 선생이라도 하련만. 글을 쓴다더니 그것도 마음대로 안 되는지 신춘문예에 낙방만 거듭했다. 누구를 탓하랴? 제가 원한 대로 문과를 했고, 원하던 남자와 결혼했다. 온실의 화초처럼 살기를 거부하고 온몸으로 부딪히며 살아온 수연이, 세상에 나서 되던 안 되든 하고 싶은 대로 했다. 그러나 비문을 어루만지며 울먹거리는 모습을 보니 딸이 이루지 못한 꿈, 그 슬픔을 목격하니 내 가슴이 미어진다. 딸 때문에 속 썩는 것은 달리 방법이 없으니 그저 묵묵히 받아 드릴 수밖에 없다.

게다가 나는 이 휠체어가 웬 말인가? 이제까지 무심코 살아왔으나 몸이 이렇게 되고 나서야 몸이 자유로운 것이 얼마나 소중한가를 알겠다. 시인 이상화는 '빼앗긴 들에도 봄은 오는가?'하고 절규했다. 일거수일투족 작은 동작 하나하나를 남의 손에 의존해야 하는 나도 '빼앗긴 몸에도 봄은 오는가?' 하고 탄식한다.

다음날 70주년 결혼기념일을 축하한다고 수연이 가까운 친척들을 점심에 초대했다. 자주 놀러 와서 말동무 해주는 시누이와 재종 시누이, 또 심심치 않게 드나드는 동서, 종 동서 모두 모였다. 미리 주문한 생선회가 12시에 도착했고, 선이의 솜씨로 내가 좋아하는 냉채, 고추 전, 부추 전, 떡 벌어지는 점심상이다. 신선한 재료를 써서 금방 준비한 음식들이라 풍미가 있어 모두 맛있게 먹고 영감도 기분이 좋은지 밥그릇을 비운다.

식사 후 여흥이 시작되었다. 나는 침상에서 일어나 앉고, 영감은 침상 옆 소파에 앉아 있다. 선이도 땀을 씻고 말끔하게 옷 갈아입고 거실 마루에 앉는다. 수연이 제일 먼저 거실 한복판으로 나온다. 예닐곱 명 앉혀놓고 마치 육칠백 명 청중이 모인 것처럼 점잖게 시작한다.

"이 화창한 오월, 아버지, 어머니의 결혼기념일에 와주신 내빈 여러분, 대단히 감사합니다. 지난 70년은 참으로 다사다난한 세월이었습니다. 결혼하신 해는 1936년. 일제 강점 시, 내 땅 내 나라에 살면서 일본인에게 구박받으며 어렵게 살았지요. 그리고 1941년, 일본이 제2차 세계대전을 시작하여 죄 없는 우리 국민도 할 수 없이 그 전쟁에 휘말려 고통을 받았지요. 그리고 8·15광복, 남북 분단, 6·25동란, 또 5·16 군사혁명……. 힘든 시절에 부모 섬기시고, 동생들을 공부시켰지요. 당신의 자녀 삼 남매를 잘 기르셨습니다. 저는 맏딸이며 찜질방 사장이고," 하며 눈을 찡긋한다. "남동생은 서울서 보일러 회사 사장인데 진짜 사장입니다. 그리고 우리 막내는 의사이지요. 아버지, 어머니 우리를 잘 길러 주셔서 감사합니다."

수연은 옆에 앉은 영감의 손을 끌어다 내 손 위에 얹고는 그의 굵은 목소리를 흉내 내어 말한다. "여보, 지금까지 수고했소. 고맙소. 다시 태어나도 당신만을 사랑하겠소."

젊었을 때 한 번도 남편에게서 사랑한다는 말을 들어 본 적이 없었다. 우리 시대에는 그런 말을 하는 법이 아니어서 기대하지도 않았으나 딸이 이렇게 대신해서 말해 주는구나.

우리 내외가 대구로 살림나기 전 시골에 살 때였다. 어느 추운 겨울날, 동네 여자들과 같이 삶은 빨래를 머리에 이고 강가로 갔는데 강물이 꽁꽁 얼었다. 남편이 몰래 뒤따라 와서 얼음을 깨주었다. 내가 시어른의 흰 광목 바지를 얼음물에 헹구는 있는 모습을 물끄러미 바라보며 자기도 같이 손이 시린 듯 이마를 찡그리던 모습을 잊을 수가 없다.

행복이란 무엇인가? 행복과 불행은 마음먹기에 달린 것, 없는 것을 생각하고 연연해하기보다는 내게 주어진 것을 고마워하자. 자녀 셋, 손주가 여섯, 증손 셋을 주셨으니 고맙다. 혼자 고생하며 살아가는 딸을 생각하면 가슴이 아프지만, 나는 이제 다 두고 떠나야 한다. 잊어버리자.

다음에는 재종 시누이가 대청 가운데로 나온다. 올해 77세로 머리가 새하얗다. 놋숟가락을 마이크로 삼고 눈을 지그시 감으며 점잖게 연설을 시작하려 한다. 우스개를 시작하기도 전에 자기가 먼저 웃는 사람이 있지만, 이 재종 시누이는 시침을 뚝 떼고 그 심각한 얼굴이 놋숟가락 마이크와 대조를 이루어 아직 입도 벙긋하지 않았는데, 선이는 벌써 마루에 떼굴떼굴 구르며 웃는다. 딴 사람들도 깔깔거리고 나도 오랜만에 한바탕 웃어본다.

"우리 형님이 신행 오던 날, 나는 일곱 살이었습니다. 아침부터 우리 동네 입구에 있는 큰 솔밭 아름드리 소나무 밑에서 기다렸지요. 기다리다 지칠 때쯤 되었는데 꽃 가마 한 대가 들어오고 또 함이 여러 개 나귀에 실려 왔지요. 가마 속에 앉은 연지 찍고 분 바른 새색시도 몰래 들여다보았지요. 그때 우리 형님 참말 인물 좋았습니다. 그날 가마 따라가서 떡도 실컷 얻어먹고. 이 일곱 살짜리에게 횡재가 터진 날이었지요. 그걸 평생 잊지 않고 있으니 어릴 때 기억이라 그런가 보지요.

결혼 70주년을 기념하려 우리 모두를 초청해 주셔서 감사합니다. 오빠, 형님 축하합니다."

그리고 우리 두 사람을 향해 넙죽 절을 한다. 영감은 절을 받아 기분이 좋은지 다른 사람과 같이 손뼉을 친다.

막내 시누이가 나와서 '날 좀 보소'를 부른다. 여러 동기 중에 단 하나 살아남은 동생이다. 재종 시누이와 동갑이라 77세이며 둘은 같이 자라 같이 늙어간다. 선이가 흥이 나서 덩실덩실 어깨춤을 추며 거실 한가운데로 나와 놋숟가락을 마이크 삼아 '노들강변의 봄 버들'을 시작한다. 영감도 큰 소리로 따라 부른다.

수연이가 작은 소리로 묻는다. "엄마, 괜찮아? 허리 안 아파? 누울래요?"

"괜찮다. 웃느라 허리 아픈 거 다 잊어버렸다. 앉아 있을게."

"그런데 엄마, 신기하다. 아부지가 노들강변 가사를 하나도 빠짐없이 다 아시네. 나도 가사를 잊어버렸는데……. 이럴 때는 정신이 맑으신 걸까? 이제 나를 알아보실까?"

합창이 끝나자 수연이 묻는다. "아부지 제가 누굽니까?"

"내 딸이지."

"맞아요. 맞아요."

모두 그의 대답이 신통하여 손뼉을 치며 좋아한다.

"아부지, 딸 이름이 뭐지요?"

"몰라."

"가만히 생각해보세요."

영감은 얼굴을 찡그리며 짜증을 낸다. "댁은 누군데, 우리 집에 와서 이렇게 귀찮게 구시오?"

"아부지! 잘 나가시더니……."

영감은 그 말을 들은 체도 않고 소파에서 힘들게 일어나더니 부축도 받지 않고 천천히 자기 방으로 들어간다. 조금 후 거실로 다시 주춤주춤 걸어 나오는데 보니 모자를 쓰고 점 퍼를 입은 외출복 차림이다.

"서울로 출장 가야 한다. 이 기사, 동 대구역으로 가자."

"여보, 정신 좀 차리소. 하루 이틀도 아이고 이게 뭐요?"

나도 모르게 음성이 높아진다. 만만한 게 영감이다. 도와 주는 사람들이 짜증 내지 않고 참고 있으니 그들을 대변해서 내가 화를 내게 된다. 영감은 저렇지, 나는 이렇지, 얼마 동안 이나 이러고 살아야 하나?

이 기사는 여자들이 노는 동안 흥을 깨지 않게 문간방에 서 혼자 텔레비전을 보고 있다가 옥신각신하는 소리를 듣고 쫓아 나와 영감을 달랜다. "사장님, 서울 가는 기차는 한 시간 후에 떠나요. 제가 기다렸다가 말씀 드릴게요."

"그래?"하고 영감은 모자를 쓴 채 나의 침상 옆에 있는 소 파로 다시 와서 앉는다.

그의 희미한 눈망울과 어리둥절한 표정을 바라보며 나는 눈을 흘긴다. 그러나 영감에게 화를 내면 뭘 하나? 친척들이 재미있게 노는 동안 나는 옛날의 그를 생각해 본다.

그의 한창 시절, 기름보일러 사업을 할 때였다. 초창기에 는 기술자를 써서 보일러 시공 및 수리를 했다. 영감이 사업 하는 쪽이라 기술 방면에는 어두워, 기술자들이 들락날락하 고 말썽을 일으킬 때는 어려웠지만, 그는 결단성 있게 일을 처리했고 끈기와 인품 덕택에 사업이 계속되었다. 지금 우리 회사는 시공과 수리부문을 그만두고 보일러 제조 사업으로 전환했으며 서울에 본부를 두고 큰아들이 경영하고 있다. 그 리고 영감은 팔십이 될 때까지 우리 회사 대구 사무실에서 일했다.

　남편의 일생을 말하자면 맏아들의 도리가 그에겐 가장 중요한 의무였다. 우리 시어른은 자신이 손수 농사를 짓지 못하니 큰 머슴과 작은 머슴을 두었다. 일 년 동안 농사지어 봐야 머슴들 새경 주고 경비 제하고 나면 식구들 먹을 양식이 겨우 남을 정도여서 현금이 항상 궁했다.

　그래서 계모가 낳은 동생들을 대구에 데리고 와서 공부시키는 것은 우리의 책임이었다. 또 시어른이 연만하여 농사 관리를 못하게 되었을 때는 물론 우리가 두 분을 모셨다.

　영감은 겨우 열한 살 연상인 계모에게 아침에 일어나면 "어매, 안녕히 주무시었소?"하고 방문 앞에서 깍듯이 문안 드렸다. 저녁에 퇴근하면 제일 먼저 그 방부터 찾았다. "어매, 하루 잘 보내셨소?"

　계모는 자신이 낳은 아들이 있었지만, 우리가 맏이이니까 아버님이 돌아가신 후에도 우리가 모셨다. 그 분은 남편 임종 때 당부한 말을 항상 명심했다. "지 아들이라고 거기 가서 살지 말고 큰아들하고 살아. 이 자식, 저 자식 떠돌아다니면 아무도 책임 안 져."

　수연이 온 지 일주일이 지났다. 내일은 나의 생일이다. 큰아들 내외가 아침에 고속열차를 타고 온다고 전화했다. 세월이 좋아, 서울에 있는 아들이 고속 열차를 타면 한 시간 50분만에 나를 보러 올 수 있다. 옛날에 영감이 사업 때문에 서울 갈 때 무궁화 호를 타면 다섯 시간이나 걸렸다. 그 후 새마을 호가 나와 세 시간 만에 갈 수 있어 신기했는데, 이젠 두 시간 미만의 거리가 되었다. 늙은이들이 이 좋은 세상을 두고 갈 수 없어 죽지 않는다고 하더니 그 말이 맞나 보다. 그러고 보니 나는 이 세상에 미련이 많은 사람이구나.

바깥에서 큰아들의 목소리가 들린다. 영감은 거실 소파에 앉아 있고, 나는 누워 있다가 일어나 앉으며 키 크고 잘 생긴 내 아들이 들어오는 것을 쳐다본다. 옛날에 수연이 불평했다. "엄마 눈에는 아들밖에 안 보이지? 딸이야 있으나 마나."

그 애가 불평하는 것도 일리가 있다. 미안하지만 그게 사실이다.

큰아들은 거실 바닥에 앉아 소파에 앉은 부친을 마주 보며 손을 잡는다. "아부지, 오늘 기분이 어떻습니까?"

"오냐, 니 왔나?'

영감은 아들의 팔을 가만히 쓰다듬고 그의 얼굴도 사랑스러운 듯 어루만진다. 눈, 코, 귀, 그리고 볼. 몇 분 전까지만 해도 희미하던 그의 눈은 기쁨에 차고 창백하던 얼굴에 홍조가 떠오른다. 큰아들을 알아보는 것이 역력하다. 영감이 죽는 날까지 이 애만은 잊지 말아야 할 텐데. 환갑 진갑 다 지난 아들은 천진한 어린아이같이 부친의 손에 제 얼굴을 맡기고 앉아 있다.

"아버지가 보고 싶어 왔어요. 또 내일이 엄마 생신이고."

"그래? 내일이 엄마 생일이라?"

수연은 아버지와 동생을 번갈아 보며 놀란다. "아부지가 아들을 알아보시네."

수연이 일주일 머무는 동안 영감이 딱 한번 딸을 알아보는 듯 하다가 말았다. 70년 전의 일은 기억하면서, 5분 전의 일을 기억하지 못하는 영감, 오래된 것을 더 잘 기억하는 이론대로 하자면, 수연이 맏이이니 당연히 그 애를 알아봐야 하지 않는가?

자랄 때 딸과 아들을 차별한다고 불평할 때마다 "사람 차별하는 것이 얼마나 무서운 건지 엄마는 알아요?"하고 대들던 수연이다. 이걸로 마음이 몹시 상할 것이다.

수연은 아버지의 얼굴을 그윽이 바라보며 말한다. "나보다 더 자주 찾아 오니까 저 애를 기억하시는가?"

'쯧쯧, 불쌍한 것, 기억하지 못하는 것을 제 탓으로 돌리는구나. 차라리 아버지에게 화를 벌컥 내고 잊어버릴 수 있다면 제 마음이 편할 텐데…….'

오후에 막내아들 내외가 서울서 왔지만, 영감은 그렇게 사랑하던 막내를 알아보지 못한다.

간밤에 영감이 잠을 자지 않고 들락거리더니 새벽녘에야 겨우 잠이 들었다. 딴 식구들이 일어나기 전, 밤에 오는 간병사의 도움으로 나는 휠 제어를 타고 화장실에 가서 용무를 보고 세수한 후 거실로 나온다.

창문 밖엔 모란꽃 두 송이가 새로 피어 아침 햇볕아래 환하게 웃고 있다. 영리한 간병사가 이것을 무심코 지나칠 리가 없다.

"오늘 어무이 생신 날이라고 모란이 새로 두 송이 피었네요. 흰 송이, 붉은 송이 한 쌍이 피어서 어무이 생신을 축하하네요. 좀 더 많이 피었으면 좋으련만. 일주일 전 결혼기념일에는 여러 송이 피었는데."

"피기 시작한 지 벌써 여러 날이 지났으니 그렇지."

나처럼 이제 한물갔다고 하려다가 그만둔다. 아침부터 그런 말은 해서 뭘 하랴? 더군다나 나의 생일인데.

이 층에서 아이들이 일어나는 기척이 나더니 잠시 후 층계를 내려오는 소리가 들린다. 삼 남매가 제가끔 내 생일을 축하하고 돈 봉투를 준다. 거동이 불편한 두 노인이 있으니 사람을 고용해야 하고 생활비가 많이 들어간다. 우리 아이들이 주는 봉투는 요긴하게 쓰이며 우리를 도와주는 사람들에게 인심도 쓴다.

며느리와 선이가 미역국, 잡채, 생선회, 조기 구이 등이 놓인 아침상을 들고 온다. 나는 맛있게 아침을 먹으며 아이들의 얼굴을 찬찬히 바라본다. 앞으로 몇 번 더 내 아이들과 같이 생일을 맞이할까? 이번이 혹시 마지막은 아닌가? 내 나이 구십이니 언제 가도 억울할 것은 없지만, 영감을 먼저 보내야 한다.

오후에 수연이 제일 먼저 떠난다. 일주일 이상 딸과 같이 보냈지만, 나는 아직도 미진하다. 바쁜 수연이가 언제 다시 나를 보러 올 수 있을까? 자주 못 보는 자식이라, '자식 고프다.'라는 말이 바로 나와 수연을 두고 하는 말 같다. 그 따위 찜질방 때려치우라 하고 싶으나 그것은 수연의 중요한 생계수단이다. 자립정신을 모욕하는 것과 같으니 어찌 감히 그럴수가 있으랴.

"아부지, 안녕히 계세요. 저는 우리 집에 가요. 제가 누군지 아시겠어요? 수연입니다."

그는 눈을 가늘게 뜨고 한참 생각하더니, "그래? 내 딸 이름도 수연인데……."한다.

사랑하는 딸의 이름이 머리에 떠오른 듯 얼굴이 환해지고 행복한 웃음이 넘친다. 이어졌다 끊어졌다 깜빡깜빡 하는 그의 기억력, 눈앞에 있는 사람이 누군지는 모르겠으나 자기 딸 이름이 수연이라는 것만은 안다.

수연의 눈에 눈물이 고이고 나는 이 순간에 보여준 우리 영감의 행복이 고맙다. 딸의 가난, 그 순탄하지 못한 인생, 그리고 또 나의 신체적인 부자유는 내가 가지지 못한 것에 대한 한이다. 거기서 헤어나지 못하고 꿀단지에 빠진 파리같이 허덕이기보다는 보석과도 같은 이 순간의 행복을 누리자.

그날 밤, 나는 가슴이 찢어지는 듯한 통증으로 잠이 깨었다. 벽시계가 흔들흔들 하는 듯해서 확실치는 않으나 세 시쯤 된 것 같다. 날이 밝자면 아직도 몇 시간 더 기다려야 한다. 우리 아이들은 밀물처럼 왔다가 썰물처럼 다 떠났다. 어제 마지막으로 큰아들이 떠날 때는 왜 그렇게 눈물이 나던 지……. 마치 그 애를 다시 보지 못 볼 것처럼. 내가 왜 그랬을까? 주책없이.

영감이 있는 안방은 조용하다. 나는 건넛방에 병원침대를 갖다 놓고 기거한다. 밤에 오는 간병사는 장롱에 기대어 깊은 잠이 들어있다. 가슴이 왜 이토록 미어지는 것 같이 아플까? 숨이 차고 식은땀이 흐른다. 구역질이 난다. 일어나고 싶은데 일어날 수가 없다. 왼쪽 가슴이 찢어지는 듯 하는구나. 심장이 거기 있지? 혹시 이게 바로 심장마비라는 것일까? 내 친구가 그렇게 죽었다. 무섭구나. 숨이 가쁘다.

간병사를 깨우고자 나는 손을 내어 젓는다. "봐라, 좀 일어나라. 가슴이 답답하구나. 여기 좀 오너라." 목에서 소리가 나오지 않는다.

통증이 이젠 왼쪽 어깨와 팔로 뻗친다. 이 고통이 얼마나

해로 185

계속될까? 벽시계가 두 개로 보인다. 작은 침이 이제 4시를 가리키는 것 같다. 이 시각에 내가 혼자 죽는가? 영감을 먼저 보내야 하는데…….

흰 레이스 커튼 뒤 창문 바깥에 검은 물체가 왔다 갔다 한다. 저승자사인가? 영감 때문에 이런 몸으로 내가 지금까지 버티어 왔잖아?

내가 없으면 우리 영감이 어떻게 되나?

우리의 결혼사진이 희미하게 눈에 들어온다. 몇 년 전에 수연이가 오래된 사진 앨범에서 끄집어내어 경대 앞에 둔 것이다. 70년 전 시골 잔치에 사진사를 초빙한다는 것은 참으로 어려운 일이었지만, 우리 아버지는 맏딸 혼사라 온갖 힘을 다하셨다. 붓글씨가 쓰인 병풍을 배경으로 신랑 신부가 나란히 서 있다. 신부는 초록색 저고리와 다홍치마를 입었고 신랑은 검은 세루 두루마기를 입었다. 흑백사진이지만 그때 그 영롱한 색깔들이 내 기억 속에 생생하게 살아 있다.

영감은 21살, 나는 20살, 만혼이라 수군거렸지. 70년이 잠깐이구나. 저토록 정신 없는 사람을 두고 가야 하다니. 내가 떠난 후 영감이 내가 없는 것을 알기나 할까? 원래 말이 없는 사람이었다. 얼마나 허전할까?

가슴이 찢어지는 것 같네. 숨이 가쁘다. 정신이 가물가물해 오는구나. 내가 이렇게 가는구나. 우리 영감을 어떻게 하나?

바람 소리

간 밤에 멧돼지가 내려와 내 무덤을 파헤쳤다. 이놈들은 송곳니가 아래위로 날카롭게 치솟아, 옛날에 내가 기르던 집돼지보다 훨씬 더 사납게 생겼다. 그 기다란 주둥이로 내 무덤 옆구리를 들쑤셔 한 자나 파놓았다. 감자라도 묻혀있는가 하고 열심히 팠다가 별것이 없으니까 씩씩거리며 뒷산으로 올라가버렸다. 이놈들의 행패는 이번이 처음이 아니라 내 자손들이 골치를 앓고 있다.

나는 경북 칠곡군 왜관읍 매원리에서 자라 저 언덕 아래 무덤실로 시집왔다. 나의 택호는 매원댁이었다. 매원은 하회, 경주, 양동과 함께 조선 시대 영남 3대 양반 촌으로 알려진 곳이었다. 나는 어릴 때부터 범절을 배우고 한학을 공부했으며 한일 합방이 되던 1910년에 죽어 이 언덕에 묻혔다.

그 해 환갑을 갓 넘긴 나는 조선의 운명이 일본의 손으로 넘어가는 것을 보고 우리 후손의 장래를 걱정하며 세상을 하직했다. 그 후 일제 36년, 광복, 6·25 전쟁, 그 폐허 위에 일으킨 한국의 경제부흥, 그리고 컴퓨터와 인터넷 시대를 거치며 지난 백 년간 내 자손의 흥망성쇠를 내려다보고 있다.

동트는 새벽, 희부연 여명 아래 저 밑으로 화복 평야가 넓게 펼쳐진다. 누렇게 익은 벼를 이미 추수했고 논바닥에는 벼

188

그루터기만 남았다. 언덕 밑에 있는 저 무덤실에 시집와서 나는 평생을 그 동네에서 살았다. 우리 아이들이 앞 강에서 그물로 은어를 잡던 시절이 어제 같구나. 은어는 맑은 물을 좋아하여 오염된 하천에선 살지 못하니 우리 앞 강은 그만큼 깨끗했다. 어른 손으로 한 뼘 이상 되는 놈을 잡아오곤 했는데 구워서 먹으면 육질이 부드럽고 고소하여 입안에서 살살 녹았다. 아들 셋과 딸 하나를 기른 사랑의 보금자리, 우리 집이 저기 보인다. 선대로부터 내려온 유서 깊은 저 기와집, 참으로 평화롭고 아름답던 마을이었다.

마을 앞 그 좋은 경치를 꽉 막고 있는 저것은 무엇인가? 강 위에 까마득하게 높이 만들어놓은 다리와 그것을 받치는 시멘트 교각이구나. 그 다리 위에 미친 듯 휙휙 지나가는 저것은 또 무엇인가? 소위 자동차란다. 심산유곡 그 아름답던 풍광은 간 곳이 없고 우리 마을이 폭삭 내려앉아버렸다.

게다가 하류를 막아 댐을 건설하느라 지난 7년 동안 중장비의 소음이 끊이지 않았다. 지금도 크레인 한 대가 자갈밭에 멈추어 있다. 오는 12월에 댐이 완성되면 저 밑에 있는 우리 집과 내가 푸성귀를 따라 다니던 텃밭은 물론, 온 동네가 물속에 잠길 것이다.

내가 묻힌 이 자리는 다행히 언덕 위에 있으니 물에 잠기지는 않을 것이다. 내 후손 중에는 출세한 아이들이 몇 있다. 내 묏자리가 명당이기 때문이라고 한다. 내 중손자(曾孫子)는 상공부 장관까지 했다. 자손들이 내 무덤을 자주 찾는 이유는 저희들이 잘 되려고 그러는 거다.

이제 한낮이다. 높고 푸른 하늘에 흰 구름이 지나 가고 언덕에는 갈대꽃이 흐드러지게 피어 바람에 일렁인다. 성묘하기에 참으로 좋은 절기로구나. 그러지 않아도 오늘이 주말이라 아침에 사람들이 벌써 성묘하고 내려가는 것을 보았다.

밑에서 두런두런 말소리가 들린다. 아니나 다를까. 내 피붙이들이 올라오는구나. 나의 증손자들이다. 맨 앞에 녀석은 둘째 아들의 손자 영로이구나. 딴 자손들은 다 도시로 나가 사는데 영로만 이 마을을 지키고 있다. 우직하고 외골수였던 내 둘째 아들이 제 할아비라 이 아이도 융통성이 없구나. 마을이 물에 잠기면 어디 가서 살려고 하는가?

다음에 보이는 놈은 누군가? 가만히 보자. 대구에 사는 셋째 아들의 손자로구나. 그리고 저건 누군가? 좀처럼 오지 않던 우리 외딸의 손자까지 오네. 아이들이 멀리 살다 보니 참으로 오랜만에 본다. 성묘도 할 겸 마을이 물에 잠기기 전에 마지막으로 한 번 더 고향 마을을 보려고 한 집에서 하나씩 대표로 오는구나. 나의 증손들이니 이 아이들의 촌수가 벌써 6촌간이다. 멀리 떨어져 살아도 서로 연락하며 사나 보다. 내가 "아이들" 또는 "이 녀석"이라고 하지만, 사실은 나의 증손자들이 이젠 백발이 성성한 칠십 객들이다.

그들 보다 훨씬 뒤에 누가 갈대를 헤치며 올라오는 것이 보인다. 가만히 보자. 누구인가? 우리 성호로구나. 내 맏아들의 손자가 최근에 세상을 하직했는데 생전에 상공부 장관을 지냈다. 죽은 아비를 대신하여 그 아들이 오는구나.

그러면 그렇지. 우리 성호가 안 올 리 없지. 이 아이는 한 대를 더 내려가 나에겐 고손자(高孫子)가 된다. 항렬이 낮고 또 나이도 몇 살 아래이니 아제들을 대신하여 무거운 보따리를 혼자 들고 오느라 늦게 오는구나.

성묘에 쓸 제물을 혼자 들고 오는 저 착한 놈, 우리 집안의 종손이라 서울에 살아도 잊지 않고 나를 자주 찾아온다. 이 녀석조차 이젠 이마가 벗어지고 몇 달 사이에 머리카락이 허옇게 되었구나. 고민이라도 있는 것 같다. 저 애가 왜 저 모양이 되었는지 좀 짐작이 가는 데 그건 차차 설명하겠다.

둘째의 손자 영로가 제일 먼저 내 무덤으로 올라온다. 이 마을을 지키고 있는 까닭에 자주 내 뜰을 찾아온다. 기특하구나. 내 무덤이 파헤쳐진 것을 보고 깜짝 놀라 소리 지른다.

"산돼지가 할매 산소에 또 저지레를 했구나. 몇 달 전에 보수했는데. 이거, 원, 무슨 조처를 해야지!"

다른 녀석들도 뒤따라 올라와 구덩이를 내려다보며 혀를 끌끌 찬다. 마지막으로 성호도 올라와서 제물 보따리를 내려 놓고 같이 내려다보며 중얼거린다. "이놈들이……."

옆구리가 파헤쳐진 내 무덤 상석 위에 가져온 술과 떡, 과일 등을 진설하고 모두 나란히 서서 내게 절을 한다. 하나같이 귀한 내 새끼들, 나에게 두 번 절하고 술을 올린다. 그리곤 모두 돗자리에 앉아 정겨운 음복을 시작한다. 환갑 진갑 다 지난 성호이지만 칠십 객 아제들을 위해 부지런히 사과와 배를 깎는다.

시골에 살아 소문을 듣지 못했는가? 영로가 눈치 없이 묻는다. "성호야, 니 아들 잘 있나? 그 애를 못 본 지가 한참 되네."

"아제요, 면목 없심더. 유진은 우리 집안 종손인데 아부지 돌아가셨을 때도 못 오고."

"바쁜 세상에 조상만 위하면서 살 수 있나? 우리는 늙은 이라 이러고 있지만. 그 애가 벌써 서른이 넘었제?"

성호는 아들 이야기를 피하고 싶은 눈치이나 사실대로 말한다. "예, 서른셋입니다. 부끄럽습니다. 지난 일 년 동안 부자간에 소식 끊고 살았습니다. 미국 여자와 결혼하겠다고 해서 그만⋯⋯."

"그래?" 영로는 놀라면서도 조심스럽게 말한다. "잘 달래봐라. 아무리 요새 세상이라 해도 우리 박씨 집안의 종손이 그럴 수는 없지. 원래 순한 아이다. 결국은 니 말을 들을 끼다."

성호가 공손히 말한다. "그러지 않아도 우리 내외가 곧 미국에 다녀올 예정입니다."

서울과 대구서 온 아이들은 입을 다물고 듣고만 있다. 유진은 미국의 명문, 존스 합킨즈 의과대학을 나와 한때는 집안의 자랑이었다. 그러다가 아이 딸린 백인 간호사와 결혼하겠다고 선언해서 집안에서 난리가 난 것을 알 만한 사람은 다 안다.

남의 말 좋아하는 사람들은 성호 아비가 그 때문에 화병으로 죽었다고 했다. 상공부장관까지 지내며 이 세상의 영화는 다 누렸지만, 맏손자 일만은 마음대로 되지 않았다. 머리가 좋아 명문학교에 척척 들어갔으며 성정이 온순하고 말썽을 부리지 않아 기대가 컸다. 한 때는 이 종손이 문중의 큰 자랑이었다.

일주일 후, 성호 내외가 탄 비행기가 인천에서 출발하여 워싱턴 덜레스 공항으로 향했다. 물론 나도 동행한다. 나야 뭐, 하늘을 날아다니는 혼령이니 어딘들 못 가랴. 이 비행기는 한꺼번에 수백 명을 싣고 나른단다. 한국 사람들이 코쟁이네 나라를 내 집 드나들듯 하는구나.

들자 하니 한국사람 중에는 간혹 영어발음을 잘못하여 워싱턴 근교의 이 덜레스공항으로 가야 할 사람이 "달라스" 공항이라 잘못 발음하여 난데없이 텍사스 주에 있는 달라스 공항에 내렸다고 한다. 성호 댁이 똑똑하여 우리는 그런 일이 없을 것이다.

성호댁은 한때 유진이 교육 때문에 미국에 마실 가듯 자주 갔다. 요즘 흔히 '기러기 아빠'라고 하는데 성호는 그런 유행어가 생기기도 전에 벌써 홀아비 생활을 오래 했다. 어린아이를 혼자 미국에 떼놓고 올 수 없어 남편이 현대건설에 근무하는 동안 성호댁은 학군이 좋다는 메릴랜드 주(洲) 락빌에 아파트를 얻어 딴살림을 차렸다. 할아버지가 장관으로 날릴 때라 조기유학에 대한 정보가 빨랐다. 유진이 대학 다닐 때도 성호댁이 왔다 갔다 하느라 10년 이상 내외가 떨어져 살았다.

비행기가 지구에서 가장 넓다는 태평양 상공을 날고 있는 동안 성호 내외는 기내 점심으로 비빔밥을 먹고 있다. 성호는 고조모(高祖母)인 나를 닮아 살결이 희고 어질게 생겼으며 성호댁은 얼굴이 가무잡잡하고 생김새가 날카롭다. 외아들과 일 년이나 의절하다시피 살아온 탓인지 두 사람의 얼굴엔 수심이 가득하다.

아니나 다를까? 성호댁이 아들 이야기를 한다. "품 안에 있을 때 자식이라고 하더니 그 뜻을 이제야 알겠네. 유진과 이렇게 되고 보니 후회되는 것이 많아요. 우리가 아이 공부에만 너무 치중했어. 아버지와는 물론 조부모와도 떨어져 오랫동안 그리워만 했으니 그 세월이 아까워."

"가족들의 사랑 속에 아이를 가르치고 싶었는데. 이놈이 미국에서 혼자 자라서 우리한테 저토록 무심한가? 우리가 인성교육을 무시했나?"

"친구도 못 사귀었어요. 어쩌다가 친구 집에 초대받아 가보면 아름다운 정원도 있고 집도 잘 장식해놓고 살 더래요. 그때만 해도 달러가 강세라, 마음 놓고 돈을 쓸 수 없었다오. 제대로 된 가구도 없이 텅 빈 아파트에 살았으니 창피해서 친구 초대도 못 했어요."

"방학 때 유진이 와서 하던 말이 생각나네. 우리가 한강맨션에 살 때였지. '아빠, 한국서는 부자들이 아파트에 사는데 미국에서는 반대로 가난한 사람들이 아파트에 살아요.' 하던 말."

내외가 쓸쓸히 웃는다.

"나와 유진이가 옛날에 살던 아파트 위치를 인터넷으로 조사해보니 유진의 직장과 살고 있는 집 사이에 있어요. 그래서 당장 그 아파트 사무실에 전화했지요. 마침 원룸 빈 것이 있다면서 우리가 한 달 가량 있어도 좋데요."

"그래, 잘 됐네. 넉넉잡고 한 달은 있어야 하지. 된장찌개도 못 해먹는 호텔에 있을 수도 없고.."

"당분간 거기 있으면서 그 애 눈치를 보며 달래 봐요."

우리는 미국 현지 시각으로 화요일 오전 11시 반, 워싱턴 덜레스 국제공항에 도착했다. '우리'라고 했지만 아무도 나를 보지 못하니 그냥 성호 내외라고 하자. 인천을 떠난 지 15시간이 채 안 걸렸다. 참으로 신기하다. 옛날에 배를 타고 미국에 갈 적에는 몇 달이나 걸렸다고 하지 않는가!

택시를 타고 침대, 소파 등 기본 가구가 비치되어 있는 원룸 이층 아파트에 왔다. 구석구석 둘러보며 성호댁이 말한다. 옛날 유진과 살 때는 아파트 건물이 좋아 보였는데 이젠 낡아 한물간 것 같아."

"건물이 오래되긴 했지만, 당신 눈도 변했을 거야. 유진이 어릴 땐 한국이 못 살 때라, 미국에 있는 것이 당신 눈에 다 좋아 보였겠지."

카펫은 낡았으나 말끔히 청소되어 있고, 남향 거실 큰 통유리문으로 들어오는 햇볕이 따뜻하다. 이젠 기온이 내려 아침저녁으로 쌀쌀하다. 성호댁이 이민 가방에 넣어 온 이불을 꺼내고, 멸치조림, 고추장, 소고기 볶음 등을 냉장고에 넣는다.

시차 때문에 잠이 안 오는지 성호 내외는 밤새도록 거실을 들락날락했다. 새벽녘에야 눈을 좀 부치더니 오후에 쌀과 반찬거리를 사려 아파트를 나선다. 밖으로 나오니 가을 햇볕이 따스하고 플라타너스 넓은 잎들이 떨어져 이리저리 굴러다닌다.

아파트 건물 앞에는 젊은 엄마들이 학교 버스를 기다리고 있다. 잠시 후 주차장에 노란 학교 버스가 정차하고 문이 열리자 아이들이 쏟아져 나온다. 옛날 유진의 어린 시절을 회상하는지 성호댁은 아이들을 물끄러미 바라보며 혼자 중얼거린다.

"반이 동양 아이들이네."

옆에 있던 상냥하게 생긴 젊은 여자가 그 말을 받아 한마디 한다.

"대부분 한국 아이들입니다. 이곳은 학군이 좋은 지역인데 아파트 단지는 많지 않아요. 이곳 주민들이 비교적 경제적으로 여유가 있어서 주로 단독 주택에 주로 살지요. 그래서 한국 아이들과 그 엄마들이 이 아파트 촌에 몰려 산답니다.

학교에서도 저희끼리 휩쓸고 다녀 선생님이 골치를 앓아요."

"한국 아이들을 그렇게 무제한 받아 주나요?"

"외국인 아이들에게도 부모가 학생이면 법적으로 교육받을 기회를 줘요. 우리 아이를 이곳 공립학교에 보내기 위해 제가 초급대학에 적을 두었습니다. 전 주로 영어 과목을 택해요. 공립이라 저의 학비가 아주 쌉니다."

아하, 미국 법을 이용하는군. 과연 관대한 나라다. 남의 나라 아이들은 물론이고 그 엄마들까지 교육해주는구나. 미국인들이 세금 내느라 허리가 휘어지겠네. 특히 가난한 젊은 사람들은 자기 살기도 어려울 텐데 높은 세금을 내며 남의 나라 아이들 교육까지 맡아주네.

그때 여남은 살 된 사내아이가 젊은 여자에게 쫓아온다.

"아들 잘생겼네요." 하고 성호댁이 칭찬해 준다.

"감사합니다."

이런 저런 얘기를 주고받다가 서로 서울대학 동창이란 것까지 알게 되어 전화번호를 교환하고 헤어진다. 아내가 젊은 여자와 얘기하는 동안 성호는 빨간 도요타 렌트 차 앞에 서서 기다리고 있었다.

성호댁이 운전하여 내외는 한국 슈퍼에 간다. 옛날에 살던 곳이라 지리를 잘 아는군. 하기야 "내비"라는 길잡이가 있으니 주소만 알면 어디든지 찾아갈 수 있군. 자동차 렌트할 때 보니 성호댁은 영어를 제법 하는 것 같았다. 과연 똑똑하다. 고기가 물을 만난 듯 활개를 치고 다니는데, 성호는 영어가 딸리다 보니 풀이 죽어 제 마누라의 꽁무니만 따라다닌다.

20분 후에 한국 슈퍼를 찾아 들어가니 내부가 운동장만하다. 주로 동양인과 남미 사람들로 붐비는데 백인들도 꽤 보인다. 육류 부에는 빛깔 좋은 LA 갈비가 보기 좋게 진열되어 있고 갈비가 한 파운드에 10불 정도다. 한국보다 훨씬 싸다. 아들을 생각하는지 성호댁이 10파운드를 선뜻 산다. 생선 부에서는 싱싱한 병어, 고등어, 오징어 등 없는 것이 없다.

채소 부로 가니 배추 한 박스에 88센트라고 한다. 한국 돈으로는 단돈 천 원이네. 성호댁이 박스를 열어 본다. 배추가 짤막하고 잎이 얇아 김치 담으면 맛이 있을 것 같다. 50불어치를 사면, 배추 한 박스를 88센트에 준다니 미국이란 나라를 알다가도 모르겠다. 가을이라 배추가 대량 생산되니 이런 때에 한 번씩 세일을 하나보다. 내가 옛날에 농사지어 봐서 아는데 씨를 뿌리고 알이 배도록 기르자면 물주고 벌레 잡아주며 여름 내내 공을 들여야 한다. 내가 생각해 봐도 너무 싸다. 게다가 산지에서 실어 오는 수송비도 생각해야지. 이렇게 팔고도 영업이 되는가? 한국서는 배추 값이 금값인데.

유진이는 김치 없이는 밥을 못 먹던 아이였다. 그러나 미국 여편네를 만나 그 좋아하는 김치도 못 얻어먹는다고 어미가 가슴 아파한다. 성호를 시켜 배추 상자를 쇼핑 카트에 싣는다. 머리카락이 허연 제 서방을 머슴 부리듯 하네. 김치 담을 플라스틱 용기도 몇 개 싣는다. 그래, 배추 한 박스 사서 원 없이 담아봐라. 그 많은 김치를 누가 먹든 간에.

내외가 구경 삼아 슈퍼에서 마냥 시간을 보내고 주차장으로 나오니 짧은 해는 지고 벌써 어둠이 깔리기 시작했다. 성호댁이 자동차에 시동을 걸고 내비에 유진의 주소를 입력한다. 성호는 어디 가느냐고 묻지도 않는다. 기계가 지시하는 대로 따라가니 15분 후에 큰 집, 작은 집, 연립주택 등 조화를 이룬 조용한 주택가로 들어간다. 집집마다 불이 켜지기 시작한다. 유진의 집 번지는 10241, 단독주택 중에도 작은 집이며 지붕과 벽돌이 말끔해 보이며 불빛이 환한 실내가 흰 망사 커튼으로 살짝 가려 있다.

성호댁이 그 집 앞에 차를 멈추고 물끄러미 쳐다보고 있다. "여보, 유진이가 단독 주택에 사네. 커튼을 보니 여자 손때가 묻었어. 가정을 꾸미고 살고 있나 봐."하고 착 가라앉은 목소리로 중얼거린다.

"맞은편에 어린이 놀이터가 있네."하고 성호가 한마디 한다.

"여자에게 딸린 아이가 있다더니. 우리 아들을 밥줄로 생각하고 매달렸잖아. 유진이가 집 살 돈이 없는데……. 세 들어 사나 봐."

내외는 넋을 잃고 그 집 앞에서 머뭇거리다가 말없이 떠난다.

목요일 저녁, 벼르고 별러서 성호가 아들에게 전화한다. 휴대전화 음향을 크게 해놓고 성호댁도 그 옆에 앉았다.

"헬로!" 하는 남자 목소리. 얼마 만에 들어보는 아들의 음성인가? 아들과 서로 의절하고 살았던 지난 일 년을 생각하는지 성호댁의 눈시울이 붉어진다.

"유진아, 나다. 아버지야."

저쪽에서는 대답이 없다.

"얘야, 잘 있느냐?"

"괜찮아요." 마지못해 하는 대답.

"엄마도 옆에 있다. 우린 지금 락빌에 와 있다."

"What?" 하며 소스라치게 놀라는 목소리.

성호댁도 가까스로 목소리를 다듬어 한마디 한다. "유진아, 우리는 지금 옛날에 우리 둘이 살던 그 아파트 동네에 와 있다."

작년에 유진이가 미국 여자와 결혼하겠다고 했을 때 어미가 더 격렬하게 반대했다. 식음을 전폐하고 누워 있다고 아비가 말해줬지만 유진은 고집을 꺾지 않았고 전화번호를 바꿔 버려 연락이 끊기고 말았다. 한동안 아들과 연락 두절이 되었다가 성호댁이 미국에서 서로 알고 지냈던 아들 친구에게 사정하여서 새 전화번호와 주소를 겨우 받아냈던 것이다.

유진이 어미에게 영어로 대든다. "헬렌과 날 떼어 놓으려고 왔어요?"

성호가 듣다못해 한국어로 달랜다. "엄마가 너를 보러 멀리서 왔다. 언제 시간 있니? 옛날에 살던 아파트 건물 바로 옆 동에 있다. 언제 올래?"

아버지의 달래는 말에 유진이 마지못해 대답한다. "토요일 11시 반쯤 갈게요."

아들이 수화기를 놓을세라 재빠르게 성호가 한 마디 보탠다. "우리 아파트 건물 앞에서 기다리마."

아기 우는 소리가 전화선을 타고 들려온다. 헬렌이 데리고 온 아이는 학교에 갈 나이라고 했다. 아기 울음소리가 웬말인가? 성호는 어떻게 된 영문인지 알고 싶지만 아들에게 묻지도 못하고 전화를 끊어야 했다.

성호댁이 아쉬운지 한마디 한다. "당장 만나자고 하지 않고, 토요일까지 기다리게 하네."

"여보, 욕심 부리지 마. 만나주는 것만 해도 고맙잖아."

"아기 우는 소리 들었어요?"

내외는 제가끔 생각에 잠긴다.

오늘은 금요일, 어제 밤에 절여놓은 배추로 김치 담그느라 내외가 아침부터 부산했다. 김치 통 세 개가 부엌 카운터 위에 나란히 놓여 있다. 유진을 위해서는 고춧가루를 적게 넣고 정성스레 담았다. 겉절이를 하여 4층에 사는 젊은 대학동창 미세스 김에게도 갖다 주었다.

점심 때가 지나서 미세스 김이 전화한다. "선배님, 겉절이 정말 맛있었어요. 저는 김치 담기가 귀찮아서 사먹어요. 과연 시장 김치와는 다르네요. 보기에도 정갈해 보이고, 미원을 쓰지 않으시니 맛이 산뜻합니다. 제가 답례로 한인 축제가 열리고 있는 아난데일로 모시겠어요. 한인 타운으로 유명한 곳입니다. 여기서 40분 거리인데 바람도 쐴 겸 한번 가보시겠어요?"

"그렇게 하지요."

오후 네 시, 시차 때문에 졸려 잠이나 자겠다는 성호를 권유하여 마지못해 따라 나선다. 학교서 돌아온 아이를 옆자리에 앉히고 미세스 김이 운전한다.

"이 고속도로는 벨트웨이 라고 해요. 워싱턴 시를 삥 두르는 환상고속도로인데 지금은 남쪽 방향으로 가고 있지요."

미세스 김은 자기 가족의 기러기생활에 대해서 말하기를 아들이 영어를 제 나라말처럼 하는 것이 목적이라 이곳에 와 있단다. 남편은 삼성전자에서 일하는데 수원에서 혼자 자취하며 밤늦게까지 일하면서 모자의 적지 않은 미국 생활비를 보낸다고 한다.

성호댁이 묻는다. "여기선 혼자 뭘 하면서 시간을 보내나요?"

"일주일에 하루 이틀 아침에 학교에 가서 영어 과목을 택하고 나머지 시간은 주로 골프를 치거나 친구들을 만나니 세월이 빨리 가요."

그 이야기를 엿들으며 나는 혼자 생각한다. 남자는 매달 생활비를 보내느라 등골 빠지게 일하고 있는데, 여자들은 팔자가 늘어졌네. 내외가 저렇게 오래 떨어져 살아도 되는가? 이곳에 혼자 나와 있는 여자들이 골프치고 돌아다니다가 바람이라도 피우면 어쩌지?

30분 후 아난데일로 가는 표지판이 보이고 공연장소가 곧 나온다. 행사장은 큰 쇼핑센터 주차장으로 한국 사람들로 복적거린다. 날씨가 좋고 행사도 순조로이 진행되는 것 같다. 가설무대 현수막에 'KORUS 잔치"라고 크게 쓰여 있다. 아, KOREA US를 그렇게 줄였구나. 말 만드는 재주하고는……. 무대 위에는 젊은 아이들이 시끄러운 음악에 맞춰 춤을 추고 있다.

사내가 넷, 계집애가 셋인데 한국서 온 연예 단체인 것 같다. 흰 러닝셔츠 위에 가죽처럼 보이는 조끼를 입었다. 인조 가죽이겠지만, 자주색과 쑥색으로 조각을 맞춘 조끼가 검정색 하의와 잘 어울린다. 그러나 저 계집애들 치마 좀 봐라. 장화는 무릎까지 오는데 치마는 왜 저렇게 짧나? 저게 옷인가? 가리개이지.

성호댁과 미세스 김은 가설무대 앞 청중석 빈자리를 찾아 비집고 들어가 앉으며 성호에게 어서 와서 앉으라고 손짓한다. 미세스 김은 신이 나서 그 시끄러운 젊은 아이들 음악에 맞춰 어깨를 들썩들썩하고, 성호댁도 잠시 시름을 잊고 몸을 일렁인다. 성호는 가만히 앉아 있다.

미세스 김의 아들은 10불짜리 한 장을 들고 먹을 것을 파는 천막 부스 쪽으로 신나게 쫓아간다. 그쪽에서는 떡볶이, 김밥, 순대를 팔며 사람들이 간이 탁자에서 먹고 있다. 떡볶이가 맛있어 보인다.

이제 옥색 한복에 자주 고름을 맨 여자가 무대 위로 올라와 고전 무용을 시작한다. 바야흐로 장구 소리가 빨라지고 여자가 흥을 돋우며 춤을 춘다. 그럼 그렇지. 얼 시구나, 사람들은 나를 보지 못 하니, 나도 무대로 올라가 덩실 덩실 그 가수와 같이 춤을 춘다. 아이구, 여기 온 보람이 있구나.

어느덧 분위기가 획 달라져 늘씬한 몸매를 마음껏 노출한 가수가 무대 위로 올라가 '돈이 뭐기에!'를 부른다. 낙엽이 굴러다니는 이 가을날 저렇게 벌거벗고도 춥지 않나? 얼굴을 보면 쉰이 넘었을 듯하나, 힘이 넘쳐흘러 잠시도 가만있지 않고 몸을 흔든다. 노래가 끝나자 청중이 우레와 같은 박수를 보낸다. 성호는 아직도 덤덤하게 앉아 있다.

"감사합니다. 감사합니다, 박수하지 않는 분에게는 복이 오지 않아요. 자 한 번 더 기회를 드리겠습니다."

가수의 말에 사람들은 '와!' 웃으며 또 박수.

그러나 성호는 그런 말에 아랑곳하지 않고 가만히 앉아 있다. 그는 맥 빠진 사람 같다. 성호는 현대건설에서 이사로 있다가 은퇴한 지 3년이며, 아들 일로 충격을 받았다. 오랜 세월 동안 아들을 위해 혼자 외롭게 살며 있는 돈, 없는 돈 송금하느라 애썼건만 하나뿐인 자식과 이렇게 되었다.

한 때는 적적하여 젊은 여자도 있었다. 성호댁이 일시 귀국했다가 그 사실을 알게 되어 지금도 마음을 풀지 않고 있으며 겉으로는 사이가 좋은 것 같지만 속은 다르다.

성호의 아비는 사업하여 돈을 모았고 장관까지 하여 남들이 부러워했다. 덕택에 성호가 젊었을 땐 직장에서 승진이 빨랐고 순풍에 돛 단 듯 순조로운 인생을 살았다. 그런데 이제 와서 부모 자식 간에 이게 무슨 꼴인가? 애 우는 소리는 또 뭔가? 성호는 머리가 복잡하다.

이틀 후 토요일 오전 11시 반이다. 성호는 아파트 건물 앞에 내려와 서성거리고 있다. 하루가 다르게 서늘해지는 아침 공기를 마시며 그는 기도하는 표정이다. 아들과 부딪치지 말고 순리로 해결해야 할 텐데. 성호댁도 이 층 유리문을 통해 주차장을 내려다보며 기다리고 있다.

드디어 유진이 흰 차를 타고 오자 성호가 손을 흔든다. 그는 건물 앞 주차장에 차를 세우고 내려 아버지한테 꾸뻑 절을 한다. 미국에 오래 살았지만 절할 줄은 아네. 짧은 소매 흰 셔츠를 입고 베이지색 반바지 차림이다. 아침저녁으로 꽤 쌀쌀한 날씨에 이놈은 춥지도 않나? 큰 키에 어깨가 떡 벌어지고 얼굴이 순하게 생겼다. 외양으로는 나무랄 데 없는 우리 박 씨 집안의 종손이다.

그러나 자기의 결혼에 반대한다고 부모와 대화조차 끊어버리다니. 외아들이라고 너무 애지중지 키운 탓인지 너무 외고집이구나. 혹시 미국에서 외톨이로 자라서 그런가?

성호가 아들의 손을 잡으며 말한다. "잘 있었느냐?"

유진은 굳은 얼굴로 마지못해 대답한다. "네."

부자는 말없이 계단을 올라간다. 아파트 문이 열리고 유진이 들어오자 성호댁은 그의 팔을 붙잡고 눈물이 그득한 눈으로 쳐다보다가 껴안고 운다. 유진의 얼굴이 부드러워지고 팔을 들어 어머니의 어깨를 안는다.

성호댁은 이제 손을 들어 아들의 준수하게 생긴 이마며 코와 볼을 어루만진다. "얼굴이 많이 탔구나."

그는 검게 그은 팔을 들어 보이며 코쟁이 억양으로 대꾸한다. "운동 많이 합니다."

"그래?" 성호댁은 눈물 어린 얼굴로 잠시나마 행복하게 웃는다. 집 안에는 고기 냄새, 참기름, 마늘 냄새가 가득하다. "얘야, 점심 먹자. 네가 좋아하는 갈비찜 만들어 놨다."

"그것보다 엄마가 왜 갑자기 미국에 왔는지 그 이야기부터 먼저 해요."

오기 전엔 아들과 조용히 말하기로 다짐했건만, 막상 아들이 이렇게 나오자 그만 말문이 막히는지 성호댁이 더듬거린다. "가족이 이렇게 오래 떨어져 있으니……."

유진은 화가 나서 영어로 속사포같이 쏜다. "또 그 말. 엄마 마음대로 미국에 날 데리고 왔어요. 그때는 집을 떠나기 싫었다고요. 이제 또 자기 마음대로 날 한국으로 데리고 가려고? 인제는 엄마 마음대로 안 돼요."

"한국에 가서 참한 신붓감 만나서……."

"또, 또 그 이야기? 헬렌과 가까워져 임신했더군요. 집에서는 반대만 하니 할 수 없이 우리끼리 결혼했습니다."

불쑥 손을 내밀며 손가락에 반짝이는 백금 반지를 보인다. "보이를 낳았어요. 이름은 데이빗."

애기 울음소리에 적이 의심쩍더니. 성호 내외는 입을 딱 벌리고 유진을 바라본다. 유진의 아들이면 우리 집안의 종손인데 혼혈아라니? 이거야말로 청천에 벽력이다. 아이고, 이 일을 어쩔 거나.

서양 오랑캐라고 우리가 양이(洋夷)라 불렀던 미국 코쟁이가 아닌가? 나의 새색시 시절에 신미양요(辛未洋擾)가 일어났다. 1871년, 미국이 조선을 무력으로 굴복시켜 통상조약을 체결하고 조선정책을 개방하려고 했다. 군함과 대포를 끌고 와서 강화도 앞바다에 함대를 정박한 후 공격해왔다. 그때 우리 쪽은 신식 무기를 감당하지 못해 쩔쩔맸고 조선군이 많이 죽었다.

그러나 대원군이 계속 통상수교거부정책을 고집해 미국 함대는 그만 조약을 단념하고 돌아갔다. 무력으로 어떻게 통상을 하나? 무슨 일이든지 상대방의 의견을 무시하고 억지로 진행할 수는 없지. 이런 원칙은 유진이 일에도 적용되지 않을까? 아비 어미가 망연자실하여 멍하니 서 있는 동안 나는 나대로 그런 생각을 하고 있었다.

유진이 대답을 기다리다 못해 한국어로 재촉한다.

"아기 보고 싶으세요? 원하시면 가까운 공원에서 만나도록 할게요."

성호 내외가 여전히 입을 열지 못하고 우물쭈물하고 있으니 유진이 대신 지시를 내린다.

"엄마, 음식 장만한 것 가지고 공원에 가요."

성호댁은 얼떨결에 부엌으로 쫓아간다. 갈비찜 데우랴, 시금치 무친 것과 콩나물을 플라스틱 통에 담으랴 부산하다. 유진을 위해 맵지 않게 담은 김치도 꺼낸다.

성호는 거실을 서성거리며 "데이빗, 데이빗……."하고 혼자 중얼거리고 있다.

성호댁이 소리 지른다. "여보, 뭘 해요? 좀 도와줘요."

"헤이, 헬렌!"하는 유진의 목소리가 들린다. 식구들 데리고 공원으로 나오라고 전화하는 것 같다. 그리곤 부엌에 가더니, 구석에 있는 빈 상자에 물을 여러 병, 어미가 준비해놓은 플라스틱 반찬 통을 주섬주섬 담아 들고 나간다. 그제야 성호도 밥통을 들고 아들을 따라 층계를 내려간다. 유진이 빈 상자를 다시 갖고 올라와 남은 반찬과 과일을 담는다. 그 녀석, 덩치치고는 동작이 빠르네. 결단성이 있고 지도력도 있구나. 응급실 치료가 전문이라 하더니 의사로써 그런 훈련을 받은 탓인가?

이제 세 식구와 나는 유진의 차를 타고 공원으로 향한다. 그렇게 반대하던 헬렌을 지금 만나러 간다는 사실이 성호는 믿어지지 않는 듯하다. 어미도 같은 기분이리라. 평소에 그렇게도 침착하고 조리 있게 일을 처리하던 사람이 오늘은 그저 어리둥절하기만 하다.

유진은 부모가 아무 말 하지 않고 따라 나서니 안심이 되는지, 아니면 앞으로 부모의 이해와 협조가 필요하다고 생각하는지 이젠 사근사근하게 군다.

"날씨 좋지요, 엄마. 바깥 경치를 봐요. 지금은 포토맥이란 곳을 지나고 있어요."

"집들이 크고 대지가 넓네."

"워싱턴 교외의 부촌이거든요. 이제 공원이 가까워요. 공원에는 커넬(canal)이 있어요. 커넬은 한국어로 뭐야."

어미가 대답한다. "운하."

"옛날에는 운하를 이용하여 석탄을 운반했지요. 지금은 그런 운송방법이 필요 없어 그 운하를 따라가며 공원을 만들었어요."

206

숲길을 달려 공원 입구를 지나 운하 옆에 있는 피크닉 장소로 간다. 성호 내외는 피크닉 테이블에 자리를 잡아 아들이 갖다 주는 밥통과 반찬 통들을 받아 놓는다.

그때다. 예닐곱 살 된 계집아이가 달려와 유진의 다리에 매달린다. 잠시 후 댓 살쯤 된 계집아이가 또 달려와서 유진의 팔에 매달린다. 여자한테 딸린 아이가 하나라고 하더니, 아이고, 둘이구나. 계집애들이 쫓아 온 쪽을 보니 헬렌인 듯한 여자가 옆모습을 보이며 자동차 뒷자리에 있는 아기의 카시트를 풀고 있다. 유진이 어느새 그쪽으로 걸어간다. 그녀의 어깨에 손을 얹자 여자는 얼굴을 돌려 그의 볼에 키스한다.

'저것들 좀 봐라.'

외양이라도 마음에 들면 좋으련만 헬렌이란 여자는 삐쩍 마른 명태 같다. 도대체 복스러운 데라곤 한 군데도 없다. 어딘지 어두워 보이는 그 얼굴은 동안(童顔)의 유진과 대조적이다. 초년 인생의 신고(辛苦)를 겪은 사람의 모습이다. 전 남편이 암으로 일찍 죽었다고 했다. 서양 사람의 나이는 알 수 없으나 유진이 보다 대여섯 살 위인 것 같다. 저 여자의 무엇이 좋아서 부모까지 등지며 같이 사는가? 하기야 간호사로서 동양인이긴 하나 인물 좋은 총각 의사에게 찰싹 들러붙었겠지. 일단 정이 들고 나면 떼기 어렵다. 어질어 빠진 우리 유진이가 영락없이 붙잡혔구나. 저거 보라고. 계집 아이들이 또 그쪽으로 우르르 쫓아가더니 유진의 양쪽 다리에 매달리고 있다. 의붓아비 노릇을 잘하는 가 보다.

성호댁은 사색이 되어 헬렌을 쳐다보고 있다. 내가 지금까지 성호댁을 보아왔지만, 단정하고 절제하는 사람이라 남 앞에서 저렇게 참담한 얼굴을 한 적이 없었다.

유진이가 아기를 안고 이쪽으로 걸어온다. 그 뒤를 계집애들이 따르고 헬렌은 카시트를 들고 맨 뒤에 온다.

성호가 급히 아내에게 이른다. "여보, 애들이 온다. 그런 험한 얼굴 보이지 마."

"아버지, 어머니, 헬렌입니다."

"헬로, 미스터 박, 헬로 미시즈 박."

성호 내외도 "헬로" 한다. 세상에 제 시아비를 미스터 박이라 부르고 시어미를 미시즈 박이라 부르다니! 점잖은 성호는 조금도 그런 내색을 하지 않고 헬렌에게 미소 짓고 계집아이들의 손을 잡아준다. 유진이 카시트를 테이블 중심에 놓고 아기를 앉히자 성호는 아기에게서 눈을 떼지 못한다. 손발을 쉴 새 없이 움직이며 옹알이를 한다. 백일이 지났는가? 성호 댁도 자석에 끌린 듯 아기 옆 걸상으로 가더니 순진무구한 아기 얼굴을 내려다본다.

성호의 표정이 부드럽다. 그는 아기의 얼굴에서 제 아버지의 모습을 보는가? 장관 시절 성호의 아비는 신문에 사진이 자주 났으며 키가 크고 인물이 좋았다. 아기의 흰 살결과 갈색 눈은 단연히 백인이지만, 내가 보기에도 코와 볼, 번듯한 이마는 성호 아비의 부드러운 모습이며 바로 성호의 얼굴이기도 하다. 시원한 나무 그늘, 물소리와 매미 소리만 들린다.

어른들의 심상치 않은 분위기를 아는 것처럼 재재거리던 계집아이들조차 조용하다. 아기의 출현은 성호 내외에게 천륜이 무엇인가를 새삼 깨닫게 한다.

지금은 12월, 성호가 미국에서 돌아온 지 한 달이 지났다. 해가 서산으로 기울고 화복 들판에 어둠이 깔리기 시작했다.

성호댁은 남편과 같이 귀국하지 않았고 아직도 미국에 머물고 있다.

어린아이 셋으로 골몰하는 며느리를 도와주겠다고 했더니 얼시고 좋다 제의를 받아들였다. 성호댁이 영어를 하니 아이들과 의사소통은 문제없을 것이고, 며느리는 집안에만 갇혀 있다가 덕택에 해방되어 시간제로 다시 간호사 근무를 하게 되었단다.

멀리 있는 자식이 그리우면 "자식이 고프다."고 하더니 그토록 아들을 그리던 성호댁이 이제 다시 아들 옆에 있게 되었다. 어린 아이 셋을 돌보자면 몸이 아주 고달플 것이다.

안식구가 미국을 좋아하니 성호는 또다시 홀아비가 되었다. 그는 미국서 돌아온 후 한 달 동안 무덤실 우리 종가에 기거했다. 곧 물에 잠기게 될 을씨년스러운 고택에서 주로 라면으로 끼니를 때우며 일꾼을 감독하고 내 무덤 일을 했다.

화강암에 꽃무늬로 조각하여 내 봉분을 둘러놓은 것이다. 매몰되는 재산에 대한 정부보상금이 나와 일류 석공을 불러 반듯하게 석물 공사를 끝내고 성호는 서울로 돌아갔다. 어진 것, 기특한 것, 종손으로서 항상 제 할 도리에 바쁘다.

그러나 얼마 동안이나 그렇게 혼자 살려는가? 차라리 제 가족, 제 일에 바빠 내 무덤 단장은 못 해줘도 괜찮은데. 지금쯤 썰렁한 아파트에서 혼자 또 적당히 저녁을 때우고 텔레비전 앞에서 잠이 들었겠지. 그 적적한 생활이 눈에 선하다.

중천에 뜬 보름달이 새로 단장한 내 무덤을 훤하게 비춘다. 참으로 아름답구나. 화강암으로 빙 둘러놨으니 이제 멧돼지가 파헤치지 못할 것이다. 유진이 우리 집안의 종손이지만 앞으로 제 아비같이 종손 노릇을 하리라곤 기대하지도 않는다. 내 무덤 보존은 성호의 대(代)에서 끝날 것이다. 한 시대의 마지막 장(章)이구나.

밝은 달이 완공된 댐과 저수지 터 그리고 모든 주민들을 철거하여 강아지 한 마리도 얼씬하지 않는 무덤실 마을을 환하게 비춰준다. 처음 댐 공사를 시작했을 때는 주민이 불도저 앞에 눕기까지 하며 결사 반대하여 수십 년 동안 미뤄왔던 사업이 이제야 완성되었다. 인근 지역의 용수 공급은 물론 하천유역의 홍수를 예방할 것이다.

언덕 아래 댐이 잘 내려 보이는 자리에 6층짜리 댐 관리 사무소가 서 있다. 지금 유리 창문이 달빛을 받아 은은하게 빛난다. 건물 주위에는 정원이 조성되어 있고 건물 대지에는 잔디를 곱게 입혀 놓았다. 물에 잠기게 될 동네 이름이 새겨진 표지 석들이 잔디밭에 일렬로 놓여 있다. 옛날에 징으로 두드려 울퉁불퉁하게 빚어놓은 장방형의 표지 석, 그 화강암 표면에 달빛이 희게 부서진다. 화성 1리, 화성 2리, 장곡리, 무덤실……. 무덤실 표지석은 우리 마을 앞에 몇 백 년 서 있었던 것이다.

달빛 아래, 첫눈이 내리기 시작한다. 나의 새댁 시절, 첫눈이 오면 얼마나 가슴이 설레었던가? 그때같이 첫눈이 내리지만, 오늘은 슬픈 날이다. 하류의 모든 수문을 막고 늦은 오후부터 댐을 채우고 있다. 몇 백 년을 살아온 우리 옛 마을이 물에 잠기게 된다. 아니, 벌써 마을에 물이 차는 것이 보인다.

영로가 살던 집터는 낮아서 그곳부터 먼저 물이 들어오기 시작한다. 그 애는 지금 대구에서 조그만 아파트, 비둘기장 같은 곳으로 이사 갔다. 산으로 들로 산짐승같이 쏘다니던 사람이 갇혀 있으니 얼마나 답답할까? 노년에 우울증에 빠지진 않을까? 다음에는 우리 텃밭, 또 우리가 살던 종가 집이, 그리고는 우리 마을 전체가 자정이 되기 전에 물에 잠긴다.

사록사록 눈 오는 소리, 졸졸 저수지에 물 차오르는 소리, 그리고 이따금 '쏴'하고 뒷산 솔밭에서 바람이 인다. 지난 백 년간 변화의 회오리바람이 여러 번 이 동네를 휩쓸고 지나갔다. 우리 동네가 물에 잠기니 이번이 마지막이 되는구나.

나는 바람 소리와 함께 세상이 변해가는 소리를 듣는다.

하멜의 아내

밤 공기가 차가웠다. 1663년 삼월, 반달은 중천에 떴고 상가 앞마당에는 망자의 진혼을 비는 씻김굿이 한창이었다. 바로 이 고을에 병영성(兵營城)이 있어서 병사들이 항상 들끓었다. 전라도 육군의 총지휘부가 있는 곳이라 군수물자 보급이며 상거래가 활발하여 저잣거리가 항상 북적거렸다. 지금은 밤이라, 굿판에 횃불을 켜놓고, 이 고장에서 인물 좋고, 영험이 좋다는 무녀 해심(海心)이 흰 무명 치마저고리에 하얀 고깔을 쓰고 둥 당, 두두 당당, 장구 소리에 맞추어 처량한 무가를 부르며 춤을 추고 있었다.

헨드릭 하멜(Hendrick Hamel)은 조객들 틈에 끼어 아내가 굿하는 것을 지켜보며 실수 없이 끝나기를 기다렸다. 항상 자신에 넘친 그녀였지만, 굿을 할 때마다 하멜이 조마조마하기는 마찬가지였다.

행사가 끝나고 집에 갈 때 그는 장구와 징 등 무거운 짐을 들어 주었다. 그러나 그렇게 해줄 수 있는 날도 이제 며칠 남지 않았다. 오늘 밤엔 무슨 일이 있어도 아내에게 그 사실을 꼭 알려야 했다. 그 말을 듣고 아내가 충격 받을 것을 생각하니 벌써부터 긴장되었다.

이곳 병영 마을을 떠나 딴 곳으로 가라는 이동 명령을 받은 지도 며칠이 지났다. 해심이 그동안 바쁘기도 했지만, 그 소식을 감히 말하지 못하고 미뤄온 것도 사실이었다. 떠날 날 이 삼 일밖에 남지 않은 지금, 오늘 저녁에는 무슨 일이 있어 도 의논해야 했다.

좌수영이라는 곳으로 보낸다기에, 거기가 어디며 또 어떤 곳인지 알아봤다. 좌수영은 조선시대 수군의 본거지인 여수 에 있다고 했다. 여수는 남해에 있는 항구로써 일본이 조선을 침범했을 때 이순신이란 장군이 일본 수군을 크게 격파하고 전사했던 노량해협에 가깝다고 했다. 어쨌거나 아내의 굿이 끝나야 이 소식을 전하고 앞일을 의논할 수 있었다.

지난 10년간 조선에 갇혀 사는 동안 이곳 말과 풍속을 배 웠고, 또 굿판에 자주 참석하다 보니 굿의 종류며 그 내용도 대개 알게 되었다.

그날 오후 해심이 오래된 고객인 영산 댁으로부터 급한 연락을 받았다. 남편이 심장병으로 갑자기 죽어 씻김굿을 해 달라는 것이었다. 씻김굿은 시신을 입관한 후 망자의 영혼을 깨끗이 씻어 저 세상으로 보내는 예식이며 해심이 이 근동에 서 이 굿으로 이름이 났다.

해심이 환한 횃불 아래 무가를 부르며 너울너울 춤을 추 며 굿판을 도는 동안 하멜과 잠시 눈이 마주쳤다. 지금 그녀 를 보니, 고향을 떠나기 전 부모님과 같이 본 오페라의 아름 다운 여류 가수가 생각났다. 당시 홀란드에서는 화가 렘브란 트가 이름을 떨치고 있었으며, 해양산업이며 과학과 문화의 전성기였다. 그런 문화적인 토양에서 자란 하멜은 읽을 줄도 쓸 줄도 모르는 다른 뱃사람들과는 달리 좋은 교육을 받았다. 아내가 조선에서는 비록 무당의 신분으로 온갖 천대를 받고 있지만, 그 유명한 가수처럼 인간의 정서와 영혼에 호소하는 직업을 가졌다고 생각했다. 그리고 해심은 그 가수 못지않게 아름다웠다.

5년 전, 단풍이 짙게 물들었던 시월에 해심을 처음 만났다. 그때는 오늘같이 소복한 모습이 아니었다. 성주 신에게 재앙을 물리치고 행운이 있게 해달라고 비는 성주 굿을 하던 때라, 빨간 치마에 남색 전복, 머리엔 빨간 전립까지 쓰고 박수가 부는 피리와 장구 소리에 맞추어 춤을 추었다.

그날, 굿이 끝나기를 기다렸다가 무복 상자며 장구와 소품 등을 들어주겠다고 했더니, 선뜻 그러라고 했다. 행사가 끝나고 집에 갈 때 무거운 짐을 들어주는 것은 그때부터 시작되었다. 통성명하니 그녀의 이름은 해심(海心), 즉 "바다의 한가운데"라고 했다. 이게 무슨 인연인가? 하멜의 조상은 7대양을 누비며 바다를 제압하여 해양국을 이루었고, 제방을 쌓아 해수를 퍼내며 간척지를 만들고, 운하를 파서 교통수단으로 삼았다.

그는 해심을 처음 보았지만, 그녀는 하멜을 이미 여러 번 보았다고 말했다. 물론 그랬겠지, 금발에 눈이 파랗고 키가 큰 백인이 남루한 무명 적삼과 바지를 얻어 입고 도랑을 파거나 둑을 쌓는 모습이 유별나게 눈에 띄었을 테지. 그렇게 해서라도 품삯을 벌어 끼니를 때워야 했으니.

하멜 일행은 병영성(兵營城) 마당에 풀을 뽑고, 수채를 뚫고, 담을 쌓는 등, 허드렛일을 하며 얼마간의 쌀을 지급 받았다. 그러나 그것으로 생활이 되지 않아 동네에 나가 온갖 막노동을 하며 밥벌이를 했다. 정 답답할 때는 농가나 절간에 가서 구걸하며 밥을 얻어먹고 옷도 얻어 입었다.

해심은 30이 넘도록 마땅한 상대가 없어 결혼하지 못하고 있었다. 어머니가 무당이었고, 아버지는 같이 굿을 하던 박수였으며 무당과 박수는 저희끼리 결혼했다. 당시 하멜 일행은 피가 끓는 이삼십 대의 젊은이들이었으며 그들이 상대할 수 있었던 여자는 주로 나이 많은 과부나 술집여자 아니면 무당이었다. 이렇게 하여 하멜이 네 살 위인 해심을 만난 것이다.

이제 해심의 구성진 무가가 밤하늘에 울려 퍼지고 이승에서 풀지 못하고 저승으로 간 원한을 풀어주는 고풀이가 시작되었다. 흰 무명베에 12개의 매듭을 만들어 한쪽 끝을 차일 기둥에 메어놓고 다른 끝은 해심이 잡아당기며 매듭을 하나씩 풀었다. 맺혀 있던 원한이 고를 풀 때마다 하나씩 풀려, 드디어 자유롭고 한이 없는 망령이 되어 저승으로 가도록 하는 의식이었다.

해심은 50대의 남자 음성과 앳된 소년의 음성을 번갈아 가며 망자들의 대화를 시작했다. 16살이었던 아들이 동네 앞 강에 친구와 헤엄치러 갔다가, 아들 친구는 살아서 나오고 자기 아들은 깊은 소용돌이에서 헤어 나오지 못한 기막힌 옛 사연을 영산댁 남편의 슬픈 음성으로 해심이 조용히 회상했다.

이제 해심은 소년의 앳된 목소리로 대답했다. "아부지도 참, 20년 전 일이요. 잉! 가 땜시 지가 죽었다고라우? 강에 가자고, 지가 꼬셨어라우. 가가 나 땀시 월매나 욕을 봤는디."

"그려 그려, 느그덜 맹키 우애 좋은 친구덜이 워디 있을라구? 그렇지만 니가 없는디, 가가 멀쩡허게 살아 동네에 얼씬

거렁게 못 보겠더라."

'지가 다 알 지라요. 이제는 잊어 뿌리시요. 사람은 다 죽는 것잉께."

해심이 굿을 하는 동안 하멜은 자신의 지난 세월을 되돌아보았다. 동인도를 향해 홀란드를 떠나던 날, 부둣가에서 어머니가 언제 다시 볼 것이냐 매달리며 울던 그때가 어제 같았다. 아들이 바다에서 죽은 줄 알고, 한이 맺혀 있을 어머니, 언제 다시 어머니를 볼 수 있을까? 집을 떠난 후 일어났던 기막힌 사건이 하나하나 뇌리를 스쳐 갔다.

땅덩어리가 작은 홀란드에서는 젊은이들이 상선을 타고 먼 바다를 항해하며 새로운 식민지를 개척하고 모험을 했다. 인도네시아 같은 식민지에서 그곳 자원과 원주민을 착취하며 커피, 차, 사탕수수, 또는 고무나무 등을 재배하여 막대한 이윤을 남기고 다른 지역에 파는 해상무역도 했다. 동인도 회사를 설립하여 인도네시아의 수도 바타비아 (현 자카르타)에 전진기지를 두고 거기서 번 돈은 당시 홀란드의 건축, 예술, 과학의 황금기를 이루는데 크게 이바지했고, 암스테르담은 17세기 유럽에서 으뜸가는 도시가 되었다.

1650년 11월, 하멜도 뒤질세라 동인도 회사의 상선을 타고 고국을 출발하여 가슴 벅찬 항해를 시작했다. 당시 그의 나이가 20세였다. 그들은 북대서양에서 남쪽으로 항해하여, 남대서양, 그리고 아프리카 최남단의 희망봉까지 내려갔다가 다시 북쪽으로 인도양을 가로질러 올라갔다. 8개월을 항해한 끝에 드디어 바타비아에 내렸다. 거기서 2년간 동인도 회사 소유 선박의 항해 유지 및 재정 사무를 보았는데 하멜은 그런 안락한 생활보다는 다시 바다로 나가고 싶어, 1653년 6월 드디어 일본을 향해 다시 항해를 시작했다. 그는 역시 바다의 사나이였다.

일본에 가져가려고 배에 실었던 물건은 약 50여 종으로 목향, 명반, 용뇌 등 약재와 약품들이었으며 설탕도 많이 실었다. 대포, 소포, 조총, 등 총기류뿐만 아니라 은화, 또는 모래시계가 있었고, 망원경, 스테인드글라스 등이 있었다.

하멜일행은 가는 길에 대만에 들렀다. 이 섬도 당시 바다를 장악했던 홀란드의 통치하에 있었으며 그들의 통치기간은 20년(서기1642~1662)이었으며 이 섬의 이름 포모사(Form osa)는 그 때 유래한 것이다.

새로 취임하는 대만 총독을 그곳에 내려주고 일부 화물을 내리고 대만산 녹비 즉 사슴 가죽, 등을 더 실었다. 그들은 예정보다 늦게 7월 말에야 대만을 떠나 일본 나가사키로 향해 떠났다. 그때가 이 지역에서는 폭풍우가 심한 장마철이라는 것을 몰랐던 것이다.

그들은 곧 심한 태풍을 만나 폭풍우와 싸우며 작은 배가 방향을 잃고 중국과 대만 사이를 왔다갔다했다. 그들은 비바람이 몰아치는 중에 용케 동북쪽으로 일본을 향해 진로를 잡았으나 날씨가 더욱 나빠져서 다시 우왕좌왕하며 2주일을 바다에서 허비했다.

폭풍우 때문에 갑판에서는 서로의 말소리가 들리지 않아 누가 무슨 말을 해도 알아듣지 못했다. 배에 물이 차서 전력을 다해 펌프질을 하고 태풍을 피하고자 돛을 내렸다. 그 사이 파도가 덮쳐 갑판에서 작업하던 선원들이 하마터면 바람에 휩쓸려 바다에 빠질 뻔했다. 어떻게 해서든지 선원의 생명과 회사의 상품을 지켜야 했다. 계속 산같이 덮쳐오는 파도에 배는 물이 가득 차고, 펌프질을 계속해도 별 도움이 되지 않아 더는 버틸 것 같지 않았다.

그때 선장이 외쳤다. "다들 들어라! 하나님께 맡기자. 이런 파도가 몇 번 더 오면 우리는 이제 다 죽는다."

밤 1시경 깜깜한 바깥을 유심히 내다보고 있던 선원이 외쳤다. "육지다, 육지다."

어둠과 폭풍우 때문에 육지를 진작 보지 못했다. 닻을 내리려고 했으나 수심이 깊고 또 파도가 심해 닻이 바닥에 걸리지 않았다. 지척을 분간할 수 없는데, 배가 그만 바위에 부딪혔다. 두 번, 그리고 세 번 부딪히자, 배는 산산조각이 나고 말았다.

아래층에 있던 사람들은 갑판으로 올라올 사이도 없이 목숨을 잃었다. 하멜은 동료와 같이 인근에 있는 바위 위에 기어 올라가 부들부들 떨며 밤을 새웠다. 어디선가 아우성과 신음이 들렸으나 깜깜한 밤이라 아무것도 보이지 않았다.

드디어 지옥과 같던 밤이 지나고 회부연 새벽이 왔다. 움직일 수 있는 이는 동료를 찾아 나섰다. 해변은 나뭇조각, 포도주가 든 술통, 찢어진 돛 등이 이리저리 흩어져 있었다. 하멜은 쓰레기가 지천으로 널려 있는 그 모래사장에 선장이 한쪽 팔을 베고 누워 있는 것을 발견했다. 하멜이 너무나 놀라 흔들어보니 그는 움직이지 않았다. 얼굴은 이 세상사람 같지 않아 창백하다 못해 푸른색이 돌았다. 23세에 사람이 죽은 모습을 처음 본 그는 숨이 막힐 것 같았다.

선장은 항상 믿음직하게 선원들을 인도하며 용기를 주었고, 특히 하멜을 신임하여 서기와 재무 일을 보게 했다. 일을 잘하니 승진도 빨라 나이 많은 선원보다 급료를 더 많이 받았다. 여기에는 하멜의 고향 호르쿰 시의 손꼽히는 집안 출신이라는 것도 작용했다. 하멜이 직책상 항해 일지를 썼으므로, 항해 중 일어난 일이나 표류한 날짜, 그 외에 전후 사정에 관해 누구보다 소상히 잘 알았다.

선장 이외에 동료의 시체 7구를 더 찾아 검은 모래 속에 묻으며 하멜은 기가 막혀 주위를 둘러보았다.

검은 화산 바위, 그리고 검은 모래 해변, 마치 동료의 떼죽음에 같이 조의를 표하는 듯 주위가 새까맣던 장면이 십 년이 지난 지금도 눈을 감으면 생생하게 떠올랐다. 어제까지 같이 숙식하며 웃고, 다투기도 하던 동료가 죽었다는 사실이 믿어지지 않았다. 64명 중에 살아남은 동료는 모두 36명이었으며, 대부분 벌거벗은 몸에 심하게 부상당한 상태였다.

하멜이 나중에 알게 되었는데, 이 나라는 홀란드에서 꼬레이(Coree)라 하고, 이곳 주민은 "됴선국'이라 부르는 곳이었다. 그가 홀란드를 떠나기 전 아세아 지도를 검토했는데, 꼬레이가 섬나라로 그려져 있었다. 나중에 알고 보니 이 나라는 북쪽으로 중국과 아주 높은 산으로 연결되어 있는 반도이며, 일행이 그때 표착한 섬은 이 반도의 남쪽 끝에 있는 제주도였다.

제주도에 표착하여 약 일 년간 갇혀 있다가 서울로 압송되어 거기서 약 이 년을 보내고, 이곳 병영에서 칠 년을 살았으니 조선 땅에 발을 디딘 지도 어언 10년이 지났다. 이제 그의 나이는 33세였다.

어느덧 고풀이가 끝나고, 해심이 장구를 치며 너울너울

춤을 추며 굿판을 돌고 있었다. 굿은 이제 막바지에 접어들었다. 집에 가면서 아내에게 해야 할 말을 생각하니 그는 다시 긴장되었다. 떠날 날이 박두한 지금, 오늘 밤에는 무슨 일이 있어도 아내와 의논해야 했다. 또 아들 용이와 헤어지는 것이 피로웠다. 아이는 이제 네 살, 이 아이와 어떻게 이별할 것인가? 자신이 홀란드를 떠날 때 어머니 심정도 이랬을까?

하멜은 해심을 만난 후로 구걸행각을 하지 않아도 되었고 지난 몇 년간 안정된 생활을 하며 가족에게 마음을 붙이고 채소밭을 가꾸며, 식탁 등 가구를 손수 만들어 편리하게 살았다. 그러나 이동 명령을 받았으니 이젠 가족을 두고 좌수영으로 떠나야 했다. 어렵게 살다가 생활력이 강한 해심을 만나 가정생활의 재미도 맛보았는데, 이제 또다시 낯선 곳으로 가야 했다.

이젠 하멜 일행이 신기한 존재가 아니었고, 또 여러 해 계속되는 흉년에 병영성 사령관이 그들을 도와주기에는 너무 부담이 컸다. 그래서 하멜일행을 좌수영, 순천, 남원으로 분산해서 송치하도록 지시가 내려 일행은 지금까지 고락을 같이 했던 동료와도 헤어지게 되었다.

새벽에야 굿이 끝났다. 가까이는 동네 뒤 수인산이 보이고, 멀리 있는 산도 희미하게 보이기 시작했다. 하멜은 장구며 징 등을 주섬주섬 거두고 그날 씻김굿 행사에 입었던 흰 무명 치마저고리도 개켰다. 아내가 그토록 온 힘과 정성을 다해 밤새도록 씻김굿을 해주었으니 죽은 자는 이제 이 세상에서 맺힌 한을 모두 풀고, 깨끗이 씻겨 저 세상에 갔으리라.

삼월 초순이라 밤에는 아직도 추웠다. 수인산 계곡에서 내려오는 물은 세류천으로 빠져, 동네 한가운데로 흘렀다. 해심이 앞에 서고 하멜은 장구와 옷 보따리를 들고 뒤를 따르며 개울 옆 오솔길을 따라 동네 어귀에 있는 집으로 향했다.

하멜 일행이 7년 전에 병영 고을에 와보니 장마철엔 세류천이 넘쳐 동네에 홍수가 자주 났다. 그리하여 도랑을 깊이 파고 돌로 튼튼하게 둑을 쌓아 세류천을 보수하여 동네를 동서로 가르며 흐르게 하자고 건의했다. 물길을 다스리고 운하를 만드는 것은 홀란드인의 장기였으니까. 그렇게 하여 그들이 품삯을 벌어 연명할 수 있었고, 또 동네의 수로 공사에도 공헌했다.

두 사람은 한참 동안 말없이 걸었다. 밤새도록 떠들었으니 이젠 입도 떼기 싫을 테지. 한참 기다렸다가 그녀의 기분을 생각해서 일상적인 화제로 먼저 말문을 열었다.

"오늘은 장이 서는 날이야. 한잠 자고 나서 낮에는 친구들과 시장판에 나갈 껴. 아무래도 장판에서 춤추고 노래하는 것이 제일 벌이가 좋다."

"니는 광대, 나는 무당, 꼴 좋다."

"나는 그런 거 상관없다. 우리는 그래도 괜찮아. 굶는 사람이 얼마나 많은 디."

그건 사실이었다. 오랜 기근으로 도토리나 초근목피 등으로 연명하는 사람도 많았다. 산에는 소나무 껍질을 벗겨 가서 성한 나무가 하나도 없었다. 어려운 때일수록 재앙을 없이하고 복을 빌어달라는 사람이 있었고, 바짝 마른 땅에 기우(祈雨)하는 굿도 하며 해심이네 식구들은 굶지 않았다.

동네 어귀가 보이는 곳에 편편한 바위가 하나 있었다. 하멜이 조심스럽게 입을 떼었다. "집에 들어가기 전에 할 말이 있다. 여게 잠시 앉아. 고단하겠지만, 쪼까 참아. 시간이 없응께."

하멜이 어깨에 멘 짐을 내려놓고 둘이 바위 위에 걸터앉았다. 동네 초입에 있는 해심의 집 굴뚝에서 연기가 오르는 것이 보였다. 해심의 어머니가 밤새워 일한 딸이 돌아올 때쯤 아침을 준비하는가 보았다.

그는 용기를 내어 조용히 말했다. "우리 일행이 이동 명령을 받았어."

"뭐라고라우?" 희미한 새벽빛 아래 해심이 고개를 획 돌리며 하얗게 질린 얼굴로 하멜을 쳐다보았다.

"병영성이 지금까지 7년 동안 우리를 수용했는데 그 이상 해줄 수 없단다. 우리는 세 조(組)로 나뉘어 좌수영, 순천, 남원으로 각각 분산해서 보낸단다. 우린 이제 22명만 남았다."

이 땅에 표류한 지 10년, 36명의 생존자 중에 삼 분의 일이 죽었다. 그중에 몇 사람은 난파 당시에 입은 심한 부상으로 곧 죽었고, 낯선 환경에 견디지 못해 미쳐버린 이가 있는가 하면 영양실조로도 죽었다. 게다가 최근에 전염병이 돌아 장질부사로 죽은 이도 있었다.

"나를 좌수영으로 보낸 데."

"우리는 어떻게 돼?"

"사정만 허락하면 집에 자주 올 게."

"좌수영에서 걸어서 온다고라우? 왕복 열흘 이상 걸릴긴데. 말도 안 돼. 서방 복이 지지리도 없지. 무당 딸년이 별수 있간디?"

동네에서 뚝 떨어진 길가의 무당집을 향해 둘은 다시 걷기 시작했다. 무당집 옆에는 주막이 있어 낮에는 술을 팔았고 밤에는 과객에게 잠자리를 제공했다. 굴뚝에서 연기가 나더니, 가까이 오니 된장국 냄새가 났다. 늘 그러하듯 된장국에 배추 시래기를 넣었는지 시큼한 냄새가 났다. 지난 가을에 하멜이 배추를 뽑을 때 해심의 어머니가 시키는 대로 누런 떡잎은 따로 엮어서 말렸다. 이 궁핍한 곳에서는 하나도 버리는 것이 없었다. 배가 고프니 먹기는 해도, 이 시큼한 시래깃국 끓이는 냄새만은 여전히 비위에 거슬렸다.

해심의 집 담이 높아 방 두 칸짜리 낮은 오두막집이 담 밖에선 거의 보이지 않았다. 나이 든 동료가 가르쳐 준 대로 하멜이 납작한 돌을 엇비슷이 빗살무늬를 만들며 진흙을 사이사이 다져 넣으며 담을 쌌더니 아주 견고하고 보기 좋았다. 요즘 병영 고을에서는 이렇게 홀란드 식으로 담 쌓는 것이 유행이었다.

하멜이 쪽마루에 장구를 내려놓고 안방 문을 여니 희미한 등잔 불빛 아래, 벽에 걸린 가지각색의 무복이 눈부셨다. 선반에도 무복이 여러 벌 보자기에 싸여 용도에 따라 구별해서 정리되어 있었다. 또 벽에는 천상신령님의 그림이 붙어 있었다. 그 속에서 매일 생활하다 보니 다소 익숙해졌지만, 그리스도교 문화에 익숙한 그에게 기괴하다는 생각과 이질감은 여전했다. 그러나 그런 내색을 하지 않도록 항상 조심했다.

희미한 불빛 아래 하멜이 제일 먼저 찾은 것은 역시 아들 용이, 그 휘황찬란한 색깔 아래 때묻은 누더기를 덮고 색색 잠들어 있었다. 그 옆에는 해심의 어머니가 국이며, 김치, 고추 장아찌가 놓인 아침 밥상에 수저를 놓고 있었다.

"엄니 안녕히 주무셨어라우?"

"자식새끼가 밤새도록 굿 청을 벌리고 있는디 에미가 잠이 오간디? 어제는 가가 저녁도 제대로 못 묵었다. 아침을 일

224

찍 준비했응께 어서 묵게."

해심이 들어와 밥상 앞에 앉더니 목이 마른 지 된장국부터 들이키고 보리밥에 묵은 김치 포기를 찢어 먹기 시작했다. 작년 가을에 가뭄으로 실개천이 된 앞 강에서 하멜이 물을 퍼와 배추농사를 그런대로 했다. 고추와 마늘농사도 착실히 하여 엄니가 김장하는데 요긴하게 썼다.

식사가 끝나자 엄니가 말했다. "밥상은 내가 치울텐게 느그들은 옆방에 어서 가서 눈 좀 붙여라. 에비는 밝는 날에 일하러 가야 쓴께."

옆방에 갔더니 엄니가 군불을 집혀서 온돌이 따뜻했다.

아침 햇살이 창호지를 통해 들어왔다. 하멜이 눈을 뜨니 해심이 그를 그윽이 내려다보고 있었다. 미간이 깊게 파였으며 검은 눈동자가 수심에 젖어 있었다. 창호지를 통해 비치는 아침 햇살 아래 그의 가슴 털을 쓰다듬으며 낮은 음성으로 말했다. "니 가슴 털이 나는 좋다이. 쓰다듬는 쪽에 따라 금빛도 나고 은빛도 난당께."

그런 말이라도 하며 암담한 기분을 바꾸고 싶었던가? 네 살 연상인 해심은 이제 37세였고, 누나처럼 애인처럼 그를 토닥거려 주었다. 천성이 자유분방하여 어디서 굴러왔는지도 모르는 이방인과 관계하는 것을 처음부터 개의치 않았다.

두 남녀는 말이 필요 없었다. 부드러운 어깨선, 매끄러운 피부, 풍만한 가슴에 얼굴을 묻으며 하멜은 몸을 떨었다. 시시각각으로 다가오는 이별의 시간, 기약할 수 없는 앞날, 그가 잠시 그런 생각으로 산만해지며 멈칫거리자, 해심이 가만히 그를 도와 그녀 몸속으로 끌어들였다. 두 사람의 정열은 애절한 몸부림이었다. 지친 해심이 곧 잠이 들었다.

그날이 장날이라 하멜은 동료와 시장판에 나가 여흥을 벌리기로 되어 있었다. 딴 오락거리가 없으니 장꾼들이 많이 모였다. 가난한 사람들이라 거둬봤자 큰 수입이 안되지만, 안 하는 것보다는 나았다.

하멜이 가만히 일어나 홀란드 식 검은 재킷과 바지를 입었다. 10년 전에 바다에서 건진 것인데 지금은 이 옷이 생활의 방편이 되었다. 헤어진 부분은 엄니가 표나지 않게 깁고 또 기워 정성껏 다듬어 주었다.

용이가 앞마당에서 작대기 말을 타고, "이랴, 이랴," 하며 소리치고 있었다. 엄니가 풋감으로 물을 들인 감색 무명 바지저고리를 입은 아이는 우뚝한 코에 살결이 희고, 네 살짜리 치고는 키가 컸다. 푸른 눈, 정확히 말해 푸른 테가 있는 갈색 눈동자, 자기 자식이라 그런 게 아니라, 누가 봐도 잘 생긴 놈이었다. 그러나 저 아이의 외모가 달라 이 땅에서 평생 놀림을 받고 시달리면 어떻게 하나? 장차 무슨 일을 하며 살아갈 것인가? 제 엄마나 조부모같이 굿 청에서 박수 노릇이나 하고 천대를 받으며 일생을 보내야 할까?

용이는 남씨 성을 가지고 이 땅에서 살아가겠지. 10년 전 하멜 일행이 서울로 압송되어 갔을 때, 조정에선 남쪽 나라에서 온 오랑캐들이라 하여 남만인(南蠻人)이라 부르며 하멜일행 전원에게 남씨 성을 주었다. 하기야 고국 홀란드를 떠나 바타비아를 거쳐 이곳에 왔으니 남쪽 나라에서 오긴 했다. 조선에선 홀란드가 어디 있는 나라인지, 또 유럽의 위치를 말해 봤자 아무도 알아듣지 못했고 관심도 없었다.

"아부지, 어디 가요? 나도 따라 갈라요."

하멜은 아이를 번쩍 들어 올려 가슴에 품었다. 보드라운 살결, 달콤한 입김, 이 아이를 두고 어찌 떠날 수 있을까? 스무 살에 집을 떠난 후 세계를 혼자 누비다가, 피붙이가 어떠하다는 것을 이제야 겨우 알았다. 목이 콱 막혔다.

엄니가 마당에서 빨래를 삶으려고, 메밀과 콩대 태운 재로 잿물을 내리고 있다가 하멜이 아무 말을 안 하니까 이상해서 힐끗 쳐다보며 대신 대답해주었다. "아부지는 장판에 나가 돈을 벌어야 쓴께. 이따 올 때 엿 사다 줄끼여."

시장판 한쪽 구석에 있는 큰 느티나무 아래에서 동료들과 만나기로 되어 있어 그쪽으로 하멜이 휘적휘적 걸어갔다. 멀리서 보니 느티나무 가지들이 물이 오르고 새싹이 돋아 연둣빛으로 빛났다.

동료들이 벌써 다 와서 기다리고 있었다, 그 중에 제일 젊고 잘 생긴 데니스 호버첸(Denijs Govertszen)은 바지와 각반을 차려 입고 창이 넓은 검은 모자를 쓰고 나무 밑에서 서서 가지런한 흰 이를 보이며 미소 짓고 있었다. 말하자면 그는 일행을 대표하는 스타였고 일행이 갖고 있는 홀란드 복장 중에 가장 성한 것을 골라 입혀놓았다. 호버첸은 어릴 때부터 선박의 방향과 운행을 담당했던 조타수 아버지를 따라와서 배에서 심부름꾼으로 일했다. 제주도에 표류되었을 때 그는 열두 살이었으며 소년 시절을 조선에서 보낸 그는 이제 스물두 살의 청년이 되었다, 그의 아버지는 44세, 아들을 자랑스럽게 바라보고 있었다.

이렇게 판을 벌일 때는 하멜과 호버첸이 주로 일행을 대변했다. 하멜이 조선 말을 잘하긴 했지만, 어릴 때 조선 말을 배운 호버첸은 서양인의 억양이 거의 없었다. 그들이 제주도에 표류되었다가 서울로 압송되었으므로 그때 서울 표준말을 배웠다. 그래서 대중 앞에서 말할 때는 서울서 배운 말을 주로 썼다.

호버첸이 먼저 시작했다. "우리는 아주 멀고 먼 나라에서 왔습니다. 우리는 늪지와 바다를 메워 국토를 넓혔습니다. 그래서 항상 땅에 물이 고이기 일쑤이고, 길이 질퍽하지요.

자신이 신고 있는 나막신을 가리키며 하멜이 거들었다.

"그런 진창에서는 이런 나막신이 아주 좋습니다. 우리 선조가 이런 걸 만들었습니다."

호버첸이 말을 받았다. "여가가 있을 때마다 부지런히 만들었지요. 이 나막신을 사 가십시오. 우리는 곧 병영을 떠납니다."

하멜이 덧붙였다. "네, 그렇습니다. 저희들의 나막신을 사는 것도 이것이 마지막입니다. 그동안 우리가 어려울 때 많이 도와주셨습니다. 감사합니다. 여러분을 위해 우리의 춤과 노래를 보여 드리겠습니다."

또박또박 알아듣기 쉽게, 또 천천히 말하여 이해하는 데는 지장이 없었지만 억양이 달라 사람들이 배를 잡고 웃었다. 딴 오락거리가 없으니 이상하게 생긴 외양 하나만으로도 대단한 구경거리였다. 조선말을 잘하는 것이 또 신기하고 기특하여 구경꾼들은 그들에게 항상 우호적이었다. 하멜이 자랄 때 배운 뱃노래를 홀란드말로 부르고 친구들이 그 박자에 맞추어 신 나게 춤을 추었다. 노랫소리에 더 많은 장꾼이 모여들었다.

노래 순서가 끝나고, 호버첸이 이곳에 오기 전 서울에서 겪은 이야기를 했다. "우리가 처음 서울로 압송되어 갔을 때 우리 숙소 부근 골목길은 구경꾼으로 꽉 차서 우리가 나다닐 수가 없었지요. 이상한 소문이 돌았습니다. 우리의 금발을 보고 사람이라기보다는 물속에 사는 괴물이라 했지요. 그리고 우리 코가 너무 커서 물을 마실 때는 귀 뒤로 돌려놓고 마신다는 소문도 났습니다."

구경꾼들이 와 웃었다. 장이 설 때마다 하는 짓이라, 자주 이야기를 바꾸었다. 노래와 춤을 즐긴 후 사람들은 마지막 기회란 말에 가난한 주머니를 털어 너도나도 나막신을 사주었다. 이제 떠나는 마당에 한 푼이라도 더 벌어 가져가야 했다. 병영에 가족을 두고 떠나는 이들은 더욱 그러했다.

이틀 후, 하멜 일행이 떠나는 날이었다. 병영 사령관에게 그동안 여러 가지로 감사하다는 인사를 했다. 순천과 여수 좌수영으로 가는 동료는 같은 방향이니 순천까지 같이 간다고 했다. 하멜은 순천에서 다시 남쪽으로 더 걸어서 여수 좌수영으로 가야 했다.

하멜은 길 양쪽에 서 있는 구경꾼 틈에 용이를 안고 서 있는 해심을 바라보았다. 용이가 울며 아버지를 향해 팔을 뻗치자, 해심이 귓속말로 아들을 달랬다. 무언가 그들의 생활에 큰 변화가 오는 것을 아는 것처럼, 아이는 풀이 죽어 엄마 가슴에 얼굴을 기대고 손가락을 빨았다.

저 천한 무당 모자를 누가 보살펴 줄 것인가? 누가 저들의 눈물을 닦아 줄 것이며, 누가 강에서 물을 길어와 채소밭을 가꾸어 줄 것인가? 하멜은 목이 메었다.

일행 중에 병자가 두 사람이 있어 관에서 말을 내주어 수

레를 끌었고 일행의 초라한 짐도 실었다. 걸을 수 있는 사람은 걸어야 했다. 하멜이 뒤돌아보니 해심은 용이를 안고 넋이 빠진 듯 그를 바라보고 있었다.

자기 의사와는 관계없이 운명이 결정되는 이런 생활은 얼마나 더 계속될 것인가? 10년 전 조선에 표류했을 때는 무슨 수를 써서라도 고국에 돌아가는 방법을 모색했고, 희망이 있었다. 그러나 지금은 타의에 의해서 해심과 용이를 이곳에 두고 듣지도 보지도 못한 낯선 고장으로 또다시 떠나야 했다.

하멜 일행이 좌수영에 도착하니 놀랍게도 바다가 훤하게 열린 항구가 아닌가! 항해에 익숙한 그들이 제일 먼저 생각한 것은 눈앞에 보이는 넓은 바다로 나가 어둠을 타고 도망하는 것이었다.

조선 관리들이 일행을 그곳으로 보낼 때 이 점을 헤아리지 못한 것이 이상했다. 고양이 앞에 생선을 내놔도 분수가 있지, 항해가 전문인 이들에게 도망가라고 부추기는 것과 마찬가지였다. 당시 조선인은 이런 점에 어두웠다. 홀란드인과는 달리, 조선인은 멀리 바다로 나가 개척하는 사람들이 아니었다. 나라가 침범 당했을 때 국토를 방위했고, 평상시에는 근해에서 고기잡이하는 정도였다. 하멜 일행 중에 두 사람이 청나라 사신에게 접근하여 일본으로 보내달라고 간청했던 사건이 발생하자 조정에서는 다시는 그런 일이 없도록 서울에서 멀리 보내는 것만 생각했다.

하멜 일행이 좌수영에 도착한 지 사흘 뒤에 전라 좌수사가 새로 취임했다. 그는 하멜 일행을 잠시도 쉬지 못하게 했다. 여름 뙤약볕 아래 영내에 크고 작은 부역을 시키기 위해 관아 앞마당, 바로 눈앞에 보이는 곳에 아침부터 밤늦게까지 대기시켰다.

바다가 눈앞에 있었지만, 그들의 삶에 달라진 것이 없었다. 날씨가 좋은 날은 화살을 주우며 하루를 보냈다. 병사들이 모두 일등 궁수가 되려고 활쏘기 연습을 하니, 온종일 그 시중을 들어야 했다. 그리스도 교인을 이토록 핍박하면, 전능하신 하느님이 반드시 그 대가를 치르게 하시리라 하며 하멜은 자신을 타이르는 것은 물론, 하루하루 죄수 같은 생활에 의기소침한 동료를 다독거렸다.

어느덧 추운 겨울이 다가오는데 여벌의 옷이 없었다. 흉년이 계속되어 생활필수품을 얻는 것이 더욱 어려웠다. 게다가 관아에 계속 붙잡아 두니 구걸하려 나갈 시간도 없었다. 남원과 순천으로 간 동료는 그쪽 상황이 나았던 까닭에 그래도 괜찮은가 보았다.

하멜은 이런 사정을 전라 좌수사에게 설명하고 외출을 허용해 달라고 간청했다. 좌수영에 온 일행 12명 중에 6명이 바깥에 나가 먹을 것과 입을 것을 구하는 동안 나머지는 영내에 남아 일을 하겠다고 청을 올렸다. 바깥 세상에 나가 이곳 동정을 살피며 도망 갈 궁리를 하는 것이 더 중요한 이유였다.

좌수사가 성질이 고약하여 허락하지 않을 줄 알았는데, 나가서 끼니라도 해결하라는 뜻인지 그 요청이 뜻밖에 수락되어 일행 중에 나머지 반은 나다닐 수 있게 되었다. 나중에는 감시하는 사람이 눈 감아 주어 돌아오는 날짜를 늦추어 보름에서 어떤 때는 한 달까지도 드나들 수 있었다. 그렇게 하여 바깥세상에 돌아다니며 일본으로 가는 물길을 알아보고 또 나가서 번 돈은 영내에 남아있던 동료와 나누어 가졌다.

하멜이 좌수영에 배치된 지 일 년이 지나서야 겨우 허락을 받아 가족을 만나러 가게 되었다. 빨리 걷는다 해도 왕복 십 일이 걸릴 것이고 또 가족과 한 열흘 같이 보낼 것을 생각하면, 아무래도 이십 일은 걸릴 것이었다. 또 어려운 형편에 노자 준비도 쉽지 않았다.

작년에 이곳으로 배치되면서 지나는 곳마다 사람들에게 지명을 물어 적어놓은 것이 도움되었다. 서쪽으로 병영 마을을 향해 순천을 지났다. 작년에 적어놓은 지명의 역순서로 보성, 장흥 등 확인해가며 걸었다. 짚신 신은 발에 물집이 생기고 다리가 아파 절룩거렸다.

닷새째 되는 날 늦은 오후에 병영이 가까웠다. 그 사이에 들판은 보리밭에 푸름이 나날이 더 해 갔고, 산자락에는 진달래가 꽃 필 준비를 하며 봉오리를 맺고 있었다. 작년에 병영을 떠날 때는 지금보다 조금 이르기는 했지만, 그때도 봄이었다. 그땐 이런 것이 하나도 보이지 않았다. 심한 가뭄이 계속되어 온 들판이 말라서 그랬을까? 그럼 작년엔 진달래조차 꽃이 피지 않았던가? 아니면 가족을 두고 떠나며, 노예같이 이리저리 끌려다니는 자신의 신세가 너무도 절망적이라 그런 것들이 눈에 보이지 않았단 말인가?

그러면 지금은 그때와 달리 살아갈 희망이 보이는가? 해심과 사랑스러운 용이, 아무리 힘들어도 가족을 만나는 기쁨에 발이 아픈 줄도 몰랐다. 그러나 한 편으로는 마음이 복잡했다.

좌수영에서는 노예 같은 생활에서 벗어나고자, 능력 있고 힘 좋은 몇 명의 동료가 도망할 방법을 모색하고 있었다. 표면적으로는 평온한 일상을 보내는 척하며 비밀리에 정보수집을 하고 있었다. 하멜 자신도 그 계획에 동참하겠다고 이미 말했지만, 혼자 힘으로 식구를 먹여 살리느라 갖은 고생을 하는 해심을 생각하면 차마 못 할 짓이었다. 그렇다고 젊은 나이에 이 땅에서, 그것도 그리스도를 전혀 모르는 이방인들 밑에서 죽을 때까지 노예같이 살 수도 없었다.

해질 무렵, 길가의 무당집이 보였다. 담이 높아 두 칸짜리 오두막 지붕이 보일락 말락 하는 저 집, 새삼스럽게 높게 쌓은 담이 자기 가족을 보호해 줄 것 같아 안심이 되었다. 절룩거리며 달려가는데 가슴이 뛰었다. 사립문 너머로 마당을 들여다보니 하얗게 만발한 매실나무 아래 용이가 강아지와 놀고 있었다. 이제 다섯 살, 그 사이에 많이 자랐구나.

그는 "용아," 하며 사립문을 열고 마당에 들어섰다.

"아부지!" 어린 놈이 용케도 아버지를 기억하고 쫓아와 안겼다.

안방 문이 활짝 열렸다. 통통하게 젖살이 오른 아기를 안고 내다보는 해심, 아기에게 젖을 먹이던 중이었던가 하얀 가슴이 열려 있었다. 그동안 아기를 낳았구나! 아내가 임신한 것도 몰랐다. 빨간 댕기로 노랑머리를 양쪽으로 가르마 타서 숱이 적은 아기 머리를 예쁘게 묶어놓았다.

아기는 젖 달라 울고 젊은 부부는 쪽마루에서 서로 끌어안고 울었다. 용이도 뒤에서 아비 허리를 끌어안고 덩달아 울었다. 엄니가 부엌에서 저녁을 짓다 말고 잠시 내다보더니 그들을 가만히 내버려두고 하던 일을 계속했다.

이튿날 아침 일찍, 하멜은 닭장 청소를 하고 똥을 거두어 텃밭에 가져왔다. 조선에서 농촌 일을 많이 해서 일이 몸에 배인 그는 한나절 풀을 뽑고 밭을 맨 후 흙에 닭 똥을 잘 섞었다. 날씨가 따뜻해지면 엄니가 곧 고추와 깨를 심을 터이니 땅을 미리 준비해주고 싶었다. 밭 한쪽에는 작년 가을에 마늘 파종을 했는지 짚을 덮어 놓았다. 엄니는 이제 무당 노릇을 그만두고 농사짓고 아이들을 돌보며 집안 살림만 했다.

배가 고프던 참에 해심이 점심을 가지고 왔다. 보리밥과 그동안 먹고 싶었던 뜨끈뜨끈한 시래기 된장국이었다. 엄니가 해준 음식을 오래 먹어 그런지 집 떠나 있을 동안 그 역겨웠던 이 시래기 된장국이 유난히 먹고 싶었다. 양지바른 언덕에 앉아 해심이 그가 맛있게 먹는 모습을 행복하게 바라보며 둘은 점심을 끝냈다.

해심이 흐드러지게 핀 참꽃 꽃잎을 따서 그의 입에 넣어 주었다. 달짝지근했다. 먹을 수 있는 꽃이라 참꽃이라고 했다. 독이 있어 먹을 수 없는 철쭉은 개꽃이라 하는데 참꽃보다 색깔이 진하고 안쪽에 색깔이 짙은 반점이 있었다. 배가 고플 때는 산천에 먹을 수 있는 것과 못 먹는 것을 가려내는 것이 중요하다고 엄니가 말하곤 했다. 둘은 아이들처럼 다투어 꽃잎을 따먹었다.

먼 들에는 아지랑이가 춤을 추었다. 살랑대는 봄기운, 하 멜이 해심을 안았다. 그토록 풍만했던 그녀의 몸이 그동안 많이 야위었다. 어제 밤에도 그렇게 느꼈는데 지금 밝은 데서 보니 안색조차 창백했다. 그 깨끗하던 피부에 기미조차 끼었다.

"몸은 성키나 혀?"

"요새는 밥을 먹어도 소화가 통 안 되고이 속이 쓰리당게.

234

굿을 히도 신이 안나는디 영험이 있을랑가 모르것네. 이놈의 짓을 얼매나 오래 할수 있을랑가."

"의원헌테 가봐야 쓸랑가? 아그들허고 참말로 고생이 많제?"

해심이 속이 쓰리다니 나쁜 병은 아닌지? 고생이 많은 줄 알면 뭐 하는가? 자신은 밤을 타고 도망할 궁리나 하고 있지 않는가? 하멜이 그 생각으로 잠시 산만해졌을 때 해심이 입술을 맞추며 그를 끌어안았다.

매끄럽고 뜨거운 몸이 그의 몸을 빨아들였다. 젊은 나이에 본의 아니게 일 년 이상 떨어져 있었던 그들은 아무도 없는 야산 꽃 그늘에서 서로를 탐했다. 남자의 격정, 여자의 흐느끼는 소리, 앞 강물이 출렁거리며 끝없이 흘렀다. 하멜은 해심을 안고 울었다. 그가 왜 우는지 모르면서 해심도 따라 울었다.

열흘 동안 집에 있으면서 하멜은 끝내 그 말을 하지 못했다. 몸이 불편한 아내가 남편이 돌아왔다고 잠시 안도하고 있는 터에 차마 떠나겠다는 말을 할 수 없었다.

어느 날 해심이 한숨 쉬며 말했다. "남자야 뭐, 열 달 배속에 애를 가져 봤나, 진통의 고통을 아나? 아픈 애기 병간호해 봤나? 밤에 잠 안 자고 우는 아기 젖 먹여 봤나? 무슨 애착이 있겠어. 애새끼 맹글어 놓고 휭 가뿌리면 그만이제."

무슨 예감이 있는 듯 그런 말을 할 때도 하멜은 아무런 대꾸를 하지 못 했다.

마지막 날, 하멜은 차마 발이 떨어지지 않아 점심까지 먹고 떠나면서 간난이를 품에 꼭 안고 해심의 말을 곰곰이 생각해보았다. 그녀의 말이 정말인가? 간난이는 그가 생각지도 않았던 아이였다. 낳을 때의 고통, 엄니의 도움, 지금까지 간난이를 기른 것은 순전히 모녀의 사랑과 정성이었다. 애새끼 만들어놓고 자기는 휭 가버리면 그만이었다. 그러나 이토록 귀한 것이 이 세상에 있다니, 용이만큼 귀한 아이였다. 그러나 그는 아이를 해심의 가슴에 다시 안겨주고 여수를 향해 떠나야 했다.

그 이듬 해 8월 중순이었다. 하멜이 작년에 가족을 만나보고 여수에 돌아 온지 일년 반이 지났다. 지난번 병영에 갔을 때 해심의 건강이 좋지 않아 그 생각이 뇌리에서 떠나지 않았다. 위장 속에 혹이 하나 자라고 있는 것이 손으로 만져졌었다. 소화가 안 된다고 하며 잘 먹지를 못했다. 이젠 굿을 할 신명도 없고 기운도 없다고 했다. 그런 해심을 조선 땅에 버려두고 고국으로 도망할 궁리를 하고 있는 자신은 죽일 놈이었다.

그동안 동료 선원들은 일본으로 도망할 배를 사려고 백방으로 알아보고 있었으나 아무도 그들에게 배를 팔려 하지 않았다. 하는 수 없이 이웃에 사는 조선인 친구를 매수하여 그의 이름으로 배를 사기로 했다.

하멜은 떠나기 전에 가족을 한 번 더 만나고 싶어 오랫동안 계획하고 있었다. 먼 거리라 오고 가는 것이 쉽지 않았고 새로 온 좌수사가 까다로워 이제야 겨우 허락을 받았으며 호버첸에게 가만히 말했다. "떠나기 전에 마지막으로 식구들을 한 번 더 봤으면 해."

호버첸은 이제 겨우 25살이며 가족이 없었지만, 하멜의 심정을 이해하는 듯 그를 안심시켰다. "그럼요, 어서 다녀오세요. 그 사이 배를 구한다고 해도 어차피 장마철이 지나야 떠날 수 있으니까요."

두 번째 길이라 지난번보다 쉬웠다. 밤에는 남의 집 헛간에서 모기에게 뜯기면서 잤다. 작년과 같이 순천과 보성을 지나, 나흘째에는 장흥이 가까웠다. 여기서부터는 옛날에 자주 다니던 길이라 지름길도 알았고, 그늘을 찾아 산길을 갈 때는 심심치 않게 머루도 따 먹었다. 배가 고파 옛날에 다니던 절을 찾아가니 혜민 스님이 반갑게 쫓아 나왔다.

스님이 감추어 놓고 혼자 마시던 술까지 대접해서 오랜만에 술맛도 보았다. 거나하게 취해 절에서 내려오는데 옛날 스페르베어 호에서 포도주를 마시던 생각이 나서 새삼스럽게 고국이 그리웠다.

우거진 나무숲 속에서 매미가 울고 계곡에 물이 흘렀다. 지금까지 땡볕에서 여러 날 터벅터벅 혼자 걸었던 하멜은 산사의 나무 그늘이 하도 시원해 조선 사람들이 말하는 신선이라도 된 기분이었다. 절은 조선에서 가장 경치 좋은 곳에 있고 가장 견고하게 지은 건물들이지만 울긋불긋한 단청과 절 안의 그림들이 하멜의 눈에는 신성한 기도의 장소라기보다 무슨 청루(靑樓)에 온 것 같았다.

그러나 그건 감히 입 밖에 낼 수 없는 혼자만의 상념이었다. 그리스도 교인이 이교도에게 가진 편견이었다. 그들을 이해하려고 노력도 하지 않고, 지금까지 절에서 밥 얻어먹고 옷 얻어 입으며 여러 가지 신세를 져놓고 그런 생각을 하다니!

게다가 해심과 엄니가 믿는 신령님의 신상은 틀림없이 절 그림과 그 채색에서 따온 것이었다. 자기 아이들이 이 땅에서 굿을 하며 생계를 할지도 모르는 판에 잠시라도 그런 생각을 하다니!

그는 가슴에 십자가를 긋고 홀란드 말로 기도했다. '하느님, 죄 많은 저를 용서해주십시오. 우리 용이는 이제 7살, 간난이는 2살입니다. 이 땅에 살아야 할 아이들입니다. 생긴 모양이 달라 고초가 많을 것입니다. 세상이 바뀌어 우리 아이들이 대대로 좋은 세상에 살아가게 해주십시오.'

아이들을 생각하며 걸음을 재촉하는데 늦은 오후라 땀이 비 오듯 흘렀다. 병영 마을이 가까웠다. 멀리 무당집이 보이자 아픈 다리를 절룩거리며 달렸다. 너무 조용하구나. 왜 아이들 노는 소리조차 들리지 않는가? 사립문을 들어서니, 큰방 문이 열려있고 해심이 누워 있는 모습이 보였다. 가슴이 철렁 내려앉았다. 그녀는 방문을 모두 열어놓고 문지방을 베고 누워 있었다.

그가 방 앞에 있는 쪽마루에 앉으며 말했다. "왜 이렇게 축 늘어져 있능가?"

"인제사 오네."

해심은 그 사이에 얼굴이 더욱더 창백하고 뼈만 남아, 몸이 한 줌밖에 되지 않았다. 하멜은 다 헤어진 짚신을 벗고 방에 들어와 그녀의 앙상한 가슴을 어루만졌다. 해심이 그의 손을 끌어 자기 배로 가져가니 배 속에 주먹만 한 혹이 만져졌다. 그는 놀랐다.

"이렇게 커졌구나. 어찌된 일인가?"

그 대답은 하지 않고 해심이 힘들게 겨우 일어나 앉더니 담뱃대부터 끌어 당겼다. 해심은 전에도 담배를 자주 피웠다. 담배란 몸에 나쁜 것이란 생각이 들어 같이 살 때도 항상 주

238

의를 주었다.

불과 오륙십 년 전까지만 해도 조선에는 담배가 없었는데 일본을 통해 포르투갈에서 담배 씨를 들여왔다. 일본인이 골동대로 씨앗 한 대에 은 한 돈 또는 그에 상당한 값을 받고 팔면서 재배법을 가르쳐 지금은 남녀노소 할 것 없이 심지어는 네 살 또는 다섯 살의 어린아이들까지 담배를 피웠다. 다른 오락이 없는 나라라 그런 버릇이 쉬이 번졌다. 곡식 심을 땅에 담배를 심으니 밥은 없어도 담배는 있었다.

동료이자 친한 친구인 에보켄이 선의(船醫)라 담배에 독성이 있어 나쁜 병을 유발한다고 했다. 항해할 때 그를 도와 아픈 선원들을 돌보다 보니 하멜도 반 의사가 되었다. 에보켄에게서 들은 대로 그 말을 전했지만, 해심이 듣지 않았다. 지금 위 안에 주먹만 한 혹이 자라고 있는데 담배를 피우고 있다니! 오랜만에 만났지만 하멜은 화가 치밀었다.

"니가 몹쓸 병에 걸려부렀다. 인자는 술도 작작 마시고 담배는 끊어부러."

"이왕 죽을 몸인디 그런 거도 못허게 한당가?"

"애새끼들은 어쩔라고."

해심이 차갑게 말을 뱉었다. "니가 데려가 키워라."

"니가 미쳐도 참말로 미쳤구나."

"정 띠고 갈라고 그란다."

바깥에서 아이들 목소리가 들려 돌아보니 용이가 "아부지"하고 쏜 살 같이 쫓아와 안겼다. 더우니까 엄니가 세류천에 데리고 가서 씻었는지, 두 놈 다 머리가 젖어 있었고 얼굴도 깨끗했다. 간난이도 많이 커서 아장아장 걸어서 아비 쪽으로 기어 올라와 낯을 가리지 않고 옆에 앉았다. 절에서 얻어온 검은 콩 섞인 백설기를 주었더니 걸신들린 아이들처럼 작은 입을 오물거리며 먹었다.

"에비, 왔능가?"

"엄니, 그동안 편안하셨지라우?"

천진난만하고 행복해 보이는 아이들과 달리 엄니 얼굴에는 수심이 서려 있었다. 딸이 아프니 근심이 많을뿐더러 벌이가 없으니 생활이 곤란한 것이 뻔했다. 괴나리봇짐에서 삼베 세 필을 끄집어내어 주니 엄니는 잠시나마 얼굴이 환해졌다.

"팔아서 살림에 보태 쓰쇼. 에미는 아프고 혼자서 아그들 키우느라 고생이 많지라우."

이튿날 아침 시원할 때 나가서 고추를 따며 해심의 병 증세를 곰곰이 생각해보았다. 입맛이 없어 저녁을 조금 먹었는데 그나마 다 토했으며, 배에서 큰 덩어리가 만져지는 것이 아무래도 심상치 않았다. 종양 덩어리가 커진다고 했다. 이 일을 어떻게 하면 좋을까? 오랜만에 집에 오니 눈에 보이는 것이 모두 일이라 해심의 옆에만 앉아 있을 수가 없었다. 그렇다고 집에 마냥 눌러앉아 식구들을 돌볼 처지도 아니었다.

여수에서는 지금 동료들이 큰 바다로 나갈 배를 서둘러 구하고 있지 않은가? 시세의 몇 배를 주는 한이 있어도 살 용의가 있으며 장마철만 끝나면 떠나려 하고 있었다. 하멜은 이럴 수도 저럴 수도 없어 마음이 무거웠다.

엄니가 혼자 손에 잘 거두지를 못해 고추 수확이 빈약했다. 따가운 햇볕에 그나마 익은 것을 따서 집에 가져오니, 엄니가 고추에 묻은 먼지를 닦고 쪽마루에 고르게 폈다.

점심에는 식은 보리밥을 찬물에 말아 풋고추 가져온 것을 된장에 찍어 식구가 둘러 앉아 먹었다. 아이들은 맵지 않은 고추를 골라 주었다. 해심도 겨우 일어나 몇 술 들었다. 토하지 말고 제발 소화해야 할 텐데……. 영양이 있는 것을 좀 먹여야 하는데 이런 것만 먹고 어떻게 병자가 기운을 차리며 아이들이 자라겠는가? 그러지 않아도 산 토끼를 잡으려고 새벽에 언덕에 올라가 놈들이 다닐 만한 곳에 줄 덫을 여러 개 쳐 놓았다.

이토록 어렵게 살고 있는 식구를 이 땅에 두고 어찌 떠날 것인가? 어젯밤에 달을 보니 보름이 훨씬 지나 기울어가고 있었다. 장마가 끝난 후 음력 9월 초순에는 일행이 떠나기로 되어 있었다. 아무래도 식구들에게 자기 계획을 말하고 떠나는 것이 사람의 도리가 아니겠는가? 그러지 않으면 해심이 목이 빠지게 두고두고 기다릴 것이었다.

가족과 하루라도 더 있고 싶었다. 떠날 계획을 그만둘까? 가끔이나마 이렇게라도 집에 와서 해심을 돌보며 좌수영에서 노예생활을 계속해? 오후에 닭장을 고치면서 끝없는 상념에 시달렸다.

하멜이 여수로 돌아가기 전날 밤, 아이들은 옆방에서 자고 엄니는 자리를 비켜주는 듯 세류천에 멱 감으러 나갔다. 둘은 벽에 몸을 기대고 나란히 앉아 기우는 달을 쳐다보고 있었다. 오늘은 하멜이 산에서 잡아온 토끼를 엄니가 좁쌀을 같이 넣고 푹 고아서 아이들을 먹이고 해심도 먹어 기분이 좀 좋아 보였다.

"날 좀 씻어주면 쓰겄는디."

"그러지."

그는 새털같이 가벼운 아내를 방바닥에 눕히고, 커다란 바가지에 물을 떠왔다. 삼베 치마와 저고리를 벗기고 물수건으로 해심의 몸을 정성스럽게 닦았다. 등을 닦고 가슴과 겨드랑이, 그리고 다리 사이도 씻어 주었다.

하멜이 그녀의 목을 젖은 수건으로 닦으며 말했다. "오늘은 안 토허네."

"자네가 와 있응게, 마음이 편하구만. 오늘은 좀 살 것 같어. 남의 살을 먹고낭게 기운도 나고. 어뜩게 잡았능가?"

"토깽이가 댕길만한 곳에 미리 줄 덫을 여러 개 쳐 놨더니, 두 놈이 걸렸더라. 누렁이가 덫에 걸린 놈을 찾아 미친 듯이 짖어서 쉽게 놈들을 찾았당게. 엄니가 또 한 마리 고아 주거덩 먹고 몸을 추슬러야지. 이런 니를 두고, 날이 밝으면 떠나야 허니 가슴이 미어지네."

"또 오면 되지, 뭐." 이렇게 희망적으로 말하는 해심에게 어떻게 영영 떠난다는 말을 하겠는가? 그러면 병이 더 도질 수도 있었다. 희망이 있으면, 병이 나을 수도 있으니 아이들을 위해서라도 그 말만은 하지 않는 게 좋겠다. 식구들과 하루라도 더 있고 싶었다. 떠날 계획을 단념해? 해심의 발바닥을 닦아주며 또 그 생각을 했다.

목욕이 끝나자 둘은 다시 벽에 기대 앉았다. 해심이 그의 입술에 자기 입술을 가만히 대며 말했다. "앗다, 시원하구만, 잉."

그녀를 시원한 방바닥에 고이 눕히니, 뼈만 남은 앙상한 몸이 그믐 달빛 아래 희게 빛났다. "괜찮것서?"

해심이 고개를 끄덕이며 그를 끌어안았다. 마지막 남은 진을 태우는 듯 그녀의 몸이 불과 같았다. 아직도 삼십 대의 젊은이, 불면 날아가 버릴 것 같은 그 몸을 하멜이 처음에는 조심조심 다루었다.

격정의 순간, 희미한 달빛 아래 두 사람은 몸부림치며 서로의 몸에서 떨어질 줄 몰랐다. '하느님, 제가 이 사람을 두고 어떻게 떠납니까?'하멜은 그녀의 다리 사이에 얼굴을 묻으며 "헉!"하고 울음을 토했다. 해심도 울었다.

이튿날 아침, 엄니가 좁쌀 주먹밥을 여러 덩이를 주면서 말했다. "가다가 배 고푸면 묵소."

"고맙소."

그는 주먹밥을 괴나리봇짐 속에 넣었다. "보여줄 것이 있지라우. 엄니가 비암이 몸에 좋다고 혀서, 한 마리 잡았소. 마당으로 나갑시다."

담 옆에 있는 옹기 단지 뚜껑을 열어 누런 뱀 한 마리가 도사리고 있는 것을 보여 주었다. "지가 가고나믄 에미한테 고아 멕이씨오."

"아이고 진짜로 큰 놈이구만. 잘 혔네."

"긴히 할 말이 있지라우. 엄니만 알고 기시오." 하멜은 목소리를 낮추었다. "지도 고국에 엄니가 있소. 죽기 전에 찾아가야 허것소. 지금 가믄 다시 못 돌아 올 것이오. 누구한테도 말하지 못하는 비밀이니 그리 아시오. 지가 다시 안 오거든 적당한 때에 에미한테 말 좀 전해 주시오. 아픈 사람한테 그 말을 지금 허면 증세가 더 나빠질까 봐 지금 그 말을 못허고 떠나요."

엄니는 한없이 슬픈 눈으로 그를 쳐다보았다. 멱살을 잡고 "아, 이 죽일 놈아, 아픈 사람 두고, 시방 가기는 어디를 간다는 거여?" 하고 울부짖어서 해결될 일이 아니었다. 엄니가 잠긴 목소리로 말했다. "그려, 병 나스먼 나중에 그 말 해줄랑게."

그때 용이가 아침을 마쳤는지 소매 끝으로 입을 닦으며 마당으로 나오니, 누렁이가 마루 밑에서 쫓아 나와 꼬리를 흔들었다. 아이는 제 나이 또래보다 키가 크고 의젓했다. "엄니가 아부지 아침 잡수라고 하는디요."

"오냐, 알겠다." 그는 아이의 손을 잡았다. "용아, 아부지가 가고 나믄 인자 집에는 남자가 니 하나뿐이다. 내가 없응께 엄니하고 할매한테 참말로 잘 혀라, 잉?"

"알었어라우."

그는 홀란드 말로 '내 피요, 내 살, 너를 두고 내가 가야 하는구나!'하고 중얼거리며 아이를 품에 안았다.

방에 들어가니, 오늘 아침에는 토끼 뼈 곤 국물에 된장을 풀어 넣고 푸성귀를 넣어 찌개를 끓여 놓았다. "엄니가 오늘은 어지께와 다르케 했는디, 맛이 괜찮구만. 간난이도 남의 살이 들어갔다고 조렇게 밥 사발을 긁어감서 먹네."

내외는 두 살짜리를 들여다보며 같이 웃었다. 온 식구가 이토록 포식할 수 있게 해준 하느님께 하멜은 마음속으로 감사기도를 드렸다.

"그리 생각해서 그랑가 당신 얼굴도 좀 매끈허게 보이네."

"그려?"

"능구렁이도 한 마리 잡아 놨응께, 내가 떠난 후에 엄니가 고아주실 끼다."

"그거는 또 어뜩게 잡었는디?"

"집에 오니 엄니가 비암이 몸에 좋다고 허더라. 단지에 개구락지 몇 마리 잡아넣어 논가에 파묻어 놓고 매일 용이 데리

244

고 가봤제. 어제 마침 능구렁이가 한 마리 기어 들어가 있길래 단지째 몽땅 들고 왔다. 보신을 잘해야 혀. 아그들을 생각혀서라도 회복해야 헌다? 알았제?"

"그려."하며 해심이 웃었다. "밖에 나가서 니를 배웅헐 수 없응게, 몸 성히 잘 있다가 와."

하멜은 속으로 탄식했다. '이런 너를 두고 내가 떠나야 하는구나.'

해심은 방문을 열어놓고 떠나는 그를 하염없이 내다보았다. 하멜도 한참 동안 집 앞을 떠나지 못했다.

참꽃

민석(南敏錫)은 열 살짜리 아들의 손을 잡고 가까운 뒷산 언덕 엄니의 산소로 올라가고 있었다. 삼년상이 어제 끝난 것이다. 어수선한 정국과는 관계없이 대지에는 싱그러운 봄기운이 감돌고 언덕에는 참꽃이 흐드러지게 피고 있었다. 바로 일 년 전, 그러니까 1945년 8월, 일본이 연합국에 드디어 항복했고 대한민국은 광복을 찾았다.

그러나 일주일 후에 소련군이 38선 이북에 진주했으며, 한 달 후엔 미군이 38선 이남에 들어왔다. 나라를 되찾은 기쁨에 가슴이 벅찼던 민석은 이 비상사태에 놀라고 비분강개했다. 세상이 이토록 어수선할 때는 내 식구나 잘 건사하며 조용히 시골에 살리라 생각하며 그는 건열(建烈)의 손을 꼭 잡고 언덕길을 올라가고 있었다.

'아, 올해도 참꽃이 피었구나.'

참꽃은 진달래 과의 관목으로 산기슭이나 구릉지에 자라며 먹을 수 있는 꽃이라 하여 참꽃이라 했다. 민석은 이 꽃을 보면 항상 선이 생각을 했다.

총각 시절, 그는 언덕 아래 선이네 밭을 매주곤 했다. 그 집에서 품 일을 해달라고 하면 민석은 만사를 제쳐놓고 달려가 무슨 일이든지 해주었다. 그때 초등학교에 다니던 선이는 열 살, 지금 건열이만 했고 방과 후에 민석에게 새참을 가져 오곤 했다.

넓은 들판엔 지열(地熱)로 아지랑이가 뭉게뭉게 피어 오르는 봄, 그는 잠시 호미를 놓고 선이의 손을 잡고선 참꽃이 흐드러지게 핀 야산에 올라가며 참꽃을 따서 귀여운 선이 입에 넣어주곤 했다. 열 살이란 나이 차이가 있어서 그땐 스스럼없이 지냈다.

아! 참으로 오래전 일이구나. 세상이 변해도 또 세월이 흘러도 변하지 않는 것은 해마다 다시 피는 참꽃과 선이에 대한 그리움이었다.

민석은 언덕에 서서 보리 싹이 파란 앞들을 내려다 보았다. 멀리 들이 끝나는 곳에 탐진강이 흘렀다. 이 강은 영암 국사봉에서 발원하여 강진만으로 흘러들어온다. 병영면을 돌아 서쪽에서 들어오는 또 하나의 수원(水原) 금강천이 있지만, 동쪽에서 들어오는 탐진강의 대규모 수량이 있었기에 강진만이 형성되었다. 강물은 농업용수로 사용되어 주위에 비옥한 평야를 이루었고 또 바다와 만나는 이 강 주변은 예로부터 어족자원의 보고를 이루었다. 민석은 강을 내려다보며 10년 전 그날을 되돌아보았다. 칼로 저미는 아픔 없이는 생각할 수 없는 밤이었다.

1935년 11월 하순, 깜깜한 백금포 부두에는 약 60척의 배가 어둠 속에 정박해 있었다. 중형인 30톤에서 대형의 50톤짜리 돛단배(風船)도 있었다. 주변에는 방금 추수한 쌀을 저장해놓은 대형 쌀 창고가 검은 윤곽을 보이며 줄지어 서 있었다.

탐진강 하류에 있는 이 백금포는 인근에서 생산되는 쌀을 집결하여 배로 인천, 제주도, 부산은 물론 멀리 평양까지 보냈다. 일본 강점기라 군량미 수송 등 일본으로 가는 쌀은 먼저 부산으로 보냈다. 경비초소에 켜놓은 석유 남포(lamp) 불빛이 기름처럼 번들거리는 수면에 출렁거리고 사방은 고요했다.

강둑에서 어둠 속을 주시하고 있는 키 큰 사내는 선이를 기다리는 민석이었다. 선이는 어릴 때부터 오빠 오빠하며 민석을 따랐다. 민석과 선이가 서로 좋아하는 사이라는 소문이 돌자, 선이 부모는 놀라서 딸의 혼인을 서둘고 있었다. 민석이 힘 좋고 성실하여 품팔이일꾼으로써는 최고였지만 사윗감이라니? 그들 생각엔 당치도 않은 상대였다.

민석은 마음이 초조했다. 겨울이라 해가 빨리 졌고 어린 처녀가 이런 곳에 와서 혼자 기다리지 않게 민석은 일찌감치 나와 그녀가 올 만한 쪽을 바라보고 있었다. 엄니가 만들어준 두꺼운 솜 저고리를 입었지만, 찬바람이 두꺼운 저고리와 맨 몸뚱이 사이를 들락날락했다. 그에겐 내복이란 것이 없었다.

그는 이튿날 새벽에 배를 타고 부산으로 떠나야 했다. 혼인 말이 오고 간다는 소문을 듣고 선이의 진심을 알고 싶어 석빙고(石氷庫) 앞에서 만나자고 한 것이다. 백금포는 곡물뿐 아니라 수산물의 유통도 편리하여 강둑 아래 석빙고 시설을 갖추어 놓고 이 고장에서 잡은 생선을 얼음 창고에 저장했다. 탐진강에 얼음이 얼면 2월에 한 자 이상 두께로 얼음을 잘라서 석빙고에 저장하여 여름 동안 사용했다. 석빙고의 내부는 콘크리트로 축조되었고 그 위에 흙을 덮어 단열은 물론 강둑의 일부가 되었다. 둑에서 내려오는 계단과 출입문 주위에는 화강암을 깔았고 석빙고 입구에 철문이 있었다.

그 전날 아침에 일찍 우물 터 향나무 숲 뒤에서 숨어 있다가 선이가 물동이를 이고 오는 것을 보고 헛기침을 했다. 민석의 목소리를 알아듣고 선이가 향나무 숲 가까이 왔다. 그가 목소리를 낮추어 말했다. "우리 배가 곧 부산으로 출항하는디, 떠나기 전에 한번 만나자. 내일 밤 석빙고 앞으로 나올래?"

"그라지라우." 하고 다소곳이 말한 후 선이는 두 말 하지 않고 물동이를 이고 우물 터를 떠났다.

무거운 옹기 물동이를 이고 오르막길을 올라가는 것이 힘들어 보여 냉큼 들어서 갖다 주고 싶었으나, 그 충동을 참으며 선이의 뒷모습을 묵묵히 바라보았다. 흰 무명 솜 저고리에 검은 통치마, 검정 고무신에 흰 버선을 신었다. 야들야들한 살결, 가는 허리, 터질 듯 한 가슴과 엉덩이, 생각만 해도 가슴이 뛰었다. 선이는 범표 검정 고무신을 신고 있었다. 지난번 집에 왔을 때 그걸 사주었더니 그렇게도 좋아했다. 미투리보다 고무신이 훨씬 더 편리하고 질겨서 좋다고 하면서. 그 좋아하던 모습을 생각하며 민석은 어둠 속에서 혼자 빙긋 웃었다.

선이가 보통학교를 졸업하고 처녀티가 나면서 그는 차차 남의 눈을 의식하게 되었다. 배를 타고 다니느라 자주 보지 못해서인지 올 때마다 여자다운 모습으로 변해가는 것이 경이로웠다. 자기 소유 땅이 몇 마지기밖에 없어 일본인의 땅을 소작해야 하는 군색한 살림이었지만, 선이 부모는 오빠 둘 밑으로 태어난 귀한 막내딸을 학교에 보내어 공부시켰다.

곡류 값이 내리고 땅값이 쌀 때 조선인 상인과 일본인이 금융기관의 혜택을 받아 땅을 사들이기 시작하여 조선인은 물론 일본인 등 새로운 지주층이 생긴 것이다. 농지면적은 그대로인데 새로운 지주층이 생기니 결국 땅 잃은 농민들만 늘었다.

선이네 집에서도 어른 모시고 아이 셋을 기르며 부친의 의료비 등 예상치 못한 지출이 생기자 하는 수없이 땅의 일부를 팔았다. 옛날엔 자기 소유의 땅에서 농사지었지만, 이젠 소작하며 일본인 지주에게 굽실거리게 된 것이다. 일 년 내내 농사지어 쌀은 일본인에게 넘겨주고 식구들은 콩밥과 수수밥으로 연명했다. 백금포에서 좋은 쌀이 전국 각지와 일본으로 나가고 있었지만, 정작 농사짓는 사람에겐 그림의 떡이었다.

민석이 뱃사공으로 일하며 부산, 인천, 제주도, 평양까지 다니던 1930년대는 전운(戰雲)이 감도는 광기(狂氣)의 시대였다. 당시 일본은 소위 범 아시아주의를 주장하며 아시아 국가들이 뭉쳐서 서양에 맞서야 한다고 했다. 일본은 당시 한반도와 만주를 이미 점령하여 대륙 진출의 꿈을 이루었고 이제 중일 전쟁을 준비하고 있었다.

민석은 어릴 때부터 뱃사람이 되는 것이 소원이었다. 남의 땅을 부쳐보았자 희망이 보이지 않는다고 홀어머니를 조르고 설득하여 결국 배를 탔다. 처음엔 심부름꾼 겸 청소부로 시작해서 지난 오 년 동안 뱃사공으로 일했다. 그가 타고 다니는 봉황호는 50톤급의 돛단배(風船)로 지금 이 백금포에 정박 중이며 쌀을 싣고 내일 새벽에 부산으로 떠날 예정이었다.

백금같이 하얗고 귀한 쌀이 집결하는 이곳, 그래서 백금포라 했던가? 봉황호의 선주는 강진 읍 태생으로 지난 몇 년 사이에 대지주로 성장했으며 30톤과 50톤의 풍선 두 척까지 소유하여 이곳에 정박해 놓고 있었다. 일본은 지주의 권리를 강화해주었고 식민지 정책에 편승한 지주들은 쌀 수출, 쌀 가격 변동 등으로 막대한 이득을 챙겨 더 많은 땅을 싼값에 사들이다 보니 자작농이 점점 줄어들었다.

그날 오후, 민석은 부두에서 다른 사공들과 인부들을 독려하며 창고에서 꺼낸 쌀을 배에 실었다. 딴 사람들보다 체격이 크고 힘이 좋아 인부들이 지고 들어오는 쌀 가마니를 쉴 새 없이 번쩍번쩍 받아 실었더니 일이 일찍 끝났다. 그래서 누구나 일을 시켜본 사람이면 민석을 좋아했다.

해 질 무렵 엄니가 콩과 팥을 넣은 찰밥을 해서 배에 가지고 왔다. 갯벌에서 바지락을 캐다 팔며 무거운 바지락 망태를 이고 다녀 더욱 키가 작아 보이는 엄니는 꼭두새벽에 떠나는 아들을 보러 부둣가로 나온 것이다. 아들의 모습이 유달라서 자랄 때 놀림을 많이 받았지만, 누가 뭐라고 해도 자기 아들이 이 세상에서 가장 잘났다고 생각했다.

엄니가 손을 들어 그의 얼굴을 만지려 발돋움하자 그는 큰 키를 구부렸다. 엄니는 하얀 피부, 우뚝한 코, 푸른 테가 있는 갈색 눈, 하나하나 이목구비를 쓰다듬었다.

"엄니, 추운디 얼렁 들어 가씨요."

"아이고, 오늘은 그리 춥지 않구만. 뭣보다 니가 내일 떠나는디 바다가 잔잔혀서 안심이여. 지금 가면 언제 온다냐?"

"곧 돌아 오것지라우."

"몸 성히 잘 있다 오니라. 근디 선이 집에서 혼인을 서두르고 있다는디. 내일 누가 선보러 온다고 허더라."

"알고 있구만요."

선이와 혼인할 것을 몹시 바라는 엄니는 신음과 같은 긴 한숨을 쉬며 뒤돌아서 마을로 향했다. 보통학교를 같이 졸업한 민석의 친구들은 나이 20 이전에 다 장가를 갔다. 얼굴이 새하얗고 키가 커 양놈같이 생긴 민석에게 아무도 딸을 줄려고 하지 않았다. 서른이 넘도록 아들을 장가들이지 못한 엄니는 어떻게 하면 노총각 신세를 면해줄까 고심하고 있었다.

일손이 부족하여 아들을 학교에 보내지 못한 부모도 있었지만 혼자 손에 보통학교를 졸업시킨 엄니는 그것이 못내 자랑스러웠다. 항상 책을 좋아하고 많이 읽는 아들이었다. 아버지도 키가 크고 용모가 준수하여 농군이라기보다는 점잖은 학자의 모습이었다. 엄니는 그러한 부자를 '우리 집 학자들'이라 불렀다.

아버지는 아들의 용모가 유별나 어디서 그런 용모가 기원했는지 그 나름대로 읽고 조사하고 고민하다가 몇 백 년 전에 서양사람 30여 명이 병영성에 여러 해 송치되어 있었다는 사실을 알아냈다. 제주도 해변에 난파선이 표류해 조선에 오게 되었다는 것도 알았다. 병영성은 민석이 사는 동네에서 멀지 않았다. 집안에 전해 내려오는 이야기에 의하면 선대에도 서양인 용모를 한 조상이 가끔 태어났다고 했다. 서양인의 유전인자가 자손들의 몸속에 숨어있다가 무작위로 후손에게 나타나는 모양이었다.

아버지가 일찍 세상을 떠난 후 몇 마지기 있던 논을 팔아야 했고 모자가 고생을 많이 했다. 양쪽 부모를 제대로 갖추지 못한 가난한 뱃사공에다가 양놈같이 생겼으니 선이 부모가 귀한 딸을 내줄 리가 없었다.

그때 조심스러운 발소리가 들렸다.

"선이?"

"오빠, 나여."

검은 수건을 쓴 선이가 어둠을 타고 조심스럽게 걸어오고 있었다.

"춥제?"하며 그는 얼른 선이의 어깨를 감싸며 강둑 아래로 데리고 가 석빙고 앞에서 그녀를 보듬어 안았다. 큰 키를 굽혀 선이의 얼굴에 자신의 얼굴을 비비며 말했다.

"떠나기 전에 너를 꼭 한번 보고 싶었당께."

선이는 그를 두 팔로 안으며 "나도 그려."했다.

세상에 이토록 사랑스러운 사람이 또 있을까? 둘의 입술이 포개어지고 그들은 떨어질 줄 몰랐다. 그의 사랑을 그 이상 표시할 수 없어 민석은 숨이 막혀 헉헉거렸다. 바로 그때 강둑을 내려오는 발소리가 있었으나, 그들은 서로에 몰두하여 알지 못했다. 석빙고 가까이서 그들을 엿듣고 있는 검은 그림자는 커다란 몽둥이를 들고 있었다.

"내일 누가 선보러 온다고?"

"그땜시 속상해 죽것서. 나도 오빠랑 함께 도망가고 싶어. 오늘 밤 날 데리가면 안돼? 나 보따리 싸가지고 왔는디."

동생의 뒤를 밟은 큰 오빠의 조용하나 무서운 음성이 어둠 속에서 들려왔다. "선아, 얼렁 집으로 가자고."

민석이 놀라 엉거주춤하고 있는데 몽둥이가 민석의 어깨를 후려쳤다. 졸지에 당한 일이라 그는 균형을 잃고 그만 쓰러졌다. 선이도 같이 넘어지자 민석이 얼른 자기 몸으로 덮었다.

"야, 싸게 안가고 뭣허고 있어?"

놀란 선이가 겁에 질린 음성으로 말했다. "오빠, 왜 이려? 그라지 마."

"그럼, 민석이 놈한테 말하마. 야 이놈아, 너 같은 잡종새 끼 늙은 놈헌테 우리 선이를 줄 것 같혀? 거그다 은제 바다에 빠져 뒤질지도 모르는 뱃놈헌티? 어림없는 소리!"

민석은 선이를 안고 엎드린 채 숨을 죽였다.

"내일 강 건너 삼신리에서 선보러 온다는디 이게 뭔 꼴이여? 니가 시방 내 동상 신세를 망칠라꼬 작정했냐? 니가 진짜로 갸 행복을 원한다믄 이곳을 떠나야 혀! 이 동네에 당채 나타나지 말란 말이여!"

아무 대답이 없자 그는 계속했다. "가자, 선아. 니가 안 따라오면 저놈을 읍내 주재소에 당장 보고할랑께. 아부지도 지금 집에서 단단히 벼르고 기신다. 민석이 이놈, 선이를 안 놔주믄 내일 배를 못 타는 것은 물론 주재소에 갇혀 죽도록 뚜들겨 맞을 것이여."

그 말에 선이가 민석의 품을 빠져나왔다. 큰오빠는 어둠 속에 희끄무레하게 보이는 선이의 보따리를 집더니 동생의 손을 잡았다. 끌려가면서 선이가 어둠 속에서 "민석이 오빠!" 하고 울부짖었다.

민석은 "꺼억, 꺼억" 하며 석빙고 철문을 치며 울었다.

꼭두새벽에 엄니가 헐레벌떡 봉황호로 쫓아왔다. 간밤에 선이 부모가 엄니를 찾아와 협박하고 돌아갔다고 했다. 민석이 백금포에 다시 나타나면 그들의 일본인 지주를 통해 당장 주재소에 연락하여 붙잡아 갈 것이라고 엄니가 울면서 말했다.

"몸을 피해야 혀. 중과부적이잖여. 오더라도 세월이 한참 지난 후에 집에 오니라. 지금은 그럴 때가 아니잖여. 아야, 에미 부탁잉께 명심허거라. 우선 살아야 될거 아니여."

민석은 엊저녁에 선이 오빠가 다녀갔다는 말을 하지 않았다. 어깨를 다친 것도 엄니가 알아 봤자 걱정만 더 할 것이었다.

"엄니, 우리는 부산항 부두 가까이 있는 중앙 여관에 묵을 것잉께 혹시 연락할 일이 있으믄 선주를 통해 그 짝으로 연락하씨요."

엄니는 떠나기 전에 돈 20원을 아들의 손에 쥐어주었다. 민석이 배에서 받은 월급 중에 매달 얼마씩 떼어서 용돈으로 드렸는데, 쌀 한 가마 값이 그때 20원이었다.

그 이튿날 아침 일찍, 민석은 선장과 다른 뱃사공을 도와 돛을 올렸다. 어젯밤 몽둥이로 맞은 자리가 아파 어깨와 오른 팔을 쓸 수 없었다. 그래도 몸을 빨리 움직여 떠날 준비를 하면서도 마음이 허둥거렸다. 몸은 시간이 지나면 치유되겠지만, 가슴을 후벼 파는 이 상처만은 낫지 않을 것이었다. 잡종 새끼에 늙은 놈, 거기다가 뱃놈. 지금까지 수없이 그런 말을 들어왔지만, 선이 앞에서 그녀의 오빠가 뱉은 이 말들은 지금까지 들어온 어느 말보다 잔인했다.

선이 집에서는 이 때문에 더욱 서둘러 혼인시킬 것이 뻔했다. 그렇다고 지금 선이 집에 쫓아가서 사람을 빼내 올 수도 없는 처지였다. 오빠는 동생의 행복을 말했다. 무엇이 행복인가? 선이가 마음에도 없는 사람에게 시집가는 것이 행복이란 말인가? 그리고 자기 같은 잡종 새끼는 혼인도 할 수 없고 가족도 가질 수 없단 말인가? 민석은 억울했다.

봉황호는 돛이 세 개, 당시 수준으로는 대형 풍선(風船)이었다. 쌀을 가득 싣고 부산을 향해 동이 트기 전에 바람을 타고 유유히 포구를 빠져나왔다. 엄니가 말한 대로 날씨는 매섭지 않았다.

뱃머리에 나오니 새벽 날씨가 맑고 바람도 좋았다. 유유히 흘러가는 강물을 내려다보며 민석은 상념에 잠겼다. 선이는 지금 무슨 생각을 하고 있을까? 강 건너 삼신리의 신랑감은 어떤 사람일까? 앞으로 우리의 운명은 어떻게 될까? 이러다가 내가 미쳐버리는 것은 아닌가?

잠시나마 생각을 딴 데로 돌려보자. 그는 호수같이 잔잔한 물길을 멀리까지 내려다보았다. 강진만은 내륙 깊숙이 들어와 있어 돛단배들이 정박해 있는 동안 풍랑에 구애 받지 않았다. 그래서 해양활동이 왕성하여 백금포, 남포, 장포, 구강포, 원포 등 포(浦)자가 들어가는 지명, 즉 포구가 많았다. 봉황호는 이제 남포를 지났고 강진만 한가운데 새벽안개 속에 졸고 있는 가우도가 멀리 보였다. 이 섬은 강진 만에 있는 섬 중에 유일하게 사람이 사는 유인도로 오래전부터 사람이 살았단 얘기를 들었다.

바람이 순조로워 계속 내려오니 대구면이 가까웠다. 이 부근에는 고려 시대의 청자 가마터가 있어 부친이 살아있을 때 같이 가 본 적이 있었다. 열네 살 되던 봄이었다. 용문천이 바다로 들어가는 하류, 넓은 들을 지나 사당리에 도자기 파편들이 산재해있는 것을 보았다. 이 대구면 도요지에서는 고려 말까지 몇 백 년 동안 청자를 만들었다고 했다. 왕실에서 사용했을 뿐만 아니라 중국 일본까지 수출했으므로 이곳은 청자를 가득 실은 배가 드나들던 번화한 포구였다.

배는 어느덧 강진만을 빠져나와 마량항과 고금도 사이로 나왔고 바람이 좋아 배는 순조로이 전진했다. 민석은 언제 봐도 아름다운 이곳을 사랑했고, 여기서 넓은 바다로 나가는 것을 더욱 좋아했다. 그러나 오늘은 그저 심란하기만 했다. 강 건너 삼신리에선 선이를 선보러 온다고 하는데 자신은 멀리 부산을 향해 떠나고 있었다. 이 일을 어찌하면 좋은가?

이튿날부터 먹구름이 끼고 바람이 불기 시작했다. 저녁이 되니 산더미 같은 파도가 포효하며 배를 덮쳤다. 50톤짜리 풍선(風船)이라고 해도 노한 바다 위에서는 가랑잎이나 다름없었다. 거친 파도가 뱃전을 넘나드는 바람에 배 바닥에 물이 고이기 시작했다. 강풍에 휩쓸려 사공들이 물이 흥건한 바닥에 거꾸러지고, 선장도 뱃전에 허리를 부딪치며 "으악"하고 소리 지르며 나둥그러졌다. 몽둥이로 어깨를 맞아 여전히 오른 팔을 못 쓰는 민석은 쓰러지지 않으려고 왼손으로 뱃전을 꽉 잡았다. 당시 모든 화물 수송은 육로보다 뱃길을 더 이용했다. 수없이 오가는 부산 길이었지만 날씨의 변덕에 운명을 맡겨야 하는 돛단배였다. 선주(船主)는 이런 풍선을 더 안전한 동력선(動力船)으로 바꾸고 싶어 했으나, 아직 형편이 안 되어 몇 년 더 버티고 있었다.

저녁 8시경, 돛 세 개 중의 한 개가 찢어졌다. 기우는 달빛 아래 찢어진 돛이 바람에 펄럭이니 마치 늑대가 컹컹 짖는 것 같았다. 민석이네 집 뒷산에 늑대가 와서 울곤 했는데 어쩌면 저토록 소리가 같을까? 아니, 바다가 민석의 설움을 알고 같이 울고 있었다. 민석도 선이 이름을 부르며 파도치는 소리와 함께 울부짖었다.

앞으로 이 일을 어떻게 할 것인가? 마을에 돌아가서 선이 집을 찾아가 광태를 부려볼까? 죽도록 두드려 맞고 옥에 갇혀 엄니 애간장을 태워? 눈물에 젖은 그의 얼굴이 달빛에 번뜩였다. 자신이 혐오스러웠다. 선이가 데려가 달라고 호소했건만 그것을 들어주지 못한 못난 인간, 바다에 뛰어들어 죽고 싶었다.

언젠가 나를 다시 만나리라는 희망이 없으면 선이가 혹시 미쳐버리지 않을까? 또 이 세상에 혼자 남게 될 엄니, 때를 기다리라고 등을 토닥거려 주셨는데. 바로 이 두 사람이 아니었다면 그때 바로 물에 뛰어들었을 것이었다.

계속 날씨가 나빴다. 거기다가 돛조차 찢어져 봉황호는 칠 일째 되는 날 아침 간신히 부산만에 들어왔다. 쌀을 잔뜩 실은 배가 기우뚱거리며 겨우 이곳에 도착한 것은 기적이었다. 다른 사공들도 돕긴 했지만, 주로 선장의 경험, 그리고 민석의 힘과 기지 덕택으로 재앙을 면한 것이다.

부산만은 육지와 섬으로 둘러싸여 파고가 낮고 수심이 깊은 천혜의 포구였다. 지난 해 이맘때 개통된 영도다리가 멀리 보였다. 그때 민석이 부산에 있었으므로 다리가 개통되는 것을 보았는데 그날 다리 밑은 인산인해였다. 부산 인구의 삼분의 일이 나와서 영도다리가 올라가는 것을 구경했다는 말을 들었다.

부산항은 일본을 비롯하여 중국, 러시아 배들의 기항지라 크고 작은 증기선으로 붐볐다. 또 경부선의 종착지로 만주와 일본을 연결하는 주요 교통로에 있었다. 경부선 승객들이 부산역에 내리면 제1부두가 지척에 있어 바로 일본으로 떠나는 관부연락선을 탈 수 있었다.

봉황호는 제1부두를 지나 화물선들이 몇 채 정박해 있는

제2부두에 닻을 내렸다. 돛이 찢어지고 돛대까지 부러진 궁상스러운 모습이었다. 백금포에서는 이 배를 50톤 대형 풍선이라고 했다. 그러나 몇 천 톤 급 디젤 엔진 철강 화물선들이 정박해 있는 이곳에선 너무나 초라했다.

오후에야 인수인계가 끝나고 수리정비를 위해 배를 맡기고 선장과 선원들이 중앙여관에 여장을 풀었다. 당시 부산은 엄청난 변화를 겪고 있었다. 민석이 이곳에 올 때마다 느끼는 것인데 부산은 조선 땅이 아니라 바로 일본이었다. 특히 중앙동 일대는 눈을 닦고 봐도 조선인이 없었다. 이곳에는 영사관, 은행, 일본식 상점들이 빽빽이 도로변에 들어서 있고, 양식 또는 일본식 주택들이 경치가 아름다운 바닷가 언덕 위에 자리잡고 있었다.

기어들어가는 초가나 기껏해야 선주의 기와집만 보아온 민석의 눈에 이층집은 볼 때마다 신기했다. 길가의 전봇대, 그리고 찬바람 부는 늦은 오후 전깃줄에 참새들이 옹기종기 앉아 떨고 있는 풍경도 지금까지 보지 못했던 것이었다.

민석은 남자가 자전거를 타고 가는 것을 보곤 자신도 그런 것을 한번 타보고 싶었다. 그러나 곧 '내 형편에 아직도 그런 호기심이 남아 있구나' 하고 그는 혼자 고소를 금치 못했다. 잠시 자신의 절망과 방황을 잊은 것이다.

커다란 방에 다른 뱃사공들과 함께 기거하며 배가 준비되는 대로 백금포로 떠나기로 되어 있었다. 폭풍우에 돛대가 꺾인 풍선으로 여기까지 오느라 수고했다며 선장이 한턱 쏜다고 하여 선원들은 거리로 나갔다. 그러나 민석은 그럴 기분이 나지 않아 혼자 방 안에 있었다.

항해 중에 허리를 다친 선장도 나가지 못하고 있다가 여관 종업원을 시켜 민석을 잠시 오라고 했다. 자기를 아끼고 믿어주는 선장이라 전처럼 장부정리를 시키려나? 하고 민석은 그가 혼자 거처하는 작은 방으로 갔다.

"성님, 허리 좀 어짜요?"

"아까 약방에 가서 사론 파스 사다 붙였더니 좀 나슨거 같어."

"한번 보여 주씨요,"

멍든 자리가 푸르딩딩했다.

"내 허리보다 더 중요한 얘기가 있구먼. 오늘 조운(漕運) 사무실에 가서 선주와 전화 통화를 했는디. 우리가 부산에 무사히 도착했고, 배가 수리되는 대로 빨리 돌아가겠다고 그랬제. 선주가 너헌티 긴한 말이 있다고 험서 자기 말을 전해달라고 허더라."

선주가 나한테 긴한 말이 있다고? 민석은 의아해하며 선장을 쳐다보았다.

"이거 원, 나가 니헌티 이런 말을 허게 될 줄 몰랐구먼!" 그는 한숨을 쉬며 뜸을 들였다. "선이 아부지가 일본인 지주를 뎃꼬 선주를 찾아 왔더라고 허더라. 선주 말을 요약허믄, 앞으로 몇 년간 니는 백금포에 절대로 돌아오지 말라 허더라. 그동안 수고했다고 험서 너헌티 금일봉을 주라 허네."

민석이 어리둥절하여 그를 쳐다보았다.

"말하자면 이거는 퇴직금이여." 하며 선장이 흰 봉투 한 개를 민석 앞에 내밀었다.

민석은 갑자기 뜨거운 것이 목에 확 치밀어 올랐다. 아, 선이를 잃고 일자리도 이렇게 뺏겨버렸구나. 얼굴이 벌겋게 달아올랐다. 목엔 핏대가 서고 심장이 금방이라도 터질 것만 같았다.

"니 마음 나가 안다. 긴말 안 허께. 선이 아부지가 자기 일본인 지주를 대동허고 찾아 왔응께 선주도 할 수 없었던 게비여. 그렇지만 선주가 널 좋은 일꾼이라 생각허는 것은 변함이 없어. 다만 일본인 지주의 쌀 운송을 맡고 있으니 그 고객의 청을 무시할 수가 없어 그렇지. 선이 아부지는 이제 그 일본인 지주 앞에서 더 굽실거리게 됐을 껴. 참, 자식이 뭔지."

딸을 위해 이런 비상 수단을 썼다는 말인가? 민석은 어이가 없었다.

"맘열 독하니 묵고 일본으로 떠나라! 잉. 만약에 조선을 뜨겠다면 도항증(渡航證)을 해주마. 사실은 시간이 걸리기 땜시 미리 선주에게 말해서 자네 관할경찰서에 사람을 보내 도항증을 만들어 중앙여관으로 싸게 보내라고 말해 놓았승게. 그것이 도착하거든 부산에서 관부연락선을 타고 시모노세키로 가거라."

그토록 믿었던 선장도 그들 편이었다. 아니 선장의 입장에선 그렇게 하는 것이 민석의 안전을 위해 상책이라 믿는 것도 같았다.

"시모노세키에 닿거든 나고야로 가라. 조선 사람이 많이 사는 곳이라 서로 도와준다고 허더라. 뱃사공 노릇 백 년 해봐야 몸에 골빙만 든다. 돈 많이 벌어와 땅을 사고 엄니 모셔라. 나고야에 내가 아는 사람이 있승게 소개장 써주께."

그의 말을 들으며 민석은 중과부적(衆寡不敵)이라고 하던 엄니의 경고를 생각했다. 주위에 자기편이 아무도 없는 지금 법은 멀고 주먹은 가까웠다. 아버지의 영향을 받아 엄니는 언문을 깨친 분이었고 한문도 좀 알았다. 엄니가 지금 옆에 있었더라면 사람의 일에는 때가 있다고 하실 것이었다.

닷새 후 봉황호의 수리가 끝나자 선장은 민석만 남겨놓고 다른 뱃사공과 함께 백금포로 돌아갔다. 떠나기 전에 그가 말했다.

"선이네는 강 건너 삼신리 신랑감과 이미 혼사가 결정되었다고 허더라. 땅마지기도 있고 따습게 사는 집이라 허네."

민석과 선이의 관계가 이미 동네 사람들 입에 오르내리려 하는 수없이 강 건너로 서둘러 시집 보냈다는 말을 보탰다.

✧

1943년 가을, 8 년 간의 일본 생활을 청산하고 민석 일가는 조선으로 돌아오고 있었다. 태평양 전쟁은 막바지에 이르렀고 시모노세키 항은 귀국하는 조선인으로 붐볐다. 나고야에서 살던 집은 일찌감치 처분했고 민석은 아내 유키코와 일곱 살짜리 아들 겐짱을 데리고 순서를 기다려 간신히 배를 탔다. 나고야에서 떠난 지 열흘이 지나 부산항에 내려 마침내 경상도와 전라도를 연결하는 경전선 (慶全線) 열차를 탄 것이다.

겐짱은 이제 조선에 왔으니 건열(建烈)이라 불릴 것이고, 유키꼬는 설자(雪子)라 불릴 것이었다. 모자는 긴 여행에 지친 모양인지 기차를 타자마자 잠이 들었다.

그의 장인 이상열씨는 일본에 처음 도착하는 조선인을 돕는 상애회(相愛會) 간부였다. 그의 호의로 민석이 나고야에 도착해서 한 달 동안 그분의 집에서 기숙했다. 이상열씨의 외딸 유키꼬는 키가 크고 잘 생긴 민석이 마음에 들었던지 처음부터 얼굴을 붉히며 온갖 호의를 보였다.

민석도 선이와 나이가 비슷한 유키꼬가 싫지 않았다. 엄니에게 편지했더니 선이는 이미 물 건너 가버린 사람이니 미련을 두지 말고 일본서 만난 처녀가 좋으면 결혼하라고 했다.

선이가 소박하지만 강인한 생명력으로 변함없이 버티어주는 야산에 자생하는 조선의 참꽃이라면, 유키코는 일본 정원에서 온갖 정성을 들여 키운 눈에 띄게 화려한 철쭉꽃이었다.

둘 다 진달래꽃과의 관목이다. 참꽃은 먹을 수 있는 꽃이라 참꽃이라 부르며, 산야에서 3, 4월에 꽃이 잎보다 먼저 핀다. 멋과 풍류를 아는 이들은 진달래 주나 화전(花煎)을 만들어 먹었다.

참꽃이 모두 떨어질 무렵, 5월 초에 철쭉이 화려하고 아름다운 자태로 정원에서 잎과 함께 꽃이 핀다. 꽃 속에 자주색 반점이 있고 끈적끈적한 독성 액체가 있어 꽃을 먹을 수 없어 개꽃이라 한다.

민석이 일본에 도착하여 유키꼬와 가정을 이루고 살았던 지난 8년간 이 나라는 항상 전쟁 중에 있었다. 특히 나고야에는 비행기, 자동차, 군수품 등을 제조하는 미쓰비시 공장이 있었다. 그 점에 착안하여 초기엔 장인의 도움을 받으며 민석이 고철 수집을 시작했다. 고국에 돌아올 때쯤엔 사업이 번창했으며 일본을 떠나기 전에 그것을 팔아 민석의 수중에 돈이 좀 있었다.

기차는 보성역을 접근하고 있었다. 경상도와 전라도를 연결하는 이 경전선은 밀양과 광주 사이를 운행하며 보성역은 그 중간에 있고, 민석의 고향 오동리에 가까웠다. 민석이 일본에 가기 전 1930년에 이미 이 역이 개통되어 보성읍은 교통과 상업의 요지가 되었으며 보성 차 등, 농산 물의 유통도 활발했다. 그들이 보성역에 내리니 부산에서 예약한 택시가 기다리고 있었다.

해가 뉘엿뉘엿 넘어가는 석양 무렵 마침내 오동리에 닿았다. 바람에 넘실거리는 황금물결, 익어가는 벼, 얼마 만에 보는 풍경인가? 민석이 감개무량하여 잠시 차를 세우라고 기사에게 말했다. 마른 논으로 들어가 벼 이삭을 가슴 가득히 안으니 논밭을 사서 엄니의 소원을 풀어 드리고 싶었다. 아내와 아이도 차에서 내려 신기한 듯 논에 들어와 벼를 만져보았다.

들이 끝나고 산 밑에 있는 집 앞에 택시를 세웠다. 사방이 기괴하리만큼 조용한 가운데 커다란 가방을 들고 세 식구가 사립문을 들어섰다.

귀국하기 전에 편지했으나 엄니의 답장을 받지 못했다. 전시라 우편이 원활하지 않은데다가 그동안 엄니의 편지가 뜸했다. 그런데 왜 이렇게도 집이 조용한가? 집 떠나 멀리 있는 동안 큰 건물을 많이 본 까닭인가? 오랫동안 지붕을 갈지 않아 시꺼멓게 변한 초가는 마치 움막과 같았다.

"엄니!"

아무 대답이 없어 신을 벗고 마루로 올라가 안방 문을 열었다. 때가 묻은 이불 호청에 자주 깃을 댄 검정 무명 이불이 눈에 익었다. 이불 밑에서 조그만 형체가 움직이며 앙상한 손으로 허우적거렸다. 가까이 가니 "아야 왔냐?" 하는 가느다란 음성이 들렸다.

민석은 엄니의 뼈만 남은 가냘픈 몸을 안았다. 건열 모자가 방에 들어서자 엄니는 처음 보는 손자와 며느리를 쳐다보더니 두 눈에 눈물이 고여 주르륵 흘러내렸다. 너무나 가련한 엄니의 모습이었다.

혈육이 무엇인가? 천륜을 아는 듯 순한 아이는 손등으로 눈물을 닦았다. 그 모습을 보고 엄니가 "아이고, 내 새끼야." 하며 애써 진정했다.

이웃에서 도와주는 사람이 와서 저녁을 준비하러 부엌으로 가자 엄니가 조용히 말했다. "니가 보낸 돈으로 끼니때는 이웃 사람을 쓰고 있당게."

엄니는 기다리던 아들을 위해 갈무리해놓은 음식을 준비하라고 들릴락 말락 하는 작은 목소리로 지시했다. 소금에 묻어놓은 조기와 달걀이 있었고, 민물 새우를 소금에 절여 폭 삭힌 토하젓은 민석이 특히 좋아하는 밑반찬이었다. 오랜만에 돌아온 아들을 위해 먹을 것을 준비하자니 잠시 기운이 나는 듯 하더니 기침을 심하게 했다.

"엄니가 이렇게까지 된 줄 모르고……."

아내가 부엌으로 나간 사이 엄니가 작은 소리로 말해 주었다. "선이가 친정에 간다는 핑계를 대고 나한테 자주 왔다. 며칠 전에도 와서 땅콩 죽을 한 솥 끓여 주고 갔는디 며칠 맛있게 먹었더니 좀 살 거 같더라."

엄니는 숨이 가빠서 말을 잠시 중단하다가 다시 말을 했다. "선이는 즈그 집 이야그를 잘 안 허지만, 소문을 들옹께 남편이 의처증이 있다고 허더라. 우리 땜시 그런 것 같아서 양심에 가책이 돼 오지 말라고 했는디, 혼자 있는 내가 못 잊혀 자꼬 오는구나."

"아, 선이!"하고 신음하며 그는 고개를 숙였다.

엄니가 그를 애처로운 눈으로 바라보았다.

집에 와서 제일 먼저 한 일은 엄니를 순천도립병원으로 모시고 간 것이었다. 의사가 폐암이라 진단했다. 초기에는 증상이 없어 환자가 모르고 지나기 일쑤인데 엄니는 이미 3기가 지났다고 했다. 의사는 수술을 권하지 않았고 본인도 그럴 생각이 없었다.

엄니가 의사에게 물었다. "어린 손자가 있는디 할매하고 같이 있어도 쓰겄소?"

"폐암은 전염병이 아닙니다. 폐결핵과 다르지요. 환자가 면역성이 약해 감기나 폐렴 등에 걸리는 수가 있으므로 그것이 아이에게 옮을 수는 있지요. 그 점을 잊지 마시고 위생에 유의하시면 됩니다."

의사의 말에 엄니 얼굴에 안도의 기색이 떠올랐다.

엄니의 기침과 가래가 심상치 않아서 폐결핵인가 하고 우려하던 아내에게 그 말을 전했더니 조금 안심하는 듯 고개를 끄덕였다. 움막 같은 집에 전기도 없이 호롱불로 불을 밝히는 주거생활에 아내는 익숙하지 않았고, 게다가 나뭇가지를 때어 밥하는 것을 보고 말을 하지 않았지만 놀라는 듯했다.

"엄니가 좀 낫거든 이 자리에 살림집을 새로 지을게. 조금만 참어,"하고 민석이 그녀를 달랬다.

장인이 이름난 도자기 기술자라 노리다케 도자기 공장이 있는 나고야에서 아내는 유복하게 자랐다. 외동딸을 따라 곧 귀국하겠다고 하던 양친으로부터 소식이 끊어지자 아내는 초조해했다. 그동안 일본 전역에 폭격이 나날이 심해졌고 태평양 전쟁이 곧 끝날 것이라는 소문이 있었다.

건열이는 봄에 학교가 시작할 때까지 엄니 잔심부름을 하며 안방에서 놀았다. 엄니는 손자의 얼굴에 자기 얼굴을 갖다 댄다거나 입 맞추는 일은 삼갔다. 기침과 숨 가쁜 중세가 조금 나을 때는 민석을 보고 "적막강산 같던 내 집이 인자 사람 사는 것 같네,"하면서 행복해했다.

"문전옥답 사서 엄니 모시게 빨리 회복만 하시랑게요."

해가 바뀌고 2월부터 땅을 보러 다니는 중에 선주(船主)가 소유하고 있는 땅이 매물로 나와 있는 것을 알았다. 민석이가 타고 다니던 50톤짜리가 결국 풍랑으로 가라앉았고 타고 있던 사공들이 죽어 빚에 몰리고 있다고 거간꾼이 말했다.

민석은 선이의 오빠가 석빙고 앞에서 냉정하게 뱉은 말이 생각 났다. 깜깜하던 그날 밤, 그의 얼굴은 보이지 않고 음성만 들렸었지.

"너 같은 잡종 새끼에게 우리 선이를 줄 것 같혀? 거그다 은제 바다에 빠져 뒈질지도 모르는 뱃놈헌테? 어림도 없는 소리!"

그때 일본으로 가지 않고 그 50톤짜리 풍선을 계속 타고 다녔더라면 자신도 같은 운명을 당했을 것 아닌가? 죽는 것보다는 지금같이 살아서 후일 선이를 만나는 것이 낫지 않은가? 그러고 보니 운명의 장난에 감사해야 할 일이었다.

거간꾼을 앞세워 땅값 흥정이 이루어지는 동안 민석은 냉정했다. 지주에게 유리한 식민지 정책으로 헐값에 사들인 땅인 만큼 헐값에 팔아도 된다고 생각했다. 민석은 거간꾼이 흥정해 온 값을 여러 번 퉁겼다. 거간꾼을 앞세워 사람을 직접 보지 않았으므로 선주는 남민석이 누군지 몰랐을 것이었다.

그가 업신여기고 소홀하게 취급한 사람이 부지기수이니만큼 그의 이름을 기억할 리도 없었고 또 8년 이상의 세월이 흘렀다.

매각에 합의하는 날, 선주의 집 사랑방에 모이게 되었다. 갈색 눈동자에 푸른 테가 있는 눈, 안색이 희고 키가 큰 민석이 엄니가 정하게 간수한 바지저고리, 회색 조끼에 검은 두루마기까지 입은 훤칠한 장년의 모습으로 나타나자 선주는 소스라쳐 놀랐다. 어찌 놀라지 않겠는가? 선이 아버지와 짜고 그를 일본으로 내쫓았던 옛일이 그제야 생각났던 것이다.

"민석이, 자네헌티 미안허네." 하고 그가 간신히 말했다.

선주의 늙고 쇠잔한 얼굴을 그윽이 바라보며 민석은 아무 말도 하지 않았다. 선주는 잊어버렸겠지만, 사랑하는 여자와 일자리를 뺏기고 일본으로 내쫓긴 사람은 한 시도 그 억울함을 잊은 적이 없었다.

옛날에 그토록 크고 좋아 보이던 기와집은 이제 초라하고 을씨년스러웠다. 시대에 뒤떨어진 배로 사업하느라 그동안 고전을 겪다가 사고까지 당한 것이다. 집도 매물로 내놓았다고 거간꾼이 그 전날 넌지시 말해 주었다. 사고 싶으면 사라는 뜻이었지만 그런 집은 싫었다.

그날 민석은 앞들의 논 열 다섯 마지기와 밭 다섯 마지기를 샀다. 마을에서 가깝고 탐진강이 가까운 금싸라기 같은 땅이었다. 이만하면 필요할 때 사람을 좀 써가며 자작 농가로서 자급자족할 수 있었다.

엄니는 이제 평생소원은 풀었지만, 생명의 불은 꺼져가고 있었다. 호흡곤란으로 고생했고 가래에 피가 섞여 나왔다.

30대에 과부가 되어 담배로 길고 외로운 밤을 지새운 일생이었다. 민석을 멀리 보내고 설움을 달랜 것도 담배였다. 일시적인 위안을 주었던 담배는 이제 형벌이 되었다.

　　엄니는 아들이 돌아올 때까지 혼신의 힘을 다해 버티었을 뿐이었다. 그동안 선이가 자주 다녀간 것이 정신적인 의지가 되었고 엄니가 좋아하는 음식을 정성스럽게 준비해 드렸으니 육신에도 도움이 되었다.

　　간밤에 이웃 아주머니가 와서 엄니와 한 방에서 자고 간 후 민석이 아침 인사를 하러 방안에 들어갔더니 엄니가 미동도 하지 않고 조용했다. 가래조차 끓지 않아 그는 섬뜩했다. 코밑에 손을 대니 숨이 멎어있지 않은가? 가슴이 철렁 내려앉았다. 이웃집에 사는 도우미 아주머니가 그 전날 왼 종일 들에서 씨를 뿌렸으니 엄니 옆에서 밤새도록 곤하게 잤던 모양이었다. 틀림없이 엄니가 밤중에 사람을 불렀을 것이었다. 아주머니는 자기 식구들의 아침 식사 준비하러 깜깜한 새벽에 급히 쫓아 나가며 엄니가 주무시는 줄 알았다고 나중에 변명했다. 봄이 문턱에 와 있는 새벽에 엄니는 언제 떠나신 지도 모르게 떠나신 것이었다.

　　엄니의 삼년상이 햇수로 치면 삼 년이지만, 만 이 년이 지났다. 언덕에 서서 탐진강을 내려다보며 지난 세월을 돌이켜 보던 민석은 경사가 그리 급하지 않은 오솔길을 천천히 걸어 올랐다, 건열은 주위를 쫓아다니다가 엄니 산소 바로 밑 가파른 산비탈에 흐드러지게 핀 참꽃을 따 먹고 있었다. 동무들과 자주 오는 곳이었다. 아이들에겐 이 주위 산천이 놀이터이자 바로 생활의 지혜를 배우는 곳이기도 했다.

민석은 완만하게 올라가는 오솔길에 서서 엄니 산소 아래 산비탈에서 건열이가 꽃을 따먹고 있는 것을 바라보았다. 누가 흰옷을 입고 산소에 절을 하고 있지 않는가? 흰 저고리 끝동과 옷깃은 자주색, 고름도 같은 색깔이었다. 산소 앞에서 절을 하는 여자, 머리를 쪽진 뒷모습, 그 아름다운 자태가 눈에 익었다. '내가 꿈을 꾸는가? 저게 정말 선이인가? 내가 환영을 보고 있는 것은 아닌지?'

그가 일본에서 돌아온 지 2년이 넘었건만, 선이를 동네에서 본 적이 없었다. 선이는 민석이 고향에 돌아온 것을 물론 알고 있었을 것이었다. 그가 돌아 온 후 친정 동네에 오는 것조차 삼가 하고 있었을까? 왔더라도 잠시 볼일만 보고 금방 돌아갔겠지?

남편이 의처증이 있다고 하던 엄니 말씀이 생각났다. 그 의처증은 공연한 것이 아니었다. 그 시절 선이와 민석에 관한 소문은 결국 그 남편의 귀에 들어갔을 것이었다. 또 그 사실이 소문에 그치지 않은 깊은 사랑임을 남편은 직감으로 알았을 것이었다.

삼 년 상이 끝났다고 엄니한테 인사하러 왔구나. 민석은 가슴이 벅차 올랐다. 그가 천천히 다가가니 산소 옆에서 예쁜 계집아이가 놀고 있었다. 딸아이를 데리고 왔네. 건열이 만하구나. 인기척에 선이가 돌아보았다.

"아, 오빠가 왔네. 빨리 갈라고 했는디."

10년 만에 보는 선이는 아직도 살결이 뽀얬다. 서른을 갓 넘긴 선이, 야산에 자라는 참꽃같이 넘치지도 모자라지도 않은 그 강인한 힘, 한결같은 그 마음을 한 번도 잊은 적이 없었다. 남녀는 엄니 산소 앞에 나란히 서서 경건히 두 번 절을 했다. 엄니가 지하에서 우리를 보고 흐뭇해하시겠구나.

절을 마치고 두 사람은 오동리 마을 앞 파란 들을 같이 내려다보았다. 유유히 흐르는 탐진강과 백금포 쪽으로 시선을 돌리며 민석이 입을 떼었다.

"그때 니를 일본에 뎃고가지 못허고."

"오빠 그때 그럴 수밖에 없었잖여. 내가 오히려 미안하제. 나 땜시 일자리를 잃고 생각도 못했던 일본까지 갔웅께. 그렇게 극성스럽게 말리던 우리 아부지도 이젠 이 세상에 안 기신다요."

"세상 떠나셨다는 이야그 들었다."

"오빠를 봤웅게 인자는 한이 없네. 참말이여. 인자 삼신리로 가면 다신 여기 안 올겨. 오빠만 잘 있으믄 돼. 일본서 결혼한 그분하고 행복하게 살어."

열 살 또래의 두 아이는 스스럼없이 같이 놀았다. 그들은 어느새 엄니 무덤 주위를 뱅뱅 돌며 쫓아다니고 있었다. 계집아이가 말했다. "우리 참꽃 따 묵자."

"그라자."

아이들은 산소 뒤 언덕으로 쫓아 올라갔다.

민석은 문득 저 아이들이 자라 혼인하게 된다면 우리의 한이 풀릴 것인데 하는 생각이 들었다.

이젠 강 건너 삼신리는 그리 먼 곳도 아니었고 저희만 좋다면야 안 될 것도 없었다. 사람에겐 때가 있는 법이라고 엄니가 말씀하셨지. 그래, 그때까지 기다려보자.

동서양의 만남을 몸으로 실현한
작가의 혼: 현길언

박숙자 작가의 소설집 <두물머리>

박숙자 작가가 미국에서 발간해서 관심을 불러일으키고 있는 영문판 소설 <River Junction>은 현재 Amazon.com이 총판을 맡고 있으며 한국에서도 YES24.com 등 인터넷서점을 통해서 구할 수 있다. 작가는 이번에 한국독자를 위해 한국어로도 출간하게 되었다. 작가는 왜 이 소설을 한국어로 출판하게 되었을까?

<River Junction>은 한국어로 번역하면 '두물머리'이고, 한자식 이름으로는 '양수리(兩水里)'가 될 것이다. "두 강이 만나는 합류점"이라는 어의적 해석은 약간 거칠고 맛이 덜하다. 우리에게는 서울 근교 양평읍에 있는 '두물머리'의 아름다운 자연 경관이 떠오른다. 이러한 명소는 두 강의 합류점이 갖는 자연 생태 현상보다는 우선 눈으로 들어오는 아름다운 경관만을 생각하게 된다.

그러나 인간세상은 그렇지 않다. 두 문명이 만나는 그 지점과 시간은 역사의 소용돌이가 된다. 거기에 갈등이 일어나고, 그것을 극복하기 위한 험난한 싸움을 치러야 한다. 문명이 충돌하면 엄청난 변혁이 나타나면서 그것은 싸움을 통해

서만 해결된다. 즉 새로운 제3의 문화가 이루어지던지, 아니면 강한 문화만이 남은 문화의 적자생존의 원리도 작용할 수 있다. 그러나 대부분 주고받음의 문화현상으로 서로가 공존하는 제3의 문화, 즉 새로운 문화가 이루어지기를 소원한다. 그 과정에서 문화 주체인 사람들이 많은 시련을 겪어야 한다.

이것이 두물머리의 현실이다. 그런데 박숙자 작가는 이러한 문화의 갈등 속에서도 미국과 세계사회에 의미 있는 일을 하면서 한국인이면서 미국시민으로 살아왔다.

그러나 그것으로 만족할 수 없었던 것이 박숙자 작가의 제2의 인생이다. 그는 두 문명이 만나는 접점에서 살아온 자신의 경험을 바탕으로 작품으로 쓰기 시작했다.

작가 자신의 고백처럼 "미국이란 강과 한국이란 강이 서로 만나 하나가 되어 흘러가는 즉 두물머리에서 일어나는 이야기를 쓰고 싶었습니다. 인간이면 누구나 겪어야 하는 인생의 고해를 건너가고 있는 인물들을 소설에 담았습니다. 영어권 독자에게 소설을 통해 한국과 한국인을 알리고 싶습니다." 라고 했다.

작가는 미국인들이 한국문화와 역사를 너무 모른다는 것을 알았다. 6.25전쟁이 일어났을 때에 그들은 "세상에서 들어보지도 못한 나라"를 위하여 싸웠다고 회고한다. 그러나 그렇게 목숨을 바쳐서 지킨 한국이지만, 정작 한국의 문화와 정서를 이해하지 못한다. 그래서 작가는 소설을 통해 한국인의 아픔과 상처, 승리와 희열의 순간을 보여주고 싶었던 것이다.

새로운 기회의 땅을 찾아 미국으로 건너온 사람들이 현실에 적응해 살아가면서 모국의 전통과 의식을 유지하는 데서 피할 수 없는 문제를 제시하기도 했고, 또한 한국의 전통적인 문화와 아픈 역사를 미국사회에 전하려는 작품도 있다.

그 어느 작품이든 치열하게 살아간다는 의미에서 인간의 보편적인 진실로서의 삶의 가치를 추구하고 있다. 인생에 대한 사랑과 사람과 사람이 함께 살아간다는 점에서 역사와 문화의 차이는 극복될 수 있는 세계인이 된다는데, 이 작품집의 의미를 찾을 수 있다. 가장 한국적인 것이 세계적인 것이다. 각각의 자기 민족의 정신을 유지할 수 있는 것은 언어이고 그 것으로 쓰인 문학이다. 이러한 면에서 박숙자의 한글판 창작집은 큰 의미를 지닌다.

(소설가 『본질과 현상』 발행인)

두물머리

지은이: 박숙자

초판인쇄: 2016 년 10 월

펴낸 곳: InsightBooks

주소: 14016 loblolly Terrace

      Rockville, MD 20850

      U.S.A.

전화: 301-279-8853

E-mail: sukzah@yahoo.com

Copy Right ©2016 Sukza Park

ISBN-13: 978-0692797129

ISBN-10: 0692797122

표지 사진: 황보 한

표지 디자인: 도서출판 서울문화 이승협